楚汉解码

左手项羽,右手刘邦

/飘雪楼主◎著/

北京大学出版社

图书在版编目（CIP）数据

楚汉解码：左手项羽，右手刘邦 / 飘雪楼主著. —北京：北京大学出版社，2016.10
ISBN 978-7-301-27170-4

Ⅰ.①楚… Ⅱ.①飘… Ⅲ.①楚汉战争—通俗读物 Ⅳ.①K234.109

中国版本图书馆 CIP 数据核字(2016)第 120949 号

书　　　名	楚汉解码：左手项羽，右手刘邦 Chu-Han Jiema: Zuoshou Xiang Yu, Youshou Liu Bang
著作责任者	飘雪楼主 著
责任编辑	宋智广　马亚丽
标准书号	ISBN 978-7-301-27170-4
出版发行	北京大学出版社
地　　　址	北京市海淀区成府路 205 号　100871
网　　　址	http://www.pup.cn　新浪微博：@北京大学出版社
电子信箱	zpup@pup.cn
电　　　话	邮购部 62752015　发行部 62750672　编辑部 62988864-613
印 刷 者	三河市博文印刷有限公司
经 销 者	新华书店
	710 毫米×1000 毫米　16 开本　15.25 印张　240 千字 2016 年 10 月第 1 版　2016 年 10 月第 1 次印刷
定　　　价	33.00 元

未经许可，不得以任何方式复制或抄袭本书之部分或全部内容。
版权所有，侵权必究
举报电话：010-62752024　电子信箱：fd@pup.pku.edu.cn
图书如有印装质量问题，请与出版部联系，电话：010-62756370

前　言

作为一名历史痴迷者，我读中学时历史考试常得满分，读大学时选择了历史专业深造，毕业后一边工作，一边从事文学创作。幸运的是，我的作品很快变成了铅字。2008年年底，我的处女作《汉朝那些事儿》第一卷由中国工人出版社出版。之后，一发不可收拾，我陆续写了八卷。这部作品的成功给了我很大的精神鼓励，于是，我又开始了汉朝帝王传记的创作，历时两年多，终于又一套《大汉王朝的三张脸谱》面世了。

很多读者问我：为什么对汉朝情有独钟？其实，这里面有一个"先入为主"的因素。我从小喜欢听评书，至今仍记得当时家里那台老式收音机里播放高祖斩蛇起义时的场景，我坐在旁边听得津津有味，刘邦独特的人格魅力让我很好奇，项羽的勇猛刚强让我很崇拜……于是，我迷上了听评书，每天都坚持听，而那段古老神秘的历史也停留在了我的脑海深处。因此，写书以来，我自然而然地把汉朝作为自己的首选。

关于汉朝的历史，我写了这么多部，这次又创作出了《楚汉解码》，并不是我觉得写汉朝还写得不过瘾，而是我心之所想、情之所归的结果。其实，创作这部作品，我酝酿和构思了很久。众所周知，刘邦和项羽是一对老冤家、死对头，两人主演的楚汉争霸故事是中国历史上的一个重要转折点，是一幅凄美的水墨丹青画卷，是一个古老经典的不朽传奇，千百年来成为世人议论的焦点。但是，因为受西汉史学家司马迁所著《史记》的影响，在大家的心目中，普遍认为刘邦是一介流氓，而项羽则是一个大英雄，刘邦在楚汉争霸中的胜出，是以弱胜强的典范，但也被惯以小人战胜君子的诟病。

事实上，从客观上来分析，刘邦的出身的确是很卑微的。因为家里穷，他

楚汉解码：左手项羽，右手刘邦

刚步入社会时，也的确当过地痞流氓，但那是形势所逼，为了生存不得已而为之。从主观上来看，他能以一个小小的亭长为跳板，以故乡所在地丰沛的名流为班底，毅然加入到了革命的洪流之中，一步一个脚印，在困苦中不屈，在逆境中扬帆，最终在长达四年的楚汉争霸中，战胜了强大的项羽，建立了中国历史上第一个盛世王朝——汉朝，这就不是一个流氓所能做得到的事了，不是一个地痞所能达到的高度了。因此，我们可以坚定地推断出，刘邦一定有自己的独特才能，一定有自己的特有的闪光点。

而项羽呢？他拥有高贵的出身，有较高的起点，他的叔父项梁帮他开好了局、起好了步，可以说，具备了成功的先天条件。与此同时，他自己也很争气，能文能武，出类拔萃。因此，当他在巨鹿一战成名后，天下诸侯和英雄都对他唯命是从。特别是在入关中后，他加封了十八路诸侯王，并自封为"西楚霸王"，他的这种霸气在无形中展露无疑。然而，就是这样一位不可一世的绝世霸王，为什么没能将霸气转换成王气，最终在和刘邦的楚汉争霸中落得个乌江自刎的悲惨下场呢？这里面肯定有偶然和必然的双重原因。为此，我想到了创作这部作品。我的动机很简单，一来是想填补目前国内市场上没有这种立体式全方位点评和解读楚汉争霸史书籍的空白；二来是想还原一个最接近真实的项羽和刘邦的形象；三来是想通过挖掘和破解楚汉争霸的千古胜负之谜，抛砖引玉，给广大读者带来一点点启发和感悟。

治天下者以史为鉴，治郡国者以志为鉴。这本书我努力地作出创新和突破，整部作品不拘泥于通俗套路，不拘泥于已有的评论，不拘泥于世俗的观念，另辟蹊径，新颖独到。在写作过程中，我搜集了大量有关史料，甚至有一些传说和花边新闻。我取其精华、去其糟粕，把已有的史料打碎，把已有的评论净化，通过纵横式的深挖剖析，通过全方位的比较分析，通过多渠道的反复论证，着力还原真实的项羽和刘邦，着力还原真实的楚汉历史。

为了让这本书增添知识性和趣味性，消除历史的沉重感和压抑感，我在每一节的开头几乎都引用了一些现代案例，以期通过这种以点代面的方式，引出正文，让行文变得更加生动有趣。同时，我把"对比"贯穿全文，多层次全方位地比较分析，并试着把项羽和刘邦以"平常人""普通人"的身份放入家庭、社会、学校、职场以及日常生活中去，以史为鉴，借史喻今，期望读者能

前 言

在轻松的阅读中领悟做人、做事的真谛……

希望这些创新能给您带来阅读的快乐以及理性的思索。

成王败寇,古今多少事,都付笑谈中。

以上姑且算是序言吧。

飘雪楼主

2016年5月于星城长沙

目 录

第一章　身与性·大风起兮云飞扬 / 1
　　一、坑爹与兴爹 / 1
　　二、长相与形象 / 8
　　三、抱负与包袱 / 14
　　四、学识与学艺 / 20
　　五、厚道与厚黑 / 24
　　六、外秀与内秀 / 28

第二章　智与慧·知行合一止于善 / 38
　　一、才艺大 PK / 38
　　二、性情大 PK / 47
　　三、善伪大 PK / 50
　　四、修为大 PK / 54
　　五、作风大 PK / 57

第三章　人与才·天下英雄入彀中 / 66
　　一、得人才，得天下 / 66
　　二、用人要疑，疑人也要用 / 71
　　三、楚汉人才流向的个案分析之一：英布之背楚亡汉 / 78
　　四、楚汉人才流向的个案分析之二：陈平之背楚亡汉 / 84
　　五、楚汉人才流向的个案分析之三：韩信之背楚亡汉 / 92
　　六、楚汉人才背楚亡汉的"历史密码" / 96

第四章　智与谋·千古谁识鸿门宴 / 104

　　一、煮酒论饭局 / 104

　　二、饭局也疯狂 / 106

　　三、五问鸿门宴 / 112

　　四、饭可饭，局中局 / 119

　　五、鸿门宴中两大谋臣张良与范增的"无间道" / 125

　　六、鸿门宴中两大间谍曹无伤与项伯的"生死劫" / 133

第五章　男与女·霸王别姬空余恨 / 137

　　一、刘邦：多情种子无情根 / 137

　　二、项羽：痴情王子绝情丹 / 153

　　三、楚汉"后花园"花魁之争 / 160

　　四、智商在左，情商在右 / 164

第六章　战与和·英雄江山一锅煮 / 170

　　一、楚汉争霸之彭城战役解析 / 170

　　二、楚汉争霸之成皋战役解析 / 179

　　三、楚汉争霸之垓下战役解析 / 190

　　四、项羽的军事才能是怎样炼成的 / 199

　　五、对比分析项羽和刘邦的军事才华 / 208

　　六、被夭折的楚汉版"三国演义" / 212

第七章　成与败·不可沽名学霸王 / 217

　　一、逃跑启示录 / 217

　　二、身退·善终·美名 / 224

　　三、解开刘邦成功之谜 / 230

第一章　身与性·大风起兮云飞扬

一、坑爹与兴爹

有奶便是娘，有钱便是爹？

——题记

当今社会，炫富成了一些富家子弟的兴趣爱好，除了晒豪车、戴名表，最吸引眼球的就是"烧钱"了。此前网上流传颇广的一段视频里，一位富家女用数张百元大钞来点烟。

"钱是什么，钱是用来烧的吗？"对于这个问题，亿万富翁之子陈启正应该是有发言权的人之一。

"三岁时，父亲带我到家乡贫苦地区，那时农村的贫苦落后深深印在了我的脑海中，我不理解为什么那里的路尽是泥泞，为什么老家的孩子会因为弄丢一只小雏鸡而受到严厉的训斥。后来我逐渐明白了，因为贫困，因为不是每个家庭的孩子都像我一样丰衣足食。"陈启正说。在家里人的引导下，他五岁时第一次捐出了自己的零用钱，用于帮助其他孩子。此后每当过年得到压岁钱，或因考试成绩突出得到零花钱时，他都收着，期待着下一次捐款。

炫富现象、坑爹事件层出不穷，究其原因，一方面，"官二代""富二代""星二代"家境好，生活条件优越，大都从小就被视为掌上明珠，娇生惯养，以致养成了自以为是、大手大脚、嚣张跋扈的秉性，所以在社会中会做出种种荒谬的、不道德的，甚至不法的行为。另一方面，相当一部分"官二代"不努力学习，全在家长的安排下，上学、工作。而某些官员不仅为自己孩子就业大开方便之门，而且破格"火箭式"提拔，这就不光是儿子坑爹的问题了。前者属于骄横跋扈的"孩子"问题，后者则属于滥用职权的"官权"问题。

当然，话又说回来，明星父母的光环是把双刃剑，有坑爹的，也有兴爹的。在娱乐圈里，那些为父辈们长脸的成功"星二代"也大有人在。他们身上都有着统一的气场：低调做人，高调做事。最初，他们因为父辈的缘故走进演艺圈，最终靠自己的努力打出一片新天地。

据《波士顿环球报》报道，美国华盛顿的一家精英教会高中的校训是："为了别人的人。"为了把学生培养成"为了别人的人"，所有毕业班的学生必须从事至少40个小时的社会服务才能毕业。学校对低年级学生虽然没有硬性要求，但受整个学校学风的影响，大多数人也都积极投身于社会服务。其中主要的一个服务项目，是到无家可归者救济站亲自给那些无家可归者提供饮食服务。

言归正传，下面我们就来看本书两大主角项羽和刘邦的出身情况。

如果只用一个词来形容项羽的出身，那就是"超级富二代"。

首先，来看项羽的"代"。

项姓的来源说法有两种：一是出自姬姓。周朝有项国，是周朝的同姓（姬姓）诸侯国。据郑樵《通志·代族略》载："项氏或言姬姓之国，故城在陈州项城县（旧城址位于今沈丘县槐店镇）东北一里。"《左传》记载，鲁僖公十七年（公元前643年）鲁灭项，亡国后的项国子孙，以原国名为姓以作纪念。二是出自芈姓，为楚国王族后裔。春秋时期，楚国公子燕受封于项，建立了项国。后来，项国被齐国所灭，其子孙遂以国名"项"命姓，称项姓。另外，根据《广韵》记载，项姓虽然源于芈姓，但芈姓的先祖本是周文王的姬姓子孙，所以追本溯源，项姓还是源于姬姓后人。因为司马迁在《史记》中写道："项氏世世为楚将，封于项，故姓项氏。"所以，学者大众都认同第二种记载，认为项羽乃楚王族后裔，那么项羽家族顺理成章也就是楚国世家贵族。但是笔者却觉得此说值得商榷，首先按项国的地理位

第一章 身与性·大风起兮云飞扬

置,它处于姬姓诸侯国的包围中,很难想象楚王把自己的王室封到其间。另外,项燕之前几百年间找不到任何楚国有项姓的记载,不论是后来秦统一天下,还是汉得天下后把楚王室有影响力的大姓(昭、屈、景、怀)迁移关中,都未提到项姓。秦末当时人对项家的说法是楚将,而不是楚王族,项梁起兵后立怀王之孙为楚王,而不是自己称王更是明证,所以项氏来源应该是姬姓比较合理。鲁僖公十七年灭项国,项国归属于鲁,项氏祖先归属于鲁国,为纪念故国则以项为姓。

其次,来看项羽的"富"。

项羽祖上乃鲁国贵族,依据有六。第一,第一个可考的项姓历史人物,即七岁为孔子师的项橐是鲁国人。第二,项羽的出生地——下相(今江苏宿迁市西南)距离鲁国很近,《汉书·地理志》记载:"鲁地,奎、娄之分野也。东至东海,南有泗水,至淮,得临淮之下相、睢陵、僮、取虑,皆鲁分也。"也就是说下相乃鲁地分支。第三,秦朝末年,项伯因杀人在下邳(今江苏睢宁北)为张良所救,推测项氏活动范围在今江苏、山东、河南、安徽四省交界处。项羽祖上很可能因灭国后迁移到鲁国,后来又散居鲁国南部的淮北地。第四,秦朝末年,楚怀王熊心曾经封项羽为鲁公,极有可能是因为项羽祖上为鲁国贵族,就好比刘邦被称为沛公。第五,楚汉时期,项羽死后西楚独鲁地不肯投降刘邦,直到刘邦示以项羽之首,鲁地才肯归降,并且刘邦以鲁公的身份把项羽安葬在鲁地,由此可见项羽和鲁地有莫大的渊源。第六,据记载,项羽身高为八尺二寸(大约相当于现在的181~189cm),而楚人相对身材较矮小,少有这种大高个。鲁国为现在山东东南部,鲁人身材普遍较高。鲁国儒家圣贤孔子更是身高九尺的巨人,这也从侧面证明项羽更可能是北方血统。那么,问题来了,项羽祖上为鲁国贵族,什么时候成为楚国人并世代为楚将的呢?从零散史料归纳总结分析可知,秦昭襄王四十五年(公元前262年)到秦昭秦王五十二年(公元前255年),楚国陆续攻占淮北、山东东南地,最后灭鲁国,项氏因此归属楚国。按照史书项氏世代为楚将的记载,可以推断项羽的太爷爷为楚将,秦庄襄王二年(公元前248年)后几年间,项氏镇守楚国淮北地。秦始皇六年(公元前241年),项氏被封项城,镇守楚国西北。秦始皇二十二年(公元前225年),项羽的爷爷项燕

楚汉解码：左手项羽，右手刘邦

在城父（今河南襄城西南）击败李信率领的二十万秦军后，项氏更是名声大震，项家也因此达到了荣耀的顶峰，岂止一个"富"字能说明白、道清楚？

最后，来看项羽的"超级重生"。

秦始皇二十三年（公元前224年），秦将王翦的六十万大军击碎了项燕所有的幻想和抱负，也击碎了项家所有的希望和梦想。随着项燕兵败自杀，项家一落千丈，开始由豪门家族衰落成"寒门家族"，到项羽这一代时，已泯然众人矣。不过，俗话说，瘦死的骆驼比马大。对于项羽来说，爷爷虽然英年早逝，父亲也早死，但他的天并没有完全塌下来，项家还有一个顶梁柱在，那就是项羽的叔父项梁。项梁目睹了项家的兴衰，亲身经历了项家的荣辱，不甘落魄的他，把匡复项家作为己任。因此，不管是生活在下相（今江苏宿迁），还是逃亡吴中（今江苏苏州），项梁都用自己坚实的臂膀为项羽遮风挡雨。也正是因为这样，不管是流浪还是逃亡，项羽非但没有体会到凄风楚雨，相反，得到的更多是温暖和温馨。可以毫不夸张地说，项梁虽不是项羽的亲爹，但却胜似亲爹。

浴火重生，化茧成蝶。总而言之，项羽虽然没有"坑爹"的机会，但却有"啃老"的资本，这是项羽值得庆幸的地方，也为他日后的发迹打下了坚实的基础。

如果只用一个词来形容刘邦的出身，那就是"极品草根"。

刘邦具备草根身份卑微、生活平庸、未来渺茫、感情空虚等几乎所有特征，以及丑、穷、挫、矮等几乎所有特点。他是典型的贫民出身，他的父母和祖辈都是老实巴交的农民，没有任何政治背景。他家里穷得叮当响，连温饱都是一种奢求。俗话说，穷人的孩子早当家，这也是刘邦从小就叛逆、很早就踏入社会的直接原因，毕竟人生在世，生存是第一位的。

从表面上看，刘邦的确没有"坑爹"的机会，没有"啃老"的资本，但集聪明和狡诈于一身的刘邦并没有"自甘堕落"。相反，他以大胆创新的方式在包装上下功夫，选择了投机取巧的"兴爹"和蛮不讲理的"养老"，为自己开创出了一片新的天地。

包装一，在自我出身上下功夫。

为了改变"爹"的形象，刘邦无所不用其极，他硬拉来一条龙，与自己的母亲干那事儿。结果呢，他就有了两个父亲，一个是人，叫刘执嘉；另一个是那条龙，称赤帝。他为什么要这样做呢？让我们拨开历史表象的重重迷雾，看看这背后究竟藏着什么秘密。

据《史记·高祖本纪》记载，他这两个父亲与他母亲之间，有过这样一段故事：秦昭襄王五十一年（公元前256年）的一天，沛县丰邑（今江苏丰县境内）农夫刘执嘉的妻子，在田间干活干得太累了，就躺在湖边休息。没想到，大白天竟然睡着了，而且还做了一个美梦。梦中，她与一尊神相遇，双方一见钟情，两情相悦，缠缠绵绵，真是妙不可言。然而此时，在梦境之外，却是阴云密布，雷鸣电闪。刘执嘉看天气不好，大雨将至，急急忙忙去找妻子。来到湖边，眼前的情景把他吓坏了，怎么回事？原来，他看见一条蛟龙，正伏在妻子身上。蛟龙伏身，应该是做了那事儿，所以刘执嘉之妻自此之后，便有孕在身，经过十月怀胎，产下一子，就是刘邦。

总之，刘邦在自我出身上下功夫，阐明他的出身不是传说，目的是为"兴爹"提供先天条件。

包装二，在白蛇身上下功夫。

在对出身进行包装后，效果果然明显，刘邦的清贫形象一下子变得光辉鲜艳起来，但刘邦并没有小富即安，为了证明自己来得"清白"，为了证明"我爹是我爹"，后续工作还得继续做。

那么，刘执嘉之妻梦中的神，也就是刘邦的生父蛟龙是什么神呢？是赤帝，这是白帝的老婆告诉刘邦的。

在刘邦刚刚起兵反秦的时候，一天夜里，他与十几个部下行走在沼泽之中。突然，走在最前面的一位小兵慌慌张张地跑回来报告："前面路中间，一条大蛇挡住了道路，走不过去了，赶快拐回去吧。"好酒的刘邦，此时喝得醉醺醺的，酒壮英雄胆，他大喝一声："壮士行路，何惧大蛇当道？"然后拔出利剑，来到大蛇旁，迷迷糊糊地一剑斩下去，大蛇立时分为两段。之后刘邦又趔趔趄趄地走了几里地，实在不胜酒力，一头歪倒在路边，昏昏睡去。而走在最后的那个人，来到大蛇尸体旁的时候，见一老妇人抚蛇痛哭。那人问老妇人为何而哭,老妇人答:"有人杀了我的儿子。"那人又问:"何人?为什么杀你的儿子?"老妇答:"我的儿子是白帝之子,变化为蛇,挡住了赤帝子的道路,结果被赤帝子杀死了。"那人以为老妇人在胡扯八道,正想与她理论,老妇人却忽然不见了,甚是神奇。赶上队伍之后,此人将这段奇事告诉了大家,大家惊讶之余,从此对刘邦更加刮目相看。而刘邦却在暗自惊喜,原来蛟龙是赤帝,自己是赤帝之子。

总之,刘邦在白蛇身上下功夫,证明了"我爹是我爹",目的是为"养老"创造后天条件。

包装三,在老者身上下功夫。

刘邦既然是神龙之子,那他为什么不生活在神的世界,来到人间干什么呢?《史记》又用一个经典的故事给了我们答案:

某一天,刘邦的老婆吕氏与一儿(后即位为汉惠帝)一女(后封为鲁元公主)在田间干活。一位老人路过,饥渴难耐,向吕氏讨水喝。吕氏不仅让老人喝足了水,还把自己的干粮也让给了老人。感激不尽的老人看看吕氏的相貌,说出一句:"我看夫人之相,真是天下贵人。"吕氏闻言大喜,急忙把儿女推到前面,让老人给看相。老人说:"夫人的儿女都是贵人,尤其是儿子,是天下大贵之人。夫人之所以为贵人,也是因为你有这个儿子的缘故啊。"老人离去不久,刘邦来到田间看望妻儿,吕氏高兴地把老人的话学给刘邦听。刘邦听后,很感兴趣,急忙追上老人,请老人再为自己看看相。老人端详良久,说道:"夫人和儿女都是沾您的光,才成为贵人的,您的相貌,实在是贵不可言。"刘邦答道:"假如真如您所说的那样,我绝对不敢忘了您。"当然,可以想象得到的是,等到刘邦贵为皇帝之时,谁也不可能再见到老人的踪影了。

总之,刘邦在老者身上下功夫,说明天将降大任于斯人,目的是为"扬名"打下坚实基础。

包装四,在亲人身上下功夫。

神秘老人昙花一现的目的,毫无疑问,只是为了说出那句"贵不可言"的预言。可是,贵不可言,到底贵到什么程度呢?贵为天子。这是秦始皇望气得出的结论。

据说刘邦起事之后，秦始皇常说："东南方向有天子之气。"于是，经常到东方巡游，一是为了魇压此气，二是趁机盘查可疑之人。刘邦心知此气与自己有关，惶惶不安，只好亡匿于芒砀山（今河南省永城市境内）中。虽然刘邦自以为藏得十分严密，可只要吕氏想见他，却每次都能找到他，从不落空。刘邦觉得很奇怪，就问吕氏到底是凭着什么找到自己的。吕氏说："不管你藏在哪里，上方常有五色云气。只要循着气去找，一定可以找到你。"吕氏口中的"五色云气"，不用说，就是秦始皇所说的"天子之气"了。头顶天子之气，当然必为天子。

总之，刘邦在亲人身上下功夫，表明他是天之骄子，目的是为"立万"筑牢万年基石。

上述这些环环相扣的神话故事，不过是要告诉人们，刘邦是神的儿子。而刘邦这个神的儿子，降临人间的目的，是执行神的使命，统治万民百姓，当天子来了。

如今的人们，自然不会相信这些胡言乱语，读到这些文字，大多一笑置之，然后抛到脑后。然而读史不可如此轻率，至少应该想一想，这些奇奇怪怪的神话故事，是谁发明的，又是谁传播四方的呢？

这其实是一个很简单的问题，只要一想就明白。这些神话故事，不用说，都是迷信的话，是谎言。那些所谓的参与者、目击者，同时也是谎言的传播者。因为他们不说，谁会知道还有这些乌七八糟的事情？尤其是蛟龙生子、吕氏望气的故事，目击者都只有一人，他（她）说有就有，他（她）说无就无，扯谎不用费力气。

至于这一切的背后主使人，也就是谎言的发明家，除了刘邦，不会有别人。这是因为，制造和传播这些谎言，目的是用来说明刘邦乃是奉神之命，下凡治理臣民百姓的，以便从当时的"法理"上证明刘邦君临天下的合理合法。显然，这些谎言的最大受益者就是刘邦及其家人。谎言的受益者，必然是谎言的制造者。而在刘氏家族之中，能够创造神话的聪明人，也只有刘邦了。

点评：一个人的出身对其事业有很大的影响，出身好的人可以利用现有的

楚汉解码：左手项羽，右手刘邦

资源，从而降低其解决问题的难度。所以，从出身上来比较，贵族出身的项羽比白手起家的刘邦更具优势。

但刘邦煞费苦心的"兴爹"之举，编造了蛟龙生子的神话，助他日后缔造了帝王之业，创造了历史。从此之后，所有创业的君主和以藩王身份入继大统的皇帝，都有一个甚至几个神话如影随形，来证明他们是龙之子、神之子。而其子孙后代，则几乎都不再有神话发生，因为他们已经用血缘传承的方式从父辈那里继承了神性，也就理所当然地成了龙子龙孙。

二、长相与形象

> 美必须干干净净，清清白白，在形象上如此，在内心中更是如此。
>
> ——孟德斯鸠

有一个很经典的故事：三国时期，益州牧刘章手下有个别驾从事叫张松。他能力极强，在整个蜀川都是赫赫有名的人物。美中不足的是，他的相貌有些对不起观众，首先就是身材矮小。除此之外，更加要命的是"额镢头尖，鼻偃齿露"，也就是额像镢头，头像冰尖，鼻像破窑，大板牙像野猪一样呲出来。这个形象直接影响了历史。

本来他是要将益州献给曹操的，因为在他的眼中曹操是位英雄。可是哪知曹操被他的外貌雷倒，顿时失去了探究其胸中锦绣的兴趣。

曹操将洗脚盆往张松的面前一摊，一边耍弄着他的臭脚一边就开始了这次历史的接见。同时，言语之间更流露出轻蔑与戏弄，结果，送上门来的益州大礼飞走了。

外貌是一个人留给别人的第一印象，曹操因为张松的外貌而冷淡他，最终错失良机，可见以貌取人是多么的不明智。

这个故事也从另一个侧面告诫我们，作为一个智慧的人，应该懂得在修好自己内在，让自己肚子里有货的同时，适当地注意自己的外在形象，这是大为必要的。良好的内在修养、学识、才华，再加上合理适度的外在形象，必然让你大放光彩。

第一章 身与性·大风起兮云飞扬

言归正传,下面来看项羽和刘邦的"另类长相"和"光辉形象"。

项羽的外貌及特点概括起来大致为三个方面。

一是重瞳子。

"重瞳子",就是一个眼睛里有两个瞳孔。中国史书上记载有重瞳的只有六个人:仓颉、虞舜、项羽、吕光、鱼俱罗、李煜。仓颉是黄帝时代的造字圣人;虞舜是三皇五帝之一;吕光则是十六国时期横扫西域的后凉国王;鱼俱罗相传是击杀猛将李元霸的隋朝名将;李煜是五代十国时的南唐后主,著名的词人、文学家;而项羽能以旷古绝今的"西楚霸王"身份入围显然也是一种荣耀。在人们的观念中,重瞳子是一种吉兆。有着"重瞳子"的奇特长相,自然为"西楚霸王"项羽蒙上了更深层次的神秘面纱。然而,按照现代医学的解释,这种一目两眸的人,其实是一种病,寿命不长,这就为项羽的人生抹上了一层悲剧的色彩。

二是力气大。

《史记·项羽本纪》记载:"籍长八尺余,力能扛鼎。才气过人,虽吴中子弟皆已惮籍矣。"这句话说了项羽的一个优点:高大健壮、力大无穷,可以谓之武神。天生神力,项羽显然是遗传了祖上武将世家的良好基因。项羽不但力气大,使用的武器也很特别。他精通十八般兵器,其中独爱百兵之霸——戟。传说项羽起兵之前会稽郡曾天降陨石,后项梁私下请当地铸造兵器的名匠用此石取铁为项羽锻造兵器,经九天九夜终造成一杆巨型虎头盘龙戟,长一丈二尺九寸,重129斤,仅杆就有碗口般粗细,项羽为其起名曰"鬼神"。此戟常人需两人齐力方可抬动,然而项羽天生神力,只用单手便把戟舞得风生水起,后来更自创出一套无敌的招数——"单手十八挑"。

项羽的戟功绝世,虽然难脱吹捧的嫌疑,但他的剑术高明却是实打实的,至少可以从《史记》里寻找出相关证据。

事例一:"门下大惊,扰乱,籍所击杀数十百人,一府中皆慴伏,莫敢起。"这段是写项羽叔侄两人起事时的情况。当时项羽不可能手持长戟,也不可能赤手空拳斩下太守头颅。原文说得好:"诚籍持剑居外待。梁复入,与守坐,曰:'请召籍,使受命召桓楚。'守曰:'诺。'梁召籍入。须臾,梁眴籍

楚汉解码：左手项羽，右手刘邦

曰：'可行矣！'於是籍遂拔剑斩守头。"可见，当时项羽击杀数百人之时，手中的兵刃是剑。

事例二："乃令骑皆下马步行，持短兵接战。独籍所杀汉军数百人。项王身亦被十馀创。"这段是项羽乌江（今安徽和县东北长江岸的乌江浦）自刎前的一段描写，说的是项羽不忍心自己的战马和自己一起死于乱军之中，所以步行与汉军作战。步行作战，不可能用长兵器，那时候还没有战刀出世，因此手持长剑斩杀敌将数十员，兵数百，足见项羽的剑术之高。

总而言之，项羽天生神力和武艺高强这些先天因素，使其具备了寻常人不具备的优势，因此上得了刀山，下得了火海，于万军之中如入无人之境，这一点也是"动口不动手"的刘邦无法相比的。

三是学识高。

提起项羽，大多数人的脑海中都会浮现出一个"四肢发达、头脑简单"的莽夫形象，要追溯项羽被大众所误解的根源，始于《史记》："项籍少时，学书，不成，去，学剑，又不成。项梁怒之。籍曰：'书足以记名姓而已。剑一人敌，不足学，学万人敌。'於是项梁乃教籍兵法，籍大喜，略知其意，又不肯竟学。"

然而，项羽真的像《史记》上记载的那样吗？答案是否定的。《史记》中说项羽学剑不成，并不是说项羽学不好剑，而是指剑术对他来说太简单了，学几天或几个月就已经尽得精髓了。至于说项羽学书不成，那也是和学剑一样的道理。如果他"学书不成"，怎么可能研习兵法？兵书向来晦涩难懂，一个"文盲"能看懂兵书？因此，通过推断，我们可以得出这样一个结论：项羽的文采也是斐然的。其实，项羽不但看得懂兵书，而且他懂得还是相当精深的。项羽若只是略懂兵法其意，历史上也不会有经典的"巨鹿（今河北平乡西南）之战""彭城（今江苏徐州）之战"了。读者的眼睛是雪亮的，不用多解释，项羽在战场上的用兵之道，从侧面也就说明其对兵法的精通。

总之，重瞳子、力气大、学识高为项羽罩上了一层神秘色彩，为他盖上了一层神奇光环，他的出道、发迹也就一切顺理成章了。这主要体现在两个方面：

一是带来了人脉运。

项羽不但拥有可以"啃老"的先天优势，而且拥有超级无敌的人格魅力。

要知道楚之项家代代为将或为相，是楚国顶尖贵族。战国时期重礼仪，贵族更甚，小时候在楚国长大的项羽，自然在言行举止方面修为很深，成年后温柔敦厚。另外，项羽本身威武高大，有胆有识，文武双全。有本领、有修为、有涵养、有品行的他自然是极具人格魅力的。这样，项羽起事后，追随他的贵族及平民百姓从者如流，这也为他日后的发迹打下了坚实的基础。

二是带来了桃花运。

与刘邦饥不择食的"滥情"相比，项羽显得"纯情"许多。史书只记载了项羽身边的一个女人——虞姬。这个愿以死而换项羽"重生"的弱女子，显然是从内心深处爱项羽的。虞姬爱项羽的理由无非有两点，一是英俊潇洒，二是文武双全。要相貌有相貌，要才气有才气，虞姬爱上项羽，并把他当成心中无与伦比的"白马王子"也就在情理之中了。据史书记载，虞姬在项羽没有威名的时候就跟随了他。这说明了什么？两个字：眼光。那时项羽还没有任何威名显著于天下，他还可能躲在某个角落，说着"彼可取而代也"的狂言呢，这样的项羽有什么资格、有什么魅力能够得到天下第一才女加美女的青睐？原因只有一个，那就是项羽有着做"白马王子"的实力。他高大英俊，他有不凡的抱负，他有着别人无法抵挡的武力，他有过人千百倍的才华。因此，这样的年轻俊杰，自然而然地闯进了少女的心扉，少女自然而然地千里追寻他，美女慕英雄，英雄同样也爱美女，因此也就顺理成章地成就了一段良缘，谱写了一曲凄美的爱情传奇。

刘邦的外貌及特点概括起来大致为两个方面。

一是美髯。

说到帝王长相，历史典籍里一般突出"奇"和"雄"。太史公一向公允，唯独在描写刘邦和项羽的长相上，有所偏向。他描写刘邦是个不同凡俗的美男子，具体可以用四个字概括，那就是：雄姿杰貌。有《史记·高祖本纪》记载为证："高祖为人，隆准而龙颜，美须髯。"所谓"隆准龙颜"，指的是鼻子丰隆，鼻梁挺直。颜指头面，龙颜就是龙头的意思。常人的额头，大多是圆的，不是方的，而龙王的额头都是方的，额头方则贵。这就是所谓的"日角龙颜"，为帝王之品。很多开国帝王都有这种相貌。而刘邦的"雄姿杰貌"显

楚汉解码：左手项羽，右手刘邦

然是集《三国演义》中刘备和关羽的优点于一身，长相俊美，高鼻梁，一副龙的神态，又有一颌漂亮的胡须，堪称美髯公，显得儒雅而仁厚、气宇非凡。

二是黑腿。

据《史记》记载，刘邦"左股有七十二黑子"。所谓黑子就是黑痣。也就是说，刘邦的左腿上长着七十二颗黑痣。

《相理衡真书》中将痣分为善痣和恶痣，善痣代表吉福，恶痣象征凶厄。判断善痣或恶痣，要综合分析其大小、颜色、凹凸、深浅、色泽、着毛与否等。一般善痣，外形要大，颜色要黑漆，或红如朱，或白如玉，膨凸，有光泽，痣的周围色泽美好，有长毛的更好，这就是善痣；反之，就是恶痣。根据相术，痣的形状、色泽、部位、大小都能表示出人在命运上的吉凶、贵贱和祸福。按照这种说法，痣简直就是命运的风向标和符号标记。据说善痣也要长对地方，如果长在好的部位，那就是锦上添花。

既然痣有这么多的附加值，历史上就出现了不少著名的"痣"，如朱元璋脚踩七星、安禄山脚掌下的三颗痣、慈禧脚底的痣，它们有一个共同的特点就是，痣都长于脚和腿。这也就是刘邦腿上为什么会长痣，而且长得密密麻麻的原因了。

当然，太史公记载刘邦腿上的痣不多不少刚好七十二颗，是有原因的。七十二在古代一直是个神秘的数字，阴阳五行论中将万物归结于金、木、水、火、土这五种物质。而青、黄、赤、白、紫五色与五行中的金、木、水、火、土对照，土对应的是赤。刘邦腿上有七十二颗黑痣，七十二在阴阳五行论中属土，而土又等于赤。这就是刘邦后来自称是赤帝化身的全部依据。

总之，身有异痣同样为刘邦罩上了一层神秘色彩，为他盖上了一层神奇光环，这为他的出道、作秀、开局起步奠定了基础。这同样体现在两个方面：

一是带来了人脉运。

因为刘邦长着一双黑腿，慧眼识丁的沛县当红"秘书长"萧何自降身份，主动和一介布衣的刘邦交往，让人大跌眼镜。而县里的其他一班官员，如曹参、夏侯婴等人或仰慕刘邦神奇，或钦慕刘邦才识，都和刘邦交往甚密，让人百思不得其解。俗话说朋友多了路好走，后来，正是经过好朋友萧何的推荐和帮助，刘邦才鲤鱼跳龙门般地完成了"农转非"，谋到了一个公务员的职

第一章　身与性·大风起兮云飞扬

位——泗水亭长。小小的亭长杂事、烂事一大堆，在别人眼里这是一份苦差，但在刘邦的眼里却是一份美差，因为在这个岗位上，他很快展现出了自己的才能。也正是由于他的实际管理能力非常出众，所以沛县每次向中央政府输送劳役人员的事情，基本上都是由他来办理的。因此，刘邦就经常有机会去秦都咸阳。也正是因为经常出差，这才让他能够在咸阳城见到秦始皇出巡，因为羡慕嫉妒恨，而拨动了欲望之弦，产生了鸿鹄之志，开启了人生新的征程。

二是带来了桃花运。

我们都知道刘邦初入社会时，是一个好吃懒做的人，"不事家人生产作业"，又"好酒及色"。他整日游手好闲，吃喝嫖赌，无所不会，快三十岁了还是光棍一个。这么大的人还没有老婆，怎么解决性需要？除了嫖娼，刘邦还有一个办法就是找性伙伴，嫖娼需要花钱，而找性伙伴需要花时间。奇怪的是，有一个姓曹的女人长期跟在他身边，当他的"情妇"，后来曹氏还为刘邦生了一个私生子，取名刘肥。刘邦当了皇帝后，刘肥被立为齐王，这是后话。曹氏之所以这么死心塌地当刘邦的"情妇"，就是被他的雄姿杰貌所吸引。据说曹氏不但性格泼辣豪爽，关键时刻还见义勇为。按理说，吕雉是她的情敌，欲除之而后快才对，然而在项羽军队搜捕刘邦家眷的危急时刻，她挺身而出藏匿吕雉和刘邦一家老小，即使严刑相逼也不招供。由此看来，刘邦的眼光果真不错，他的女人都是敢作敢为的女中豪杰，颇有侠肝义胆。

当了泗水亭长后，虽然已是个地方小官，但因为刘邦有劣迹在前，此时仍娶不到老婆，一般人家不愿把闺女嫁给这个"流氓"。正如《楚辞·渔父》所说："举世皆浊我独清，众人皆醉我独醒。"就在众人都把刘邦当成"垃圾股"时，有一个人却把他当成"绩优股"，这个人便是沛县第一富翁吕公。吕公这个人，不但有钱，而且喜欢给人相面，他看见刘邦的相貌后，就非常敬重他。吕公对刘邦说："我从年轻的时候就喜欢给人相面，经我相面的人多了，没有谁能比得上你刘季（刘邦的小名）的面相，希望你好自珍爱。我有一个亲生女儿，愿意许给你，做你的洒扫妻妾。"就这样，刘邦上演了一出"草根"的逆袭，娶到了富家女吕雉为妻。

点评： 在古人看来，刘项二人都生有异相，只是项羽的帝王之相长在脸

楚汉解码：左手项羽，右手刘邦

上，刘邦的野心藏在大腿上。可是天下哪有人把野心写在脸上的，所以，项羽不是一个野心家，而是一个实干家。

刘邦和曹操类似，他们两个可以说是历史人物里性格最丰富的，都堪称"卑鄙的圣人"。刘邦的叛逆、大度、豪迈、勇敢、幽默……刘邦的自私、虚伪、奸诈、残忍……都是人们长期谈论不休的话题。

三、抱负与包袱

> 决定一个人的一生，以及整个命运的，只是一瞬之间。
>
> ——歌德

"生活在我们伟大祖国和伟大时代的中国人民，共同享有人生出彩的机会，共同享有梦想成真的机会，共同享有同祖国和时代一同成长进步的机会。"这是国家主席习近平在十二届全国人民代表大会一次会议闭幕式上的讲话，令人感触颇深。

"人生出彩"是每个人都有的理想，一棵小草也能享受春风的吹拂，一朵小花也能享受春天的怀抱，每一个普通人都能做梦且努力让自己梦想成真。这将是人性解放的时代，也是人的身心彻底解放迈出的一大步。

回顾历史，我们会发现，早在秦末时期的项羽和刘邦便都怀着"解放"思想，向着民主、自由、公平、正义前进，把自己的抱负和梦想融入了时代，融入进了自己的奋斗旅程。

首先，我们来看项羽的抱负。

秦始皇一生最喜欢出巡，并美其名曰微服私访。一次，他率军游会稽、渡浙江时，项羽在项梁的带领下进行了一次"零距离"观光。在喧天的锣鼓声中，除了一片歌功颂德，还出现了一个极为不和谐的异样之声："彼可取而代也！"

短短的六个字，如同平地一声雷，震得大地为之颤抖。敢说出这样大不韪的话的人便是初生牛犊不怕虎的项羽。这句话的意思简洁明了，大致意思包含三层：一是我可以取代他；二是我比他强；三是我可以超过他。

再延伸开来就是，像秦始皇那样当皇帝，或是像秦始皇那样当超级皇帝，才是项羽的人生追求和奋斗目标。

短短的六个字，简单的一句话，折射出项羽三个方面的特点。

一是直爽的性情。

性情二字是人们常挂在嘴边的字眼，最原始的理解就是：性，性格、禀性；情，思想情感。两个字合起来就是指人的性格、习性与思想情感。项羽是那种直接、露骨、大大咧咧、敢爱敢恨、疾恶如仇的性情中人。要知道，在当时那种舆论限制、言论禁锢、恶刑如麻的年代，就连偶语都要弃于市，因此作为平民大众，言语都是极为小心谨慎的，特别是对于敏感的政治，更是三缄其口、噤若寒蝉。而项羽不但敢说出自己心中所思、所感和所想，而且是当着天子的面，面对天子的禁军，脸不红心不跳地完整表达出来，这份勇气令人敬佩，这份胆识令人折服，这份淡定令人惊叹。都说童言无忌，直言同样无忌。

二是波动的心态。

众所周知，心态，即心理状态。心理过程是不断变化着的、暂时性的，个性心理特征是稳固的，而心理状态则是介于二者之间的，既有暂时性又有稳固性，是心理过程与个性心理特征统一的表现。项羽的心态是什么样的呢？首先，他的心态具有稳固性，这个稳固性建立在超级自信的基础上。因为对自己的能力超级自信，他才会斩钉截铁、毫不犹豫地说出自己比别人强，自己比别人干得更好之类的话来。同时，项羽的心态又是暂时性的，这个暂时性是家庭环境影响所致。他想取代秦始皇，究其原因，很简单，爷爷项燕之死、项氏家族的没落都是拜秦始皇所赐。所以，面对这不共戴天之仇，项羽的心里一直隐藏着一颗复仇的种子。因此，秦始皇无限风光时，便是项羽无限失落时；秦始皇无限潇洒时，便是项羽无限落寞时。这个时候，看见"仇人"秦始皇从自己眼前威风凛凛、不可一世而过时，他心中的仇恨和愤怒便如火山般爆发了。他如同一匹脱缰的野马，刹那间展现出自己隐藏已久的野心，因此脱口而出"取而代之"这样的话也就情有可原了。

三是不成熟的举止。

举止是指人的动作和表情。日常生活中，人的举手投足、一颦一笑，都可

楚汉解码：左手项羽，右手刘邦

概括为举止。举止是一种不说话的语言，能在很大程度上反映一个人的素质、受教育的程度及能够被别人信任的程度。在社会交往中，一个人的行为举止更关系到一个人形象的塑造。项羽有着什么样的举止呢？可以肯定的是，项羽的举止是优雅的，这一点从楚国第一美女虞姬死心塌地爱着这位超级帅哥就可以看出端倪来。同时可以肯定的是，项羽的举止是大气的，这一点从他的直言不讳中已经体现出来了。同时，项羽的举止是耿直的，耿直到什么地步呢？一根筋到底，没有半点儿拖泥带水和婉转回旋的余地。要知道：曲则直，枉则全，洼则盈，敝则新。因此，项羽的直白从另一个角度来说，便是鲁莽、冲动。要知道祸从口出，即使心中是这么想的，也要埋藏在心里，不从嘴上透露出半分，甚至连脸上都要不透露半分。把自己的不满、把自己的抱负、把自己的期待经过时间的淬炼，内化于心、外化于形，最终悄无声息地朝着理想目标奋进，不屈不挠地达到自己的目标。这才是真正的智者所为，才是之真正的隐忍之道。可惜，当时年少轻狂的项羽显然还达不到这么高的修为、这么高的境界。这和项羽波动的心态有很大的关系。要知道一个健全的心态比一百种智慧更有力量。而当时项羽的心态显然是不健全的，因此导致了他举止上的不成熟。也正是因为这样，当项羽这不顾后果、鲁莽冲动地一嗓子吼出"彼可取而代也"后，唬得一旁的项梁"花容失色"，赶紧捂住他的嘴，告诫他：请不要乱说话，这可是犯了诛灭九族之罪啊！（毋妄言，族矣！）

总之，项羽的抱负如同一道枷锁，让他背上了沉重的包袱，他那稚嫩的肩膀显然还无法挑起这千斤重担，历史的洪流推着他走向了万劫不复的人生苦旅。

接着，我们来看刘邦的抱负。

刘邦见到秦始皇也是一个偶然的机会。当时，作为泗水亭长的刘邦去咸阳出差，在繁华的咸阳城里"邂逅"了秦始皇。同样是在喧天的锣鼓声及一片歌功颂德声中，出现了一个另类之声："大丈夫当如是耳！"

短短的七个字，柔和而含蓄，如同投入河中的一颗小石子，似乎掀不起风也掀不起浪，掀起的只是老当益壮的刘邦的雄心壮志。《史记》在记载刘邦说这七个字时加了个修饰语"喟然太息"，也就是说刘邦是在感叹、感慨声中说完这句话的。这句话的意思简洁明了，大致包含三层意思：一是他是我的榜样；二是他是我崇拜的偶像；三是他是我奋斗的标杆。

再延伸开来就是，人生在世，只有努力争当秦始皇那样的人才有价值、才威风，这才是刘邦的人生追求和奋斗目标。

短短的七个字，简单的一句话，折射出刘邦三个方面的特点。

一是拥有良好的心理素质。

这个心理素质包含两个方面，一方面是拥有积极的上进心。刘邦当时只是一个小小的亭长，在聚天下光环于一身的秦始皇面前，可以说是渺小、低贱到了尘埃之中去了。然而，刘邦并没有因为自己的地位低微、身份低贱就自暴自弃。他看到了风光如斯、强大如斯的秦始皇，并没有像其他人那样，嘴里直呼"帅呆了、酷毙了"之类的赞美之词，而是把自己和秦始皇联系到一起，心想自己要是也能像秦始皇那样前呼后拥、万人景仰、君临天下该多好啊。因此，不甘落后的刘邦不管现实、不顾场合，发出了"大丈夫当如是耳"的呼声，目的很明确，就是向秦始皇学习。这体现出刘邦积极向上的进取心和意志力。另一个方面是淡然的平常心。刘邦因为羡慕秦始皇的风光，就把秦始皇当成了偶像来崇拜，当成了标杆来看齐。项羽的话里可以说是比、学、赶、超、争五味俱全，而刘邦的话里却只有比、学、赶三味。少了超和争，就少了无谓的麻烦，可以说这是刘邦拥有一颗平常心的最好体现。

二是拥有远大的政治眼光。

通常大政治家是不能用常人的眼光来看待的，也不是能用常规的思维方式来理解的。非常人行非常事，忍人所不忍，所以才会能人所不能。刘邦当时虽然还不能算是个政治家，但多年的社会经验、多年的人生历练，早已把他打磨成熟，懂得人情冷暖、人世沧桑、人心叵测，懂得人无远虑又无近忧的人生便是碌碌无为、窝囊颓废的人生。因此，他以独有的政治眼光来看待秦始皇的"无限风光在险峰"，从而有感而发地发出向他学习、向他看齐、向他靠拢的政治感言也就不足为奇了。

三是拥有超然的欲望追求。

人的一生是追求的过程，有的人追求名利，有的人追求富贵，有的人追求虚荣，有的人追求享受。作为茫茫人海中的一员，我们都有自己的人生追求，都有七情六欲，刘邦是凡夫俗子，自然也不能例外。确切地说，刘邦对秦始皇

楚汉解码：左手项羽，右手刘邦

的风光，除了羡慕，还有嫉妒和恨，这是人的本性使然，毕竟刘邦在惊羡、赞叹秦始皇的权力、财富和地位时，还会本能地产生那种与生俱来的失落感，从而激发的是嫉妒感和恨意。但刘邦不像项羽那样直白，他的心胸也不像项羽那样狭窄，他把秦始皇当成自己追赶的对象，把成为秦始皇那样的人当成自己的目标。正所谓有目标才有追求，刘邦有欲望，有追求，但他对欲望和追求有更深层次的理解，他能正确地对待欲望和功利，和项羽的"取"和"代"不同，他更多的是"追"和"求"。因此，说白了，刘邦的追求其实是一份简单的动力，是一份平凡的快乐。刘邦把自己当成凡人看待，享受一下凡人的快乐，学学流浪的吉卜赛人，即使一无所有，也能纵情歌唱，这不但活跃了思想，又保持了正义之心，实为难能可贵。

总之，此时的刘邦轻装上阵，放下所有的负担，开始了"积跬步，至千里"的追梦之旅。

享有人生出彩的机会，是每一个致力于实现个人价值与梦想的有志者的希冀与期待。一个人的人生能否出彩，不在于他是什么身份，也不在于他居于何种社会地位，关键在于他是否肯为美好梦想的实现而不懈奋斗，正如一个人的出彩人生不是喊出来的，而是甩开膀子干出来的。

话题再回到刘邦和项羽身上来，通过以上对两人的异样、另类之言的分析，可以得出两人在抱负方面有两个共同点。

一是两人都是不甘平庸的人。

不管是学习秦始皇，还是争当秦始皇，甚至是超越秦始皇，两人都不是自甘平凡的主儿，都立志想当"大人物"。正如"心有多大，梦想就有多远"一样，超越现实，放飞梦想，实现人生价值，这显然是刘邦和项羽两人共同的人生追求。

二是两人都是不满现状的人。

尽管在项梁的庇护下，项羽衣食无忧，生活虽然不能说富贵无比，但也有滋有味，按理说他应该知足常乐、安分守己才对。然而，是秦王朝让他的荣门变成了寒门，家仇之下产生的强烈国恨，自然让项羽对现实产生强烈不满。而刘邦当时尽管已经在萧何的帮助下，成了泗水亭长，但这个连芝麻官都不够格的职位，显然是极具雄心的刘邦所不能满足的，因此，他在看到秦始皇的无上权力和无限风光之后，萌发出豪情壮志也就在情理之中了。不满现状，自我加压，砥砺前行，这显然是刘邦和项羽两人共同的人生现状。

而两人在抱负方面的不同点归纳起来有三点。

一是两人的政治眼光不同。

这一点不用多说，主要体现在年龄差距上。混迹社会多年的刘邦懂得政治的真正内涵。所谓政治，一是要从政，二是要严治。而项羽则不同，他所理解的政治，一是要发生政变，二是要奉行铁腕治理。政治眼光的不同，导致两人的思维方式、思考模式截然不同。

二是两人的政治素养不同。

这一点同样不用多说，主要体现在身份的差别上。刘邦家世代贫农，"边缘化"的刘家与秦王朝政府保持着与生俱来的距离，使得个人和国家先天无仇，后天无怨。刘邦只是被秦始皇的风光、气势所震慑，最终开始了向榜样学习和靠拢的奋进之旅。项羽就不一样，他和秦王朝有不共戴天的国仇家恨，特别是爷爷项燕的惨死是项羽心中不可磨灭的伤痛，他对秦王朝的痛恨、对秦始皇的痛恨是刻骨铭心的。不把秦朝推翻，不将秦始皇取而代之，显然他是不会善罢甘休的。

三是两人的政治目的不同。

这个不同主要是看他们在对天下占据主动权的时候采取怎样的措施。项羽在灭秦后，采取分封制，大封十八路诸侯。由此可以看出，他想效仿齐桓公、晋文公，采取分封制，称霸一方。因此，只要对他臣服，他允许其他的政治军事势力存在，这也是项羽在刚灭秦后放过刘邦的根本原因。与之不同的是，在赢得楚汉战争后，刘邦选择了登基称帝，采取以郡县制为主、兼以分封制的皇帝制。由此可以看出，他想效仿秦始皇，君临天下，成就帝业。因此，他绝不允许有威胁到自己的其他军事势力存在，这使得他在鸿沟议和后立即毁约，对项羽赶尽杀绝。他虽然在称帝后封了七个异姓诸侯王，但大多数是为了打赢楚汉战争而采取的无奈之举。待他平定天下后，就陆续以各种理由消灭了异姓诸侯王，并举行"白马盟誓"，规定：非刘不王，不功不侯，违者天下共讨之。

楚汉解码：左手项羽，右手刘邦

点评：有志不在年高。项羽看见秦始皇时，说了句"彼可取而代之"，直白之极，是典型的拿来主义。一腔鸿鹄之志显露于世人面前。燕雀安知鸿鹄之志，就是为了这份不甘落后的抱负，项羽开始了人生的奋斗之旅。

有志者事竟成。刘邦在咸阳看见秦始皇时，说了句"大丈夫当如是耳"，含蓄文雅，是典型的机会主义。一种潜心笃志腾然于蓝天之上。淡泊以明志、宁静以致远，就是为了这份不甘平凡的抱负，刘邦开始了人生的蝶变之旅。

梦在前方，路在脚下。不管项羽和刘邦的梦想从本质上和内涵中有多少异同，有多大关联，不管两人的抱负是好高骛远还是眼高手低，梦想还是像一颗深埋在地下的种子一样萌芽了。它会努力吸取养分，它会积极向上，它会冲破地面的阻挡，破土而出，发芽拔节……

四、学识与学艺

如果有胡子就算学识渊博，那么山羊也可以讲课了。

——题记

时下拥有高学历、多文化背景的知识分子充斥在社会的各个角落。过去凤毛麟角的硕士、博士研究生如今也常行走于左右，时刻提醒着人们对自己是否还拥有所谓的知识产生质疑。文化知识层次统计曲线火箭式拔高，能顺利转化为推进社会发展的正能量，却难以接受社会的考量。

当今网络文化蓬勃发展。方便快捷的一键式服务符合现代经济社会发展的客观需要。老祖宗的魏碑柳体、《风雅颂》，如今只能在书法比赛、文化交流中觅得芳踪。昔日文人墨客的一脸穷酸早已被刷屏、游戏、网聊、博客所替代。当真是以往的文化文明已落伍，不再有存在的必要？就拿签名来说，网络中不乏各种流行字体的设计方案，存留在公文批注和个人署名中那令人难以辨认的潦草字迹，着实让拥有先贤王羲之、颜真卿、欧阳询、柳公权的国民汗颜。

应试教育已无暇顾及仓颉方块字的唯美和渊源，键盘的敲击声早已湮没了书写顺序和笔画布局。速度的强化，电子技术的发达，忽略了研墨和铺展宣纸的从容，若干年以后，或许横平竖直再也不复存在。一个个性格鲜明的孩子，被批量教育成一种模式的精英。

刘震云说："知识分子的目光应该像探照灯一样，他照射的不是过去，也不是现在，而应该是未来。"知识分子是点亮时代发展的灯塔。毋庸置疑，这个知识分子不应该只是简单的学会和知道。从知道到见识乃至成为能力到底还要走多远？生活的阅历严肃地告诉我们，无论学历的光环多么闪耀，最终还得为生存所左右。现实一次次严酷地告诫世人："纸上得来终觉浅，绝知此事要躬行。"如何育人，这是值得我们思考的地方。

闲话完毕，下面我们来看刘邦和项羽的学识大比拼。

首先，来看刘邦。如果只用一个词来概括刘邦的学问就是：少而精。

少很容易理解，那就是刘邦读书少，精就是他善于抓住既得的机会，把目标瞄准一门，充分发挥自己的优势，把这门做大做强。他的求学经历概括起来可以分为三个阶段，少而精便藏匿于其中。

第一阶段：正儿八经的学生时代。

刘邦家里穷，而且兄弟姐妹又多，按理说，他这个刘老三是很难读到书的。但是刘邦也是幸运的，这是拜和他同年同月同日生的卢绾所赐。卢绾的老爹是当地有名的地主，虽然正史上没有记载卢老地主出钱让刘邦上学，但从后来刘邦和卢绾在浪迹江湖时如影随形、不离不弃的铁伙伴关系，不妨大胆推测，两人很有可能曾经同窗过。要知道刘邦的家里穷得叮当响，显然供不起他上学，因此，卢老地主在其中可能对刘邦施过援手，资助过他。当然，考虑到当时的私塾都是私人办的，作为中阳里的第一富，卢老地主请了教书先生来，花这么一点学费还是没问题的。而教书先生教一个人也是教，教十个人也是教，因此，这里不排除刘邦是被顺便请进去读书的。

第二阶段：刀口舔血的社会大学时代。

刘邦丢下书包，踏入社会后，家里人都感到丢脸，因为他很快就跟着当地黑老大王陵当起了混混儿。其实，刘邦这么做也是没有办法。他家里穷，没有学上了，又谋不到生路，只好过这种刀口舔血的日子。但是，看过史书的人都知道，这个时候，刘邦尽管孤单，但并不孤独，因为还有卢绾一直跟随着他。卢绾为什么会跟着他，因为他们是好伙伴。但问题马上来了，卢绾是典型的"富二代"，为什么会沦落为"草二代"？笔者推断有四个方面的原因：一是卢绾和刘邦的九年义务教育圆满完成了，顺利毕业，昂首阔步地走向了社会；二是卢绾和刘邦上课时实在调皮，私塾老师没法教了，选择了辞职不干，所以卢绾和刘邦失学了；三是卢绾和刘邦炒了老师鱿鱼——罢学，卢老地主也拿他们没办法，从此他们开始了流浪的新生活；四是卢家突遭变故，如遇金融危机、政治风暴等，从中阳里村的第一富翁变成了第一负翁，家道一落千丈，供不起孩子上学，所以卢绾和刘邦失学了。当然，不管怎样，刘邦在踏入社会后，和卢绾有衣同穿、有饭同享却是不争的事实。总之，刘邦应该是过了一段比较长的混混儿生活，这段时间应当在八年到十年之间。

第三阶段：敏而好学的拜师学艺时代。

在社会大学"浪费"了近十年的光阴后，刘邦毅然选择了拜师学艺的求学深造之举。师从何来？信陵君！信陵君是当时学者心中的"神"，可惜这个时候已然仙逝了，刘邦不可能再找到他了，但信陵君的弟子张耳还在，因此，刘邦不远千里，跑去拜张耳为师，向他求教。刘邦之所以会在经历社会大学后，来个浪子大回头，原因大致有三个：一是刘邦厌倦了那种打打杀杀、刀口舔血的生活；二是刘邦在闯社会期间突然明白了知识的重要性；三是刘邦经过高人的指点后茅塞顿开，决定拜师学艺。不管是哪种原因，结果都是：刘邦在张耳门下学了三年。这三年，我们无法知道刘邦到底学到了多少知识，但可以肯定的是，这其中刘邦增长的见识却是无与伦比的，政治头脑、眼界、思维能力等，都有了一个很大的提高。这也是为什么刘邦日后能在楚汉争霸中游刃有余，把项羽玩弄于股掌之间的重要原因之一。此后，张耳因政治原因被秦政府通缉，只能选择隐姓埋名、小隐隐于野去了，刘邦只能提前洁业回归故里。但从事后诸葛亮的角度来看，刘邦的这段"适可而止"的经历是颇有成效的，从群众中来，到群众中去，丰富了他的人生阅历，历练了他的处世方法，这无疑为他此后厚积薄发、一鸣惊人打下了坚实的基础。

其次，来看项羽。如果只用一句话来概括项羽的学问就是：广而散。

项羽的求学条件显然比刘邦要好得多。刘邦是属于一穷二白之人，但项羽却属于身在福中之人。且不说在"超级叔叔"项梁的庇护下，项羽衣食无忧，而且项梁遗传了项家的英雄血统，他本人就是一个多才多艺的人，能文能武，足智多谋，不管走到哪里，都受到万众瞩目。对于项羽来说，项梁就是最好的教科书。果然，项梁为了能让项羽早点儿成才，先是教他读书，但是项羽只学了一段时间便不学了，说什么百无一用是书生，读书只要学会简单的写名字识字就行了。于是，项梁又教他学剑术，但项羽仍然只学了一段时间就不学了，说什么行军打仗不是靠一个人的力量就能完成的，而是要靠众人之力，现在只要学到了一些防身之术，能在一般的情况下保护好自己就行了。项梁最后没辙了，只好拿出看家本领教项羽学兵法，但出乎他意料的是，这一次，项羽依然只是浅尝辄止，说是只要懂得排兵布阵、行军打仗的最基本方法和策略就行了，没有必要学那些深奥的东西，真正的兵法不是在书本上，而是在实战之中。

从以上我们可以看到，项羽每学一个东西都是半途而废、浅尝辄止，说得再直白点儿就是半桶水。然而，项羽虽然离精益求精相差甚远，但因为博采众长，他的修为也是颇高的，这为他日后在革命中独挑大梁奠定了基础。更为重要的是，他行军打仗有自己独特的思路和方式，事实证明效果也是不错的。也正是因为这样，他的光芒在楚军中是被无限放大的，是别人无法企及的，其中包括他的智囊军师范增。我们从史书中可以看到，范增真正出彩的机会并不多，而且在仅有的几次露脸的机会中，扮演的都是"小丑"的角色。在鸿门（今陕西西安临潼区新丰镇鸿门堡村）宴上使出了一波又一波的连环计，但结果却是功亏一篑；在荥阳围困刘邦时，使出的是猛攻计，但结果却是出师未捷身先死。当然，范增这两个计谋最终没有达到预期效果，并不是范增的计谋不行，也不是范增的策略不对，而是项羽不支持、不配合。离开了项羽这个主心骨，谁也办不成事。这就是项羽的魅力，这同时也说明了项羽对自己主见的坚持，以及在处理政务上的果敢和一意孤行。

点评：刘邦和项羽求学历程的截然不同，知识涵养的迥然相异，是因为出身的环境不同造成的。刘邦学本领时，是坚持不懈。他是个调皮的青年，要么不学，要学就百倍努力，从他不远千里投奔张耳门下拜师可以看出他对知识的渴望，也可以看出他不甘落后的思想。而求学生涯长达三年，这也可以看出刘邦的耐力和毅力。如果不是因为张耳"触犯"了大秦法律，被迫逃离，刘邦的求学生涯应该还要更长些。回到沛县后，刘邦做的第一件事就是把书本上的知识运用到社会中去。在泗水亭长这个职位上，他做得游刃有余，便是学以致用的最好证明。

项羽学本领时，是适可而止，每一项都是半道而回。他年少时，曾念书，也曾学习剑术，但都没有取得好成绩。后来，他转而钻研兵法，下决心学成可敌万人之术。这是他的性格展示，虽然向上、好进、果敢，但缺乏持久力、耐力、恒心，结果刚猛有余，却柔韧不足。这一点在长达四年的楚汉争霸中可见一斑，特别是在和刘邦对峙于鸿沟时，漫长的僵持，消磨了项羽的锐气和信心，于是乎，刘邦一提出议和，项羽想也不想就答应了，并且马上班师回朝，结果阵脚一乱，刘邦乘机反攻，项羽兵败垓下，最后空有满腹才华也无济于事，空有一腔热血也付诸东流，最终喋血乌江。

五、厚道与厚黑

> 知识和才干造就成功，其余的靠碰运气。
>
> ——题记

有句俗语说："龙生龙，凤生凤，老鼠的儿子会打洞。"其意为，作为成功人士或者精英人物的子孙后代，会遗传其祖宗的优良基因，也会有一番作为与成就。当然，这涉及遗传科学与基因科学。但事实真是这样的吗？按照达尔文进化论的思想观点来分析，应该是可分为两条路线发展。一条路线是遗传优良的基因，多多少少有点儿作为与成就；一条路线是遗传出现变异，作为后继者反而比祖宗差劲得多。历史上按第一条路线发展的例子有：春秋战国时期军事家孙子与后世子孙孙武，孙武继承祖先的优良传统，与祖宗同为著名军事学家；西汉周勃与儿子周亚夫，父子皆为能征善战的军事将领；东汉的班彪与儿子班固，父子都为当时著名的史学家。历史上按第二条路线发展的例子有：秦始皇与儿子秦二世胡亥，父亲是雄才大略统一六国的君王，而儿子却是昏庸无能、穷奢极欲的亡国蠢帝；隋朝开国皇帝杨坚与儿子杨广，父亲是英明的皇帝，儿子却是弑父篡位、穷兵黩武、荒淫无道的昏君；三国蜀汉皇帝刘备与刘禅，父亲是英雄，儿子却是乐不思蜀的庸人。按照这样两条线路发展的例子举不胜举。

而如果拿项羽和刘邦相比，显然，项羽是按第一条路线发展的，而刘邦则明显走的是第二条路线。

要知道项羽出身于将门之家，是豪门之后，他继承了祖辈的勇猛、刚强、彪悍、威武、豪爽、率直，最后凭着自己的超凡才能和不懈努力，成了唯我独尊、不可一世的西楚霸王。

当然，在他的成长之路上，尽管也经受了不少波折，但他的发迹显然比别人早，一路走得也更平坦。项羽是在温室里长大的孩子，因为有叔父项梁这个顶梁柱在，项羽无论身在何处，无论富与贫，他的成长环境都是优越的，因为天塌下来，可以由项梁来顶着。因此，他的成长之路可以说是幸福的。

革命后，项梁成了"带头大哥"，项羽自然而然地成了"二号首长"。可见他不但出道早（不到二十岁就开始创业），而且因为祖上遗留下的人脉优势和先天优势，他一起步就成了举足轻重的人物，颇受人尊敬和爱戴，在军中如同众星捧月一般。因此，他的成才之路可以说是幸运的。

项梁的英年早逝，一下子把光复家业、建邦立国的千钧重担压在了项羽一个人身上，他在体会到人生艰难困苦的同时，也更加激发了奋发图强的进取之心。在楚怀王的打压下，他硬是凭着自己的果敢和英勇力挽狂澜。在讨伐暴秦的过程中，以快刀斩乱麻的态势斩杀了宋义，取回了原本属于自己的兵权，并且在巨鹿上演了背水一战，成功打败和降服了秦朝的第一悍将章邯，一战成名，从而让归顺者、跟随者、拥护者络绎不绝，最终先入关的刘邦也不得不拱手相让入关成果，项羽理所当然地成为威风凛凛的西楚霸王。

总而言之，项羽面对厚势时，厚积薄发，厚道的他最终提炼出人生的质感，开创了一片新天地。

楚汉解码：左手项羽，右手刘邦

刘邦所走的第二条路线，其实与大多数事例是完全相反的。刘邦家里穷，父母都是老实巴交的农民，按传统来说，刘邦也将成为农民。然而，事实证明，刘家的遗传出现变异，后继者反而比祖宗更强悍。

刘邦属于典型的草根逆袭，他在苦难中书写了辉煌人生，谱写了一曲英雄赞歌。只是这个过程比项羽的更为曲折、更为惊险、更为艰难，如同一只破茧而出的蝉蛹，冲破黑暗而新生；如同凤凰涅槃，沐浴烈火而重生。

自己动手，丰衣足食。因为无依无靠，刘邦的发迹只能靠自己。但他的聪明之处在于，他知道自己的力量有限，且不谈厚度，连温度都不能保持，因此，他把从书本上学来的知识，把在社会上学到的知识都结合起来，然后做出了一个大义之举：广结朋友。事实证明，他结交的朋友都是非同寻常的人。第一个玩伴卢绾是个"富二代"，他的老爸是当地有名的地主，但刘邦却让卢绾成了自己死心塌地的铁哥们；公务员出身的萧何是沛县红人，连县令都要敬让他三分，但这位牛人却对刘邦服服帖帖，将刘邦奉为主子；夏侯婴是狱吏，但刘邦犯罪后，他宁肯自己背黑锅坐几年牢，也不愿让刘邦来分担半点儿责任，可见刘邦的人格魅力；还有樊哙天不怕地不怕，天不服地不服，唯独只服刘邦，这其中虽然有连襟这层关系在，但从另一个侧面可以看出刘邦身上所散发的气质让人折服。

其所薄者厚，而其所厚者薄。厚能转薄，薄亦能转厚，厚积才能薄发。刘邦的第一份职业是亭长。这是一个最基层、最低等的官职，但正是这个职务，让他受益匪浅。一是刘邦从中学到了许多官场知识；二是刘邦从中结交了许多上层社会的人物；三是刘邦看清了秦朝的黑暗和官场的腐败。透过现象看本质，他日后之所以走上革命的道路，就是因为看透了秦朝衰败的必然性，看清了历史发展的必然趋势，看到了革命燃烧的耀眼之光。

当然，当时这个亭长远没有现在的公安局长好当，一是权力有限。他的主要职责是抓捕坏人、维护社会治安，但问题是，他手下没有几个兵，有时甚至是光杆司令一个，因此，在处理事务时，他常常还要看乡亲们的脸色。如果哪个地方碰巧暴发群体事件，那么他就吃不了兜着走了，因此，他的管辖范围虽然大，但都是棘手的事，都是操心事，做好了是本职工作的需要，做不好就是失职。二是待遇不好。这个亭长除了少得可怜的固定薪水外,没有其他的补助,刘邦要到县城或是首都咸阳出差,都得找赞助商。如果找不到赞助商,就得自己掏腰包,这是非常可怜的。

但是尽管如此,刘邦能当上这个小小的亭长却是非常幸运的。要知道,亭长再小,却是个官;亭长再小,却让刘邦从一介布衣摇身变成了公务员;亭长再小,却让他有了更多结识上级的机会;亭长再小,却给他插上了腾飞的翅膀。这便是起点,这便是资源,这便是人生的转折点。果然,刘邦靠着这个亭长职务,利用职务之便,在一次到咸阳出差的时候,看到了秦始皇出巡,结果被他的磅礴气势所折服,说出了"大丈夫当如是耳",这是人生感言,也是人生目标。

为了实现这个理想,他的思维方式和政治目标再次调整。首先,他已经发现秦朝的腐败和衰败。其次,他萌生了以秦始皇为标杆的想法后,政治觉悟进一步提高了,不再满足于混口饭吃和结交几个朋友。他开始有意识地留意国内形势,开始有选择性地结交朋友,开始物色为己所用的人才。最后,就是"以待天时"。果然,机会是留给有准备的人的。很快,大秦政府就给了刘邦一次难得的机会。刘邦奉命带着几百名囚犯去骊山,他打开镣铐,让囚犯自己行走。这样一来,这一群苦命男迎来了新的春天,他们很快发挥腿长的特点,只走了一段路便纷纷开溜,最后只剩下几十号人了。刘邦眼看这样交不了差了,索性对剩下的囚犯说,你们都走吧。他说完这句话痛苦地闭上了双眼,但当他睁开双眼时,却发现这几十号人并没有走。刘邦感到很奇怪,就问他们,给你们逃生的机会,为什么不走呢?对此,这些人异口同声地说,不是他们不想走,而是没地方走。这天下已是民不聊生,能逃到哪里去呢?天下之大,竟无容身之处。刘邦也有同样的感受,是啊,他这次没有完成任务,显然也是没有退路可言的。因此,对于他来说,这一次他玩大了,不但丢了铁饭碗(泗水亭长的职务),而且弄不好还要丢性命。

"你走到哪里,我们也都跟着你走到哪里。"大伙齐声说道。这下没有退路了,刘邦决定和这群难兄难弟一起走,于是上演了一出"斩白蛇起义"的好戏。刘邦日后不管是在任何困苦中都能挺住,最终笑到最后,跟他的求学经历、社会经历有很大的关系。

总而言之，刘邦面对厚度时，懂得把握，懂得经营，厚黑的他最终提炼出人生的质量，从而为自己赢得了未来。

点评：中国历来讲究修身、齐家、治国、平天下。只有修身才能治国、平天下。项羽和刘邦的厚道与厚黑，来源于千差万别的修身，可谓各具特点，各有所长，这也就为他们日后各取所长、各显神通打下了良好的基础。同时，也注定了他们不同的风雨人生路。

"三岁看大，七岁看老。"这句俗语固然有夸张的成分，但也从另一个侧面说明了修身的重要性，因为一个人学识、履历造就的底蕴深度，直接影响到人在奋斗旅程中的成与败、得与失。

六、外秀与内秀

> 从艺术的观点来看，坏人是非常有吸引力的研究对象，他们代表了色彩、变化与特异。好人会激发人的理性，坏人则会引发人的想象力。
> ——题记

时下之人，内心浮躁，一心想成名成家。成名成家的捷径是作秀。其实，作秀也未尝不可，把真善美的一面推向世人，让大众快速了解自己，产生轰动效应，引起社会对普通人的关注，让普通大众有一个展示自身人生价值的窗口，这是一件功德圆满的事。然而一切都有一个度，物极必反，作秀也应该有个度。倘若作秀者不顾及做人的基本道德底线和人格尊严，这样的秀还是越少越好。

说到作秀，追根溯源，我国古代就有一个人堪称作秀达人。他硬是从一个无赖秀成一代帝王，作秀手段之高、作秀成果之大，前无古人、后无来者。这位"作秀祖师"就是西汉开国皇帝刘邦。

不少人指责刘邦善于作秀。细想人生在世，不管是普通人还是君王，都难免要作秀。一般人作秀是为了影响对方和打动对方，通过沟通赢得对方的信任。从现实可知,作秀是管理者的必备技能。刘邦善于作秀不假,但其效果也非常明显,这其实也是实力、信心、悟性、智慧和胆量的综合体现。下面让我们来细数刘邦的"惊天十秀"。

秀场一:吕公家。秀资:忽悠——骗个富婆当老婆。

由于刘邦平时花天酒地、吃喝嫖赌,当亭长的那点儿工资怎么够他折腾呢?钱到用时方嫌少!当时沛县县令为"大富豪"吕公庆贺乔迁之喜,邀请沛县有头有脸的人物出场,沛中的豪杰、官吏们听说县令有贵客,都前往祝贺,顺便意思意思。要给沛县县令的朋友吕公送礼,刘邦哪里拿得出钱呢?没钱也得秀一把,这就是刘邦的个性。他脑子一转,想出个打白条贺万钱的主意。白条送礼也送出个轰动效应,面对吕公的热情相迎,刘邦理直气壮地坐到上座去,趁机戏弄那些宾客。刘邦如此作秀,说来也怪,吕公不但不生气,反而更加敬重刘邦,最后还把女儿吕雉许给他了。当然,当今社会,有人也想学刘邦,教育捐款、爱心捐赠也许诺几百万上千万,最终来个铁公鸡——一毛不拔,他们捐出去的是真实谎言,收回来的是诚信缺失,作秀手段与最终效果和刘邦相比,简直是天壤之别。

秀场二:咸阳。秀资:道义——温柔一刀留美名。

汉高祖元年(公元前206年)十月,沛公的军队在各路诸侯中最先到达咸阳。秦王子婴驾着白车白马,用丝绳系着脖子,封好皇帝的御玺和符节,在枳道旁投降。将领们有的说应该杀掉秦王,沛公却说:"当初怀王派我攻关中,就是认为我能宽厚容人,再说人家已经投降了,又杀掉人家,这么做不吉利。"于是,他把秦王交给主管官吏,就向西进入城阳。刘邦虽然有作秀的成分在里面,但比起项羽杀子婴及秦诸公子宗族,显然算是"温柔一刀"了,而且留下了好的名声,可谓一举两得。

秀场三:霸上。秀资:谦让——约法三章得人心。

进入秦地,刘邦命令全军,所过之处不得掳掠,秦人自然十分高兴。入关后,刘邦下令把秦宫中的贵重宝器财物和库府都封好,秋毫无犯,然后退回来驻扎在霸上,约法三章。秦人知道后很高兴,争着送来牛羊酒食,慰劳士兵。刘邦推让不肯接受,说:"仓库里的粮食不少,并不缺乏,不想让大家破费。"人们便更加高兴,唯恐沛公不在关中做秦王。尽管刘邦在这其中或多或少他掺杂了假仁假义的作秀成分，但却俘获了人心，不得不佩服他的作秀本领之高。

秀场四：鸿门。秀资：说功——口吐莲花破危局。

刘邦带着一百名侍从来鸿门见项羽。到达后，刘邦对项羽说："我跟将军合力攻秦，将军在河北作战，我在河南作战，却没想到我能先入关攻破秦朝，能够在这里又见到您。现在是有小人说了什么坏话，才使得将军和我之间产生了嫌隙。"项羽说："是您的左司马曹无伤说的，不然，我怎么会这样！"项羽当日就让沛公留下一起喝酒。有人说这是刘邦利用自己的三寸不烂之舌公然忽悠项羽。说得对，这是在斗智不是比勇，就是靠着口吐莲花，靠着超级无敌的大忽悠，刘邦化解了一场火烧眉毛的危机。

秀场五：新城县。秀资：哭功——长歌当哭哀兵胜。

刘邦率军向南渡过平阴津（今河南孟县东），到达洛阳。新城县一位掌管教化的三老董公拦住汉王，向他说了义帝被杀的情况。董公曰："臣闻'顺德者昌，逆德者亡'，'兵出无名，事故不成'。故曰：'明其为贼，敌乃可服。'项羽为无道，放杀其主，天下之贼也。夫仁不以勇，义不以力，三军之众为之素服，以告之诸侯，为此东伐，四海之内莫不仰德。此三王之举也。"汉王听后，袒露左臂失声大哭。随即下令为义帝发丧，哭吊三天。同时，他派使者通告各诸侯说："天下诸侯共同拥立义帝，称臣事奉。如今项羽在江南放逐并杀害了义帝，这是大逆不道。我亲自为义帝发丧，诸侯也都应该穿白戴素。我将发动关中全部军队，聚集河南、河东、河内三郡的士兵，向南沿长江、汉水而下，我希望与诸侯王一起去攻打楚国那个杀害义帝的罪人！"的确，这是刘邦作秀的典范，但这秀作得有板有眼、有眉有目。结果是"汉王部五诸侯兵，凡五十六万人，东伐楚"。

秀场六：鲁城。秀资：哭功——死去方知万事空。

项王死后，楚地全都归降了汉王，只有鲁地不降服。汉王率领天下之兵想要屠戮鲁地，但考虑到他们恪守礼义，为君主守节不惜一死，便没有轻易动兵，而是拿着项王的头给鲁人看，鲁地父老这才投降。当初，楚怀王封项籍为鲁公，项籍死后，鲁国也是最后投降，所以，刘邦按照鲁公之礼把项王安葬在了谷城。汉王为他发丧，哭了一通后才离去。项氏宗族各旁支，汉王都不加杀戮，封项伯为射阳侯，桃侯、平皋侯、玄武侯都属于项氏，汉王赐姓刘。刘邦在战场上残酷地杀死项羽,之后却又封赏项氏家族,不可否认,这是在作政治秀。

秀场七:洛阳。秀资:演功——三推五辞为哪般?

汉高祖五年(公元前202年)正月,诸侯及将相们共同尊请刘邦为皇帝。刘邦说:"我听说皇帝的尊号,贤能的人才能据有,空言虚语不是我所要的,我可承担不了皇帝的尊号。"大臣们都说:"大王从平民起事,诛伐暴逆,平定四海,对有功的将士分赏土地封为王侯,如果大王不称皇帝尊号,人们对大王的封赏就都不会相信。我们这班人愿意以死相请。"刘邦辞让再三,实在推辞不过了,才说:"既然诸位认为这样合适,那我就为了国家的便利勉为其难吧。"甲午日,汉王在汜水北面登临皇帝之位。刘邦这般假兮兮的作秀虽然让人觉得虚伪,但却效果显著。他的这种做法为后代皇帝所效仿。

秀场八:长安。秀资:演功——此地无银三百两。

丞相萧何主持营建未央宫,未央宫建东阙、北阙、前殿、武库、太仓。刘邦回来,看到宫殿非常壮观,很生气,对萧何说:"天下动荡纷乱,苦苦争战好几年,成败还不可确知,为什么要把宫殿修造得如此豪华壮美呢?"萧何说:"正因为天下还没有安定,才可以利用这个时机建成宫殿。再说,天子以四海为家,宫殿不壮丽就无法树立天子的威严,而且也不能让后世超过呀。"刘邦这才高兴了。刘邦是平民出身,秦朝是怎样灭亡的他心知肚明,刘邦对萧何所说的话虽有作秀的成分,但也应该是他发自内心的感叹。

秀场九:沛县。秀资:诗赋——为赋新诗强说愁。

有人认为刘邦最大的作秀是荣归故里。《史记·高祖本纪》记载,高祖刘邦回京途中,路过沛县时停留下来,在沛宫置备酒席,把老朋友和父老兄弟都请来一起纵情畅饮。然后,挑选沛中儿童一百二十人,教他们唱歌。酒喝得正痛快时,高祖自己弹击着筑琴,唱起自己编的歌:"大风刮起来啊云彩飞扬,声威遍海内啊回归故乡,怎能得到猛士啊守卫四方!"(大风起兮云飞扬,威加海内兮归故乡,安得猛士兮守四方!)让儿童们跟着学唱。高祖则随歌起舞,情绪激动,心中感伤,洒下行行热泪。刘邦对沛县父老兄弟说:"远游的赤子总是思念着故乡。我虽然建都关中,但是将来死后我的魂魄还会思念故乡。我开始是以沛公的身份起兵讨伐暴逆,终于取得天下,我把沛县作为我的

楚汉解码：左手项羽，右手刘邦

汤沐邑，免除沛县百姓的赋税徭役，世世代代不必纳税服役。"沛县的父老兄弟及同宗妯娌大娘、亲戚朋友，天天快活饮酒，尽情欢宴，叙谈往事，取笑作乐。过了十多天，刘邦要走了，沛县父老坚决要高祖多留几日。刘邦说："我的随从人众太多，父兄们供应不起。"于是离开沛县。这天，沛县城里全空了，百姓都赶到城西来敬献牛、酒等礼物。刘邦又停下来，搭起帐篷，痛饮三天。最后，刘邦把丰邑的赋税徭役也免除掉，跟沛县一样。这段秀其实是刘邦的真情流露，要知道项羽也心怀思欲东归，曰："富贵不归故乡，如衣绣夜行，谁知之者！"这是人之常情。

秀场十：鲁地。秀资：祭祀——家祭无忘告乃翁。

刘邦在汉高祖十二年（公元前195年）"十一月，行自淮南还。过鲁，以大牢祠孔子"。"十二月，诏曰：'秦皇帝、楚隐王、魏安厘王、齐愍王、赵悼襄王皆绝亡后。其与秦始皇帝守冢二十家，楚、魏、齐、赵各十家，魏公子亡忌五家，令视其冢，复，亡与它事。'诏曰："南武侯织亦粤之世也，立以为南海王。"后人对刘邦此举多有不齿，认为这是刘邦这个仇视儒生的大老粗在表演，在作秀。但对于当时已是垂暮之年的刘邦来说，能做到这一步已经是非常不容易了，比起秦始皇的焚书坑儒，他可谓仁至义尽了。

相对于刘邦的"秀得精彩，秀得传奇，秀出一片新天地"，项羽却是"秀得精光，秀得出奇，秀得只剩下裤衩"，下面就让我们来看项羽的"销魂四秀"。

秀场一：黄河。秀资：砸功——破釜沉舟美名扬。

"君不见黄河之水天上来，奔流到海不复回。"李白诗中描写的唯美画卷，成了项羽名声大震的铺路石。因为项羽出道之初在黄河边上上演了举世瞩目的巨鹿之战。当时楚军与秦军人数相差悬殊，而且楚军又缺衣少粮，士气低落，副将项羽当机立断，斩杀主将宋义，命令军士凿沉渡河用的船只，打破吃饭用的铁锅，身上只带三天干粮，于是军士们个个以命相抵，士气大振，最终六万楚军打败了二十万秦军，项羽也因此一战成名。项羽出色的军事才能无疑是值得肯定的，但是非让将士们破釜沉舟，又何尝不是在作秀？但这一场秀，是秀给自己将士看的，是告诉将士们这一战只许胜不许败，要么赢要么死。这场秀极大地鼓舞了士气，振奋了军心，所以，接下来的胜利一气呵成,也因此成就了项羽英雄的美名,也因此形成了作秀的路径依赖。

秀场二:咸阳。秀资:武功——倚天屠龙谁争锋?

刘邦和项羽约定,先入咸阳者为王。刘邦率先入关,不但没有骚扰百姓,甚至连关中的美女和财宝都未动分毫,处于弱势地位的刘邦也用这种方式在作秀,向项羽秀他的忠诚,向天下人秀他的仁义。而处于强势地位的项羽呢,则是要显示他主宰一切的霸王气,据说入关之后先一把火烧了咸阳宫,再杀秦王子婴,最后竟然丧心病狂地屠杀平民百姓。这个项羽实在让人闻风丧胆。失民心者失天下,项羽这入关三部曲让他一下子尽失关中人心,楚汉之争的胜负或许从那时就已经注定。为什么非要这样做呢?项羽无非是在秀,是想告诉天下人,大英雄项羽已经入关了,所有人必须无条件臣服。你子婴之前不是不服,要跟我作对吗?关中人不是不希望我入关吗?我杀了你们,烧了你们的宫殿,看谁还敢反对我?这场血腥的秀,目的只是告诉天下人,项羽有多么强大,对他们有着绝对的统治地位,谁反抗,谁就得死。相形之下,刘邦才是个老谋深算的实力派,项羽过于注重表面效果,顶多算个偶像派。

秀场三:鸿门。秀资:嗜酒——鸿门宴上捉放刘。

鸿门宴本来就是一场大秀,导演为范增、张良,主演项羽、刘邦、范增、张良、樊哙、项庄。其实项羽需要做的只是坐在那喝酒吃肉,下个命令就完了,导演范增早就布下了天罗地网,等着刘邦送上门来呢。可是项羽居然连这场最简单的戏都没能演好,反倒是刘邦表现得对项羽恭敬有加,丝毫看不出谋反之心,堪称绝对的演技派。宴会上项庄舞剑,意在沛公,范增多次给项羽使眼色,只要他一声令下就能要了刘邦的小命,但他却迟迟不肯下令。为什么?他看刘邦如此谦恭,没有谋反的迹象,他不能听信曹无伤和范增的一面之词而杀了功臣,毁了他的英名。项羽在这个时候想到的不是除掉对手,而是想如何把自己的英雄秀进行到底,不能被天下人耻笑他不够英雄。颇有心机的刘邦早就看透了项羽作英雄秀的弱点,你要面子我图实惠,于是他便趁着上厕所悄悄溜走了。项羽的英雄秀,成全了刘邦,气得范增吹胡子瞪眼,又无可奈何。

秀场四:垓下。秀资:老脸——生死只在一念间。

最可悲的是,项羽到死都在作秀,还在想如何做一个完美的偶像。被围垓

楚汉解码：左手项羽，右手刘邦

下，四面楚歌，项羽起身饮酒作歌：力拔山兮气盖世，时不利兮骓不逝。敌人已经大军压境，这大英雄还有心情玩伤感呢！被汉军重重围困，自知再无机会逃脱，他仍然不忘作秀。他对身边的骑兵说："我要为你们杀掉对方一将。"果然，他冲向敌群，斩杀了汉军一员大将。可这除了能证明他的匹夫之勇外，还有什么意义？最后被逼退到乌江，乌江亭长来接应他，仍愿意支持他东山再起。然而项羽想的是：我这样落魄有何颜面再见江东父老啊，还不如堂堂正正地死了让人尊敬。为了大英雄尊严和霸王的荣誉，他毅然决然地选择了战死沙场。这时候的他大为感叹："天亡我，非战之罪，我何渡为？"他认为是老天要让他灭亡，可见他死都没能死明白，不知道自己之所以失败，正是因为自己太爱表现，太喜欢逞能，太重视表现出豪气、霸气和天下第一牛气，太在乎所谓大英雄的尊严与荣誉了。一句话，他太喜欢作英雄秀了。

综上所述，可以发现这样两点：一是项羽和刘邦两人都爱作秀。二是项羽比刘邦秀得实，刘邦比项羽秀得深。

项羽作秀的实外化于形，具体集中体现在一个"笑"字上。而刘邦作秀的深内化于心，具体集中体现在一个"哭"字上。据《史记·项羽本纪》记载，项羽面对刘邦的围追堵截，笑曰："天之亡我，我何渡为？"刘邦安葬项羽后则是"泣之而去"。自古以来就是成王败寇，缘何项羽在穷途末路时会大笑，而刘邦在安葬项羽后却哭了呢？

首先，我们来看项羽的"独门外秀"——笑。

一是苦涩的笑。

乌江绵绵，承载了多少项羽儿时的记忆？遥想当年，和一群江东子弟在乌江边玩石子时，他们都直呼他"老大"，而他也当之无愧。稍长，他就有了成就霸业的梦想。他生于乱世，再加上他的贵族出身和神勇过人，很快就借群雄反秦之势，率领各路诸侯迅速扫荡了秦在各地的统治，稳稳当当地做了王。当初的豪言壮语，当初的凌云壮志——"彼可取而代之"，仍然萦绕在他耳畔。然而，此时他听到的最分明的却是从四面传来的楚歌。曾经骁勇善战的他，曾经打过无数胜仗的他，如今竟然从一马当先的胜者变成被追击的败将，个中滋味恐怕只有他能体会得到。于是，他不由感叹命运不济："早知天意如此，当初又何必率江东子弟来送死?"至此,面对渡江的船,面对好心的船夫,他满腹的苦闷与无奈迅速涌遍全身,并最终化作狂放的苦笑凝结在了脸上。

二是倔强的笑。

李清照有诗云:"生当作人杰,死亦为鬼雄。至今思项羽,不肯过江东。"项羽在紧要关头的一笑,笑得很从容,笑得很倔强,笑得很可爱。面对身后汹涌而来的追兵,他自知大势已去,一如王安石所写:"百战疲劳壮士哀,中原一败势难回。江东子弟今虽在,肯与君王卷土来。"于是,面对船夫的好意,面对甚至可以扭转战局的绝佳机会,他毅然决然地放弃了,因为他明白纵然江东子弟可怜他让他做王,他也无颜再见江东父老。这就是项羽——一个出身贵族的项羽,一个倔强的项羽,一个视自尊如生命的项羽。如果说在帐中和虞姬互唱诗歌的他是一个脆弱而多情的男子的话,那此时的他分明就是一个铁骨铮铮的男人。总之,从项羽的这一笑中,我们可以读出他特有的英雄气概——一如钱钟书先生所说,项羽是"心死而意未平,认输而不服气"。

其次,我们来看刘邦的"独门内秀"——哭。

项羽死了,刘邦似乎应该仰天大笑。然而,他却不仅以鲁公之礼安葬了项羽,还亲自为项羽主持了葬礼,并在项羽墓前大哭了一场。刘邦这么做又是何故呢?

一是仪式性的哭。

刘邦亲自为项羽主持葬礼,作为葬礼必需的仪式,哭自然是少不了的。所以,刘邦的这一哭只不过是葬礼活动中的一个必要的仪式。

二是虚伪的哭。

我们都知道,刘邦以哭作秀并非仅此一例。汉高祖二年(公元前205年),刘邦一出函谷关,就接受当地一位董姓乡官的建议,为被项羽杀死的义帝举行葬礼,并在三天之中为义帝大哭三场。刘邦为何要在三天之中为义帝大哭三场呢?我们只要看看刘邦哭祭义帝之后的一连串行动就可以明白他的用意:第一,向天下诸侯发书宣告项羽诛杀义帝是大逆不道;第二,号召天下诸侯随他讨伐项羽。从此,刘邦就处处打着为义帝复仇的旗号,为自己东伐项羽找理由。由此可见,刘邦哭祭义帝的真正目的,其实就是要为自己树立一面正

楚汉解码：左手项羽，右手刘邦

义的旗帜，向世人宣告自己是正义之师。有人说，刘邦在项羽葬礼的哭是一种惺惺相惜的哭，因为，尽管刘邦和项羽是生死对头，但他们也是另外一种意义上的朋友。事实是不是这样的呢？在刘邦心中，他到底对项羽这个"朋友"有没有一点珍惜之情呢？《史记·汲郑列传》讲述了一件很有意思的小事：项羽死后，手下一名叫郑君的将军归降了刘邦。后来，刘邦下令，要求原属项羽部下的人在奏章中提到项羽时，一定要称他为"项籍"，既不许叫"项羽"，更不许称"项王"。按当时的习俗，直呼其名是非常不恭敬的。如果称其字"羽"，则要恭敬得多；如果称"项王"，那当然是更尊敬了。可是，郑君提到项羽，从不称"项籍"，要么称"项王"，要么称"项羽"。郑君这样做显然是坚守自己作为西楚国臣子的礼节，以表示自己不忘昔日的君臣之礼。后来，刘邦下令，凡是称项羽为"项籍"的原项羽部下都升为大夫，坚持称"项羽"或"项王"的郑君则被赶出了朝堂。我们只要拿这件小事与刘邦厚葬并哭祭项羽一事作对比，就可以看出刘邦哭祭项羽确实很虚伪，完全是在作秀。

三是感慨性的哭。

刘邦的成功的确得来不易：先是早于项羽进入关中并首先进入咸阳，却只能将富丽堂皇的宫殿看管好，将军队撤退到霸上；之后，项羽听说刘邦在关中称王极为恼怒，便准备兴兵攻打刘邦；鸿门宴上，刘邦虽然将咸阳拱手让给了项羽，但还是险些丢了性命；随后，捡回一条命的刘邦忍气吞声地被项羽封为汉王，并于四月领兵入汉中，以烧毁栈道表达自己无意出兵关中，以此麻痹项羽；后来，刘邦明修栈道，暗度陈仓，并乘乱重返关中，公开声讨项羽——先攻占彭城（今江苏徐州），再夺取成皋（今河南荥阳汜水镇），最终在垓下一战中重创楚军，逼项羽自刎于乌江边，结束了为期四年的楚汉战争。想起这一段又一段辛酸的往事，刘邦不禁悲从中来、感慨万千，泪湿衣襟也是人之常情。

点评：刘邦太爱作秀了，别人称他是流氓，他就处处想逗流氓。但归根结底，他的内秀是为了生存、为了生活、为了生命的需要，他这样不惜一切代价地秀自己，成功也就是必然的结果。

项羽太爱作秀了，别人称他是英雄，他就处处想逞英雄。但归根结底，他的外秀是为了逞能、为了逞强、为了逞英雄的需要，他这样不惜一切代价地秀自己，失败也就是必然的结果。

成也作秀，败也作秀。前者如刘邦，后者如项羽。刘邦的作秀说明在专制社会中，民众只是作为被争夺的对象而不是作为权力变更的决定者而存在；封建社会的政治舞台上，处处是阴谋策划，充满伪装和表演。而项羽的作秀可以概括为三个字：英雄秀。项羽处处以英雄自居，他的结局告诉人们这样一个道理：人生这场秀，成败转瞬间。

第二章 智与慧·知行合一止于善

一、才艺大PK[1]

观其行,知其人。

——卢梭

中国古代历史上流传着两则有关"唯德学,唯才艺。不如人,当自励"的著名典故。

故事一,三人行必有我师。

大教育家孔子勤思好学,不耻下问。有一次,孔子和学生们正在赶路,忽然一个小孩子挡住了他们的去路。原来,这个小孩子正在路上用砖瓦石块垒一座城池呢。孔子叫那个小孩让路,而小孩却说:"这世上只有车绕城而过,还没有把城池拆了给车让路的。"孔子想:确实不能把这孩子摆的城池当成玩具,我这样想,可孩子不这样想啊。我倡导礼仪,没想到却让孩子给问住了。孔子十分感慨地对他的学生说:"三人行必有我师!这孩子虽小,却懂礼仪,可以做我的老师了。"

---

[1] PK:对决。

故事二，身为国君登门求教。

战国时，魏国的国君魏文侯非常重视人才。他听说有位叫段干木的人很有才能，就亲自去拜访。他坐的马车刚到段家的小巷口，他就叫人把车停下来，然后一个人轻轻地走到门口，叩了叩大门。段干木不愿当官，听到门响，就从后门跑了。吃了闭门羹的魏文侯不但没有生气，反而更加敬重段干木。他说："此人才能卓越，又不追求权势，我怎能不敬重他呢？"这句话传到段干木的耳朵里，使他非常感动。于是，他同意和魏文侯见面。第二次拜访时，段干木坐在一把破椅子上，就如何治理国家侃侃而谈，魏文侯则站在他的面前，毕恭毕敬地仔细听着，二人从烈日当空一直谈到夕阳西下。

下面，我们来看项羽和刘邦的"唯德学，唯才艺"。

首先来看刘邦。刘邦的才艺主要表现在三个方面。

一是口才好。

首先，会哄骗人。

刘邦能说会道，口才好得令人叹为观止。这可能跟他混迹于江湖时经历的磨炼有关。试想，连大哥大嫂这样的至亲都靠不住，为了混口饭吃，他只能靠自己了。为此，他选择了在开饭店的寡妇身上下功夫，靠着一张利嘴，吹得天花乱坠，结果成功俘虏了寡妇的心，寡妇的饭店成了他的食堂。他天天来吃饭，吃完拍拍屁股走人，而到年底结总账时，寡妇还当着他的面把账一把火给烧了个精光。另外，刘邦能娶到吕雉这样的富家女也是甜言蜜语哄骗的结果。

其次，会忽悠人。

刘邦入关后屯兵霸上，当项羽要攻打他时，他即以快刀斩乱麻的方式"俘虏"了项伯。除了他的随机应变外，良好的口才也是制胜的法宝，在没有事先打草稿的情况下，他借题发挥，把项伯整得服服帖帖，最后靠项伯这个中间人成功化解了一场一触即发的政治风暴，为自己的东山再起赢得了时间。在霸上仅数小时就搞定项伯，这就是能说会道的结果，就是善于察言观色的结果。在鸿沟，项羽黔驴技穷之际，选择了拿人质来对付刘邦。项羽把刘邦的老爹绑起来，威胁刘邦如果不投降便进行水煮，结果刘邦根本不吃这一套。对于铁面无情的刘邦来说，在逃跑的过程中，连自己的亲生儿女都可以推下车去，

楚汉解码：左手项羽，右手刘邦

此时自然不会因为老爹和妻子在项羽手中就束手就擒，让自己的千秋大业毁于一旦。因此，面对项羽赤裸裸的威胁，刘邦说了一句绝世名言：你我乃是结拜兄弟，我父就是你父，你烹煮你父，记得到时候分我一杯羹哦。见过流氓没见过这么流氓的，见过无赖没见过这么无赖的，对此项羽哑口无言，手中的定时炸弹不灵了，他只能自认倒霉。最后，刘邦的父亲还阴差阳错地被项羽放了，这真是千言万语抵不过一句话啊。应该说，这个例子中刘邦把口才发挥到了极致。

最后，会笼络人。

不管是能征善战的武将也好，还是足智多谋的儒生也罢，只要到了刘邦手下就变得服服帖帖，这就是刘邦会笼络人的结果。刘邦对有才能之人一点儿也不含糊，通过糖衣炮弹、甜言蜜语，凭借着三寸不烂之舌，那些所谓的人才不是被他的利诱所迷惑，就是被他的言语所感动，最后死心塌地为他卖命、为他效忠。在荥阳保卫战中，眼看守不住了，最早追随刘邦参加革命的纪信甘愿以自己的性命来换取刘邦的性命就是最好的证明。能把手下感化到为了革命鞠躬尽瘁、死而后已的地步，可见刘邦在笼络人心上有多高明。至于萧何、曹参、夏侯婴等最早追随刘邦的人就更不用说了，他们自始至终，不管刘邦处于何种险境都不离不弃；特别是半路归顺的韩信最后在老东家项羽抛来三分天下有其一的致命诱惑下，还是选择了效忠刘邦，可见刘邦在这一方面的功底之深。另外，在彭城被项羽大败之后，刘邦在逃跑的过程中借宿深山村户时，见主人的女儿生得亭亭玉立、貌美如花，于是充分发挥三寸不烂之舌对主人进行攻心。这位主人原本就对刘邦很景仰，被他的甜言蜜语一糊弄，自然就分不清东南西北了，结果刘邦仅靠一条破腰带作为聘礼，当场就拿下了楚国的第二枝花——戚姬（第一枝花非项羽的虞姬莫属）。这等泡妞的本事，自然是后世许多花花公子争相模仿和学习的。

二是思维能力强。

首先，善于听取意见。

刘邦自己肚子里虽然没有多少墨水，但他却有一对什么话都可以听的耳朵。别人说好话，他听了高兴；别人说坏话，他听了也不恼。更难能可贵的是，不管别人提什么意见他都能听，而且他不但听了，还会明辨是非，在很短

第二章 智与慧·知行合一止于善

的时间内能知道什么是好意见，什么是坏意见，如何采纳这些意见，等等。比如说，汉高祖三年（公元前204年）冬，楚军围汉王于荥阳，双方久战不决。楚军竭力截断汉军的粮食补给和军援通道，汉军粮草匮乏，渐渐难以支撑。刘邦大为焦急，询问群臣有何良策。谋士郦食其献计道："昔日商汤伐夏桀，封其后于杞；武王伐纣，封其后于宋。秦王失德弃义，侵伐诸侯，灭其社稷，使之无立锥之地。陛下诚能复立六国之后，六国君臣、百姓必皆感戴陛下之德，莫不向风慕义，愿为臣妾。德义已行，陛下便能南向称霸，楚人只得敛衽而朝。"这其实是一种饮鸩止渴的坏主意，当时刘邦并没有看到它的危害性，于是拍手称赞，命人速刻印玺，使郦食其巡行各地分封。在这关键时刻，张良外出归来，拜见刘邦。张良借箸谏阻分封，使刘邦茅塞顿开，以致辍食吐哺，大骂郦食其："臭儒生，差一点儿坏了老子的大事！"然后，他下令立即销毁已经刻制完成的六国印玺，从而避免了一次重大战略错误，化解了一场政治危机。

其次，应变能力强。

从外表上看刘邦是粗人一个，然而，外表之下却难掩其英雄本色。他的头脑就像一台高速运转的机器，极为清晰；他做事粗中有细，极为严谨、灵活。比如说在斩白蛇起义时，他在做出放走囚犯决定的同时，立马选择了带领追随者躲进山林的决定。这样便给了自己休养生息的机会，同时政府也拿他没办法。他隐居山林，静观天下其变，待时机成熟再选择率众出山。这便是他的应变能力的体现。又比如说在革命之初，当沛县这个老窝被"叛徒"雍齿献给朝廷后，他腹背受敌，面临何去何从的艰难抉择。这时他没有选择与秦军硬拼，而是极为明智地选择到项梁那里借兵，然后选择了"归顺"。外人对刘邦这种委曲求全的做法极为不屑，甚至认为这是他自甘堕落，然而，高明的刘邦选择的却是一条能屈能伸之路。正是依靠这种借力打力，使得他有东山再起、一飞冲天的机会。再比如说在鸿沟和项羽进行长久对峙时，项羽使出亮剑的绝招，成功射伤了刘邦。平常人中箭之后，肯定会痛苦不已，但刘邦中箭后，第一反应是不能让对手知道自己中箭了，因此，他装着若无其事的样子，并且笑称对方的箭只是射中了自己的脚趾头，箭术还有待提高。刘邦靠着自己的超级应变能力，在第一时间迷惑住了对手。事实上，他这一次伤得不轻，但在经过简单的包扎后，当天夜里他就不顾身体虚弱，不顾浑身疼痛，靠着坚强的毅力,脸上强挤笑意,选择了夜巡,给部将打了一针强心剂,从而稳定了军心。再比如说,韩信在收复齐地、赵地等地之后,不满于大将军的称号,上书"威逼"刘邦封他为"代齐王",对此刘邦当然怒不可遏了,当场便要发作。张良和陈平及时提醒了他,他立马改口对韩信的使者说:"大丈夫做事顶天立地,怎么能做代齐王呢?要么不做,要做就要做真正的齐王。"以这种吃亏是福的作风,他稳住了韩信原本已波动的心,最终依靠韩信的力量,在垓下彻底打败了项羽。综上所述,刘邦的应变能力之强、反应之快,可谓达到了炉火纯青的至高境界。

三是懂得"读心术"。

首先,慧眼识丁。

在很短的时间内,刘邦就能发现和了解一个人的优点和弱点,他会本着扬长避短的原则使用手下的人。刘邦知道每个人的特长,在革命最开始,在手下的谋士不多的情况下,刘邦是把萧何当军师、智囊来看待的,比如说刘邦从砀山打响革命的第一枪时,就是听取萧何的意见,采取攻城为下、攻心为上的策略,结果仅凭一封书信就轻轻松松搞定了沛县。但是随着革命的深入,"奇人"张良、韩信等人的入伙,刘邦很快就调整了策略,把张良视为最倚重的智囊,把熟知兵法的韩信任命为大将军掌握兵权,而把萧何调整为军中的后勤司令。刘邦之所以雪藏萧何,让他坐镇关中当后勤司令,做一些运输粮草、输送兵源、管理政务这些杂七杂八的事,这是有原因的,不是说萧何不是打仗的料,而是表明刘邦对萧何的重视和认可。要知道刘邦自从被项羽分封到关中后,关中已然成了刘邦的根据地,刘邦虽然在用兵如神的韩信的带领下出关,开始了与项羽的争霸,但要知道项羽不是一般人,他是个超级对手,拥有摧毁一切的力量,或者说在项羽面前,刘邦不但没有必胜的把握,而且还随时有全军覆没的危险。而关中是他兵败后唯一的退居点,可见关中的重要性。因此,选择把守关中的人一定要慎之又慎,一定要绝对忠于刘邦、忠于大汉,任命萧何为后勤司令,正是对萧何的信任和器重。

刘邦深知"一个好汉三个帮"的重要性,在重用萧何的同时,对另一个才子张良也是敬重万分、器重有加。张良是何等人物,熟悉汉史的人都知道,张良出道前,为自己打出的广告语是:管仲再世。敢说这种大话的,大抵是两种人，一种是超级才子，这种人是建立在高度自信的基础上，认为自己有足够的才能超越凡人；另一种是超级狂人，这种人是建立在超级自负的基础上，属于眼高手低、纸上谈兵之辈，这样的人是庸人，也是最可怕的人，因为一旦你信任他、重用他，往往会搬起石头砸自己的脚，自尝苦果。当然，张良属于前者，他的话是对自己的超级自信，因为他有足够的才能可以比肩管仲。事实上，刘邦对张良也是一见倾心，此后对他宠爱有加，视他为自己的军师。而张良果然没有令刘邦失望，刘邦多次在逆境中绝处逢生、柳暗花明，就得益于张良在关键时刻的力挽狂澜，得益于张良在重要环节的运筹帷幄，得益于张良在顶层设计上的高瞻远瞩。总之，刘邦找萧何管后勤保障，找张良出谋划策，找到韩信带兵打仗，最终才让自己在楚汉争霸中笑到了最后。

其次，真诚至上。

刘邦出身平民，可以说毫无架子，他不管对任何人都以礼相待，以诚相待。他在当混混儿时，能结交上萧何、曹参等当地官场上的风云人物，显然他的朴实无华和真诚善良起了很大的作用。这一点和高高在上、不可一世的项羽形成了鲜明的对比。在押囚犯去骊山服劳役时，他对这些贫苦大众极为同情，因此，对他们的逃跑行为睁一只眼闭一只眼，眼看人都逃亡过半数了，自己已经交不了差了，他索性放了所有人，但是这些人却不肯走，因为他们都被刘邦的朴实和善良打动了，他们要跟他一起走，听他的吩咐，一起干事业。也就是这样，刘邦被逼走上了革命的道路。这说明好人有好报。

总之，刘邦虽然胸中无墨，但却心中有智；虽然头脑简单，但思维却不简单。他能言善辩，能屈能伸，智商超级高，情商也不低，最后在逆境中一路逆袭，成就了一番大事业，这是他才华横溢和不懈努力的必然结果。

下面来看项羽。项羽的才艺主要表现在四个方面。

一是勇猛刚强。

这个前面已经说过，项羽力大无穷，本领过人，一套项氏剑法青出于蓝而胜于蓝。自项羽出道以来，从整个楚汉争霸的过程来看，他是当时当之无愧的第一，是独孤求败之人。刚出道时，项羽就凭借自己万夫莫开之勇，把秦国第一悍将章邯给打趴下了；然后他分封十八路诸侯，把不听话的田荣给打趴下

楚汉解码：左手项羽，右手刘邦

了；刘邦手下的悍将樊哙、曹参、周勃等人，都不是他的对手，可以说论英勇，他如三国里的吕布，无人能出其右。当然，项羽的英勇虽然与遗传有关，但更多的是后天的努力，爹娘给予他的是天生神力，而其他的本领和剑法显然是通过后天努力获得的。这需要有吃苦精神，这需要毅力和耐心，这需要坚持和平和。这一点对我们现代人来说具有很深刻的教育意义。做任何事情都没有捷径可走，要想出人头地，要想实现理想和梦想，要想获得成功，就必然先要付出十倍、百倍甚至千倍的努力，只有努力了，付出了，尽心尽力了，才有可能获得成功，才有可能实现梦想。付出的过程有痛苦、有挣扎、有失落，但更多的是收获到喜悦、高兴与满足。吃得苦中苦，方为人上人。古人的话是很有道理的。要想自己的一生不在碌碌无为中度过，就必须努力，我们把这个过程统称为奋斗。学好本领，成就未来，这一点亘古不变。

二是厚道仁义。

在刘邦危难之时，收留如丧家之犬的刘邦，这是厚道；在鸿门宴上放走已是瓮中之鳖的刘邦，这是厚道；在荥阳城破已无悬念时，却接受刘邦的投降，结果上演了"捉放曹"，这是厚道；在把柄在握时，却放走被擒的刘邦的父亲和妻子，这是厚道；在自己身处不利之势，接受刘邦的求和，这是厚道；在兵败乌江，生死存亡之际，不肯上船过江东，这是厚道……回顾项羽的一生，为人做事可谓厚道之极，这是他与生俱来的本性，这是他骨子里流动的正义血液使然，就像人之初、性本善一样，是一种精神，是一种沉淀，更是项羽人格的高贵之处。然而，如果从正反两面来看问题，我们可以发现，项羽的一生可谓成也厚道，败也厚道。因为厚道，他赢得了士兵的赞赏和百姓的拥护；因为厚道，他的人格魅力倍增；因为厚道，他的霸王之道顺畅之极。然而，也正是因为厚道，他的对手多次化险为夷；因为厚道，他的梦想化为乌有；因为厚道，最后葬送了他的人生。厚道是把双刃剑，可惜项羽到死时都没有明白这一点。当然，站在现代角度来看，我们对厚道的看法已经完全改变。在古代，特别是那种起义、争霸的年代，厚道往往会成为成功的绊脚石。但项羽的厚道，是值得学习的，毕竟厚道是中华传统的美德。只有宽厚待人，方能培养良好的人品，树立良好的威信，建立良好的人脉，获得别人的支持和认可，赢得更多的机会，实现自己的理想。

三是从一而终。

首先，对事业专一。

认定了革命的事业就义无反顾、一根筋地走到底。不管途中有多大的风雨险阻，有多少的坎坷曲折，有多大的困难，都不能动摇他的心志，不能撼动他的理想，他不达目的绝不罢休。这一点是我们现代许多年轻人无法做到、急需要学习的。

其次，对爱情专一。

这个也不用多说。他一生只爱一个女人（老婆可能是政治联姻），对虞姬的呵护，达到了含在嘴里怕化了、捧在手里怕掉了的地步。这显然是别人很难做到的，更是花心多情的刘邦望尘莫及的。我们现代人很需要学习这种专一精神。对事业专一是年轻人尤其要学习的，毕竟选择人生道路需要十分谨慎，而实现人生目标同样需要坚持。能做到专一，就不会半途而废，就不会朝三暮四，也就不会出现竹篮打水一场空的现象。

四是果敢笃行。

项羽的果敢主要体现在，凡事处变不惊，能做到泰山压顶而神色不变。在项梁战死、兵权被楚怀王夺去后，他以宋义怠慢军情为由，果断地斩杀了他，然后当仁不让地取而代之，这为他的东山再起、为他的人生之路书写了浓墨重彩的一笔。在巨鹿大战后，他成功收服秦军将士，面对数十万秦军的不安心和不安分，他果断地下了"坑杀令"活埋降军，把潜在危险消弭于无形。虽然这个做法过于残忍，但从客观上来分析，如果当时项羽不这样做，说不定也会出现秦军降军发动军事政变或是暴乱的举动来。如果是那样，项羽或许得经历一场生死未卜的军事变动。一旦有个什么三长两短，对于项羽来说是得不偿失的。因此，尽管我们不苟同项羽坑杀活人的举动，但我们站在另一个角度来分析，要明白他的良苦用心。因为我们通过分析知道项羽厚道，他并不是一个冷酷无情的冷血动物，并不是一个残暴不仁的昏君。或许有更好的办法和方式来解决这个问题，但项羽思维的局限性和与生俱来的果敢，使他酿成了无法挽回的过失，虽然过了头，但似乎也情有可原。项羽的果敢还体现在，在分封十八路诸侯后，听说田荣在齐地"大闹天宫"时，他没有犹豫，果敢地率队进行平乱，结果很快

楚汉解码：左手项羽，右手刘邦

把田荣剁成十八块。虽然为了解恨，没有及时收手，导致齐地百姓齐声反楚，但从客观情况来分析，项羽这一次的果敢还是非常及时和有效的。此后，刘邦在被打压到了蜀中后，以迅雷不及掩耳之势东出三秦之地，采取直捣黄龙的战术，对项羽的老巢来了个一窝端。听闻消息后，还在齐地的项羽再次发挥果敢的作风，马上挑选三万精兵赶赴彭城。当时刘邦的联军有五六十万，项羽却只带三万铁骑来复仇，按常理说这是鸡蛋碰石头，是自投罗网之举，然而，事实的结果却出乎人的意料，因为项羽的果敢和神速，结果打了刘邦联军一个措手不及。项羽一举创下了以少胜多的经典战例，打得刘邦狼狈而逃。如不是靠天靠地靠人帮忙，刘邦可能连老命也搭上了。可以说，项羽这一次的果敢不但成功扭转了不利的局面，使得楚汉之争重新回到了一条水平线上，而且严重地挫伤了刘邦的锐气。更重要的是，这一战让那种风吹两边倒的诸侯王再次选择了重新站队。这无疑给项羽赢得了新的更大的机会。还有在楚汉争霸中，面对彭越等人在后方的捣乱行为，项羽果敢地回兵平乱，然后再开赴前线去和刘邦对峙，都让他这种雷厉风行的作风展露无疑。

点评：项羽和刘邦拥有各自的优势，那么，为什么是刘邦笑到了最后，而不是项羽呢？

答案只有一个。那就是刘邦做到了扬长避短，而项羽却扬短避长。为什么这么说呢？在楚汉之争中，刘邦在充分发挥自己的各大优势的情况下，还多方听取意见，不断思考，改变策略，调整思路，最终在磨炼中不断成长，在困境中不断进步，从而练就了金刚不坏之身，最终抵挡了项羽的十八般武艺和随手而发的暗招子，取得了最后的胜利。而项羽呢？他固执己见，顽固不化，一意孤行，使自己拥有的超强人脉等优势消失殆尽，最终弄得个众叛亲离的下场。他的头脑是不清晰的，他的政治是不敏感的，甚至可以说他根本不懂政治，他的内心看似强大，却很脆弱；他骄傲自大、不可一世，他没有团结一切可以团结的力量，反而激化了上下层的矛盾；他没有统揽全局的战略眼光，轻易地挥霍掉了自己原本拥有的得天独厚的优势。最终，他为自己的轻狂和无知付出了惨重的代价。

二、性情大 PK

> 就像从很小的孔穴能窥见阳光一样,细小的事情也能刻画出人的性格。
>
> ——斯迈尔斯

我们都知道,在现代开放型的社会中,人际交往显得愈发重要。人们都希望广结人缘,建立和谐的人际关系。但在现实交往中,却常常有很多人会事与愿违,这是因为人的个性不同导致的。个性,在心理学中又称为人格,是指在一定的社会历史条件下的具体个人所具有的意识倾向性以及经常出现的较稳定的心理特征的总和,包括一个人的兴趣、爱好、思想、信念、世界观、性格、气质、能力等。每个人都有自己的个性,人际交往受到个性品质的影响。交往中,一个人热情、诚实、高尚、正直、友好、讨人喜欢,人们便易于接受他而与之交往;相反,一个人冷酷、虚伪、自私、奸诈、卑劣,就会令人生厌,人们就会回避他、疏远他。

下面来看刘邦和项羽的性情大比拼。

一是看他们的本性。

刘邦的本性不能用好与坏来概括,只能说是放荡不羁、不拘一格。这可能跟他多年的游侠生涯有关。经历了风餐露宿、刀口舔血的日子,他早已看透世间冷暖,明白了冷也罢,热也好,只要活着就好的真正含义。因此,他的思维是灵活的,应变能力是极强的,处事也是老到沉稳的。而项羽呢?项羽几乎是在温室里长大的,尽管只有几岁就失去了双亲,但却有叔叔项梁帮他撑起了另一片天空,因此,尽管在成长的过程中,也经历了一些风雨,但相对于无依无靠、自力更生的刘邦来说,这是小巫见大巫,根本不值一提。正是因为缺少了这种人世沧桑的磨砺,项羽的骨子里流淌的是作为一名将领该有的中规中矩的血液,缺乏创新意识,缺乏坚忍不拔的意志,为人行事显得古板而愚昧,就如同井底之蛙一样,眼界和思维的局限性,限制了他强大能量的发挥。

二是看他们的血性。

刘邦和项羽都是热血男儿,但两人的表达方式却有天壤之别。项羽大大咧咧、雷厉风行,一根肠子直到底。但此行事风格产生的负面影响却是我行我素、一意孤行、狂妄自大,在为人处世的过程中高举高打、风风火火,缺乏必要的冷静和沉稳内敛。也正是因为这样,项羽在顺风顺水时,可以凭着这股冲劲、闯劲和韧劲,勇往直前,创造奇迹,改变未来。但反过来,在逆境中,因为他不懂得进退之道,不懂得柔和之道,不懂得及时收拳积蓄力量再出击,结果撞到南墙也不回头,撞得鲜血淋漓也不低头。最终,他为自己的这种直率和血性付出了生命的代价。而刘邦则不一样,他懂得刚柔相济之道,凡事都三思而行。面对困难,他会仔细思考,选择最佳的处理方法;面对绝壁,他会及时停脚,选择走回头路;面对挫折,他会幡然醒悟,屈伸自如。也正是因为他懂得这种为人处世的中庸之道,并把失败当成成功之母,在整个楚汉争霸中,虽然他一直处于劣势,一直被动挨打、疲于奔命,但九死一生过后,我们才惊愕地发现,在这场马拉松似的比赛中,最后冲过终点线的不是一直遥遥领先的项羽,而是一直锲而不舍、紧紧跟随的刘邦。

三是看他们的色性。

孔夫子说,食、色,性也。刘邦是好人,当然也是坏人。这个坏是他从小就养成的。没上学时,因为调皮,他经常欺负同龄伙伴;因为饿,他经常干偷鸡摸狗的事。上学时,他叛逆,不听老师的话,经常欺负同学,经常跟老师作对。踏入社会后,对于一无手艺、二无背景的他来说,谋取不到好的职业,只能混迹于黑白两道,靠打家劫舍过日子。这个时候,刘邦的想法很简单,能混一口饭吃、能活着就行。也就是这个时候,刘邦学会了很多,最主要的是学会了好酒贪杯,泡妞好色。俗话说,时势造英雄,同样的道理,环境改变人的性格和命运。刘邦的命运很坎坷,这个坎坷相对于项羽来说,艰辛何止十倍!项羽尽管从小经历了家庭的变故,但在项梁的呵护下,他可谓是苦壮成长的,要风得风,要雨得雨。而刘邦呢?他是可怜的。他无依无靠,父母都是贫农,而且家里生了四五个小孩,能给他什么?什么都给不了,能拉扯他长大成人就已经不错了。因此,不能怨天也不能尤人的刘邦过着刀口舔血的日子,过着悲苦

第二章 智与慧·知行合一止于善

不堪、饥寒交迫的日子，自然会今朝有酒今朝醉了，因此贪酒好色也就在情理之中了。而这个长期养成的作风，在日后的革命征程中，在楚汉争霸中都是真真切切地存在着的，消之不尽、挥之不去。

刘邦好色的事例很多，比如说彭城大败后，在逃亡的过程中，他在深山老林借宿，居然毫无顾虑，把生死置之度外，以厚脸皮加老手法，成功地将美若天仙的戚姬泡到了手，这样的泡妞手段和技巧可谓后人的典范。比如说在西征时，人家项羽那是一心一意谋前程，但刘邦却是事业和泡妞两不误，白天行军打仗，晚上还顺便干一些儿女欢愉之事。比如说在面见外交大使郦食其时，他依然还在美女的拥护下，洗脚按摩，结果他的这种潇洒作风、嚣张行为被耿直的郦食其一通数落，被骂得狗血淋头，给原本就缺乏知识和教育的他上了一堂生动的政治课。

讲到贪酒，刘邦也有很多次。比如说在随何成功地把英布争取到刘邦的大本营时，英布却吃了闭门羹，这让原本抱有极大希望的英布心里不由凉了半截。如果这个时候不是项羽早已断了他的后路（斩杀了他的家人），英布肯定会做出"回心转意"之举。后路被堵，前路迷茫，英布心里绝望到了极点，为此，他选择了挥剑自刎这种方式来结束自己的一生。幸亏张良和陈平及时出现，稳住了英布，为刘邦的"将功补过"赢得了时间。那么，一向低调厚道、求贤若渴的刘邦为什么会如此怠慢英布这样一位贵客呢？原因很简单，他喝醉酒了。好在第二天，当刘邦清醒过来后，对英布又是赔礼又是道歉，最后再对英布许下重用的承诺。通过这种真诚的道歉和糖衣炮弹的攻势，才将英布的心彻底收服。这次喝酒差点儿误了大事，但从另一个侧面我们可以看出，刘邦对酒的痴迷程度。看到这里，大家就会问了，他的对手项羽呢？

项羽也贪酒好色吗？答应是否定的。其实项羽是个用情专一、注重饮食的好青年。用情专一这一点不用赘述，从他一生对虞姬的专情可见一斑。而在饮酒方面，在长达四年的整个楚汉争霸过程中，史书对项羽这方面的描写少之又少，《史记》中记载的仅有的一次是项羽兵败垓下，在四面楚歌时，他在虞姬的陪伴下进行了狂饮。是啊，此时的他太郁闷了，从天上摔到地上是何等难受啊。但从史书的记载来看，项羽第二天一大早就选择了突围，而且依然神勇无比，这说明项羽前夜只是借酒消愁，并没有真的喝醉。由此我们可以推断，项羽平时在饮酒方面还是很注意的，基本上应该是很少饮酒的，即使是饮也是有节制的，也是浅尝辄止的。这一点和刘邦的狂饮暴饮形成鲜明的对比。喝醉误事，这可能是刘邦最大的弱点了。

点评：魏晋时的李萧远在《运命论》说："夫治乱，运也；穷达，命也；贵贱，时也。故运之将隆，必生圣明之君。圣明之君，必有忠贤之臣。其所以相遇也，不求而自合；其所以相亲也，不介而自亲。唱之而必和，谋之而必从，道德玄同，曲折合符，得失不能疑其志，谗构不能离其交，然后得成功也。其所以得然者，岂徒人事哉？授之者天也，告之者神也，成之者运也。"如果抽取主宰一切的天和神，李萧远的话无疑是对的，刘邦的胜利就是因为有"不求而自合"的群臣，"不介而自亲。唱之而必和，谋之而必从，道德玄同，曲折合符，得失不能疑其志，谗构不能离其交"，故而得成功也，岂有他哉？而项羽的失败，正是不顾大局，只顾个人的勇力！

历史的必然性与个人的努力彼此交叉，就是一个人的命运。命运不是由单一因素决定的。历史的必然性只是提供了机遇而已，给每一个人的命运以限制，同时又提供一个活动的区间。个人的性情往往决定了个人活动区间的大小，使其最大值和最小值迥异。或者说，个人的努力使得某人与历史必然性的交叉点或高或低，个人的努力有着极大的空间，而其努力的程度和结果却受制于他的性情。性情对努力的程度和结果起着限制或促进的作用。项羽和刘邦的性情不同，因而努力之后所取得的结果也就截然不同。

三、善伪大PK

人之初，性本善。

——《三字经》

最近几年，关于伪善的新闻层出不穷，最令人关注的便是郭美美事件。郭美美不仅遭到了世人的谴责，同时也引发了一轮关于真善与伪善的讨论。做一个善人是为了什么？为了回报，为了荣誉，还是别的什么，这不得而知。但对于有些人来说，做善事就是为了这些东西，在他们善良的面具下隐藏着一颗伪善的心。而真正的善良，不在于做的善事有多大，而在于有一颗真诚的心。比如捐款，很多人因为比尔·盖茨、巴菲特许诺在死之前捐出几乎全部身家而觉得他们很伟大，其实一个普通人为路边一个落魄的人放一张零钱同样值得尊敬，就像一句话所说："也许我们每个人都不是一个伟大的人，但我们可以用一颗真诚的心去做一件伟大的事，那就是善事。"

真正的善，是不记得或是不在意自己所做的善事，只是把它当作一种习惯、一种责任。笔者曾看过一个故事，叫"行善化劫"。故事中说，有兄弟二人，在西山遇到了一位高僧。高僧告诉他们，兄弟俩在四年中将有一次劫难，唯一解救之法便是多行善事。打那之后，哥哥便在村里修桥筑路，养老抚幼；弟弟也开始种树、种粮，救济他人。四年快到了，哥哥上山问高僧是否化了劫难，高僧一言不发，只是摇摇头。哥哥无奈地下了山。回家途中，突然天降大雨，哥哥发现一座土房可以避雨，便躲了进去，结果一声雷响，屋子倒塌，将哥哥压残疾了。回到家后，哥哥十分伤心，让弟弟背着自己再找高僧。哥哥问："大师，我几年行善，为何还遭此难？"高僧不答，转而问弟弟："你呢？"弟弟说："大师，时间久了，我只是行善，忘了化劫。"高僧合上眼说："这就对了！为化劫而行善，不是全善；为行善而化劫，乃大善。"

伪善的人，会因为自己做了一件善事而沾沾自喜，求表扬，求夸奖，也会因为自己所做的善事不被他人发现而懊恼。真善的人，则不会因为别人的赞扬而裹足不前，不会因为善事不被发现而停止行善。他们不把行善当成一种品质，而是一种习惯。

言归正传，下面我们来看看刘邦和项羽的善与伪。

刘邦的善主要表现在为人真诚上。

这个真诚主要体现在，遇到人才时，他会礼贤下士，跣足相迎，显得极为豁达大气；是朋友他会以诚相待，这为他赢得了良好的人脉资源。当然，这里包含刘邦与生俱来的善于交际的能力，但最重要的一点是，刘邦在与人交往的过程中，注重一个"真"字，奉行一个"诚"字，从而很容易打动别人的心。在刘邦还是小混混儿时，能和萧何这样县里的达官显贵交上朋友，就是最好的证明。事实上，正是刘邦为人真诚且有超强的交际能力，最终使得天下俊才、英雄都愿意归顺于他，而他能一步一步走向成功，显然离不开这些朋友的支持和帮忙。

刘邦的"伪"主要表现在处理事情的圆滑上。

这是刘邦的处世之道。他从小过着吃不饱、穿不暖的日子，感受到了人世的疾苦；在学校时，他又是调皮捣蛋的坏学生；踏入社会后，又混迹于黑白两道，这些经历给了他一个锻炼的机会，让他从小明白人情事故、人间冷暖，在经历大风大浪、阅人无数后，他学会了察颜观色，学会了圆滑之术，知道了怎么因事而异、顺势而为、逆世而动。也正是因为这样，他日后在楚汉争霸中，无论身陷多么不利的险境，他都不抛弃、不放弃，努力在黑暗中寻找光明，在逆境中寻找机会，并且最终收获成功。比如说刘邦和项羽对峙鸿沟，韩信连克赵、齐等地之后，上书请求刘邦封他为"代齐王"。面对这样赤裸裸的逼宫，刘邦当然气愤了，但他的发泄之语刚一出口，就及时止住了，因为关键时刻张良和陈平踩了下他的脚。刘邦是何等人物，很快就醒悟过来，马上就封韩信为齐王，稳住了韩信的心，确保了后院不起火。这样的例子还有很多。面对这样圆滑、伪善的人，善良得几乎接近弱智的项羽，自然不是他的对手了。

总之，刘邦在善伪方面两相对比，还是善大于伪，这丝毫无损他的良好形象，这也为他日后的崛起赢得了机会。

项羽的善主要表现在善良上。

史书记载，士兵们生病时，项羽亲自去看望，嘘寒问暖，送药问汤，视士兵们如自己的亲人一样，这是挺让人感动的，也是士兵们誓死为他卖命的一个重要原因之一。此后，在鸿门宴上，项羽没有对已是瓮中之鳖的刘邦直接下毒手，这更能体现他的善良。更有甚者，刘邦的老爹和妻子被项羽活捉，但项羽长期管吃管住，没有伤害他们一根寒毛，最后还毫发无损地送回，这里面固然有其他方面的原因，但从另一个侧面可以体现出项羽的天真无邪和善良敦厚。

项羽的伪主要体现在虚伪上。

史书也记载，将士们因为立了战功，要接受分封时，项羽却拿着将印舍不得给他们，生怕他们的权力大了、地位高了，自己的形象就矮了、魅力就低了。结果这种玩印不授的后果是，将士们对他这样的主子寒了心，一些能人异士纷纷选择了跳槽。尤其值得一提的是范增。范增对项羽最忠心，被项羽称为亚父，可见其地位之高。然而，项羽对他却没有百分之百信任，而是一如既往地保持了疑和防的作风。鸿门宴不听范增之言，固然有他人性的弱点作祟所致，但同时，也有叛逆的思想作怪所致。这种叛逆目标所指的对象就是对范增的独断专行不满，对范增的忠心耿耿不信任。同时他对范增还有与生俱来的戒备和提防之心。这一点，到最后的荥阳攻防战展现得淋漓尽致，要不然，刘邦那点儿小儿科的反间计怎么会那么管用呢？疑人不用，用人不疑，项羽的态度也是范增心寒的原因所在，使得他最终看透了功名利禄，选择了归隐江湖。然而，对于一个古稀之年却壮志满怀的人来说，却又是不甘心的，最终他在半途忧郁而死。项羽对待任何人都有一种拒人千里之外的心理，按照现在的说法就是孤傲、冷漠，让人无法靠近，这也成了他的致命弱点。

总之，项羽在善伪方面两相对比，还是伪大于善，这让他的形象大打折扣，这也为他的失败埋下了伏笔。

点评： 孟子道性善，荀子言性恶伪善，一方面，他们所讲的性不同，孟子是从人之所以为人处讲性，而荀子则是从人的官能欲望处言性，并从官能欲望的流弊言性恶；另一方面，他们所讲的善亦不同，孟子是从成善的能力处说善，认为人皆具有成善的能力而言性善，而荀子则从成善的结果说善，认为人必须通过后天心的思虑和能动的伪才能成善而持伪善论。孟、荀二人如此言性、言善，根源在于他们所要解决的问题不同，孟子重在解决成就道德的根基问题，荀子则重在解决道德如何达成的问题。而项羽和刘邦的善与伪，归根结底，就五个字：生存与发展。也就是说，为了生存，不得不伪装自己；为了发展，不得不改变自己。

四、修为大 PK

> 天下无易境，天下无难境；终身有乐处，终身有忧处。
>
> ——曾国藩

曾国藩年轻时颇有东方朔之风，喜热闹、私欲重、滑稽多智。他的老乡理学名师唐鉴告诫他："检摄于外，只有'整齐严肃'四字；持守于内，只有'主一无适'四字。"也就是说，要想做一名成功的领导者，你首先要注重形象，你的外在形象一定要整齐严肃，也就是俗话讲的要有官样，要让人觉得你可以委以重任；而要做到表里如一，你的内心一定要秉持主一无适的精神。

正是因为秉持唐鉴的八字真言，曾国藩才能够在只有中等资质的先天条件和身体素质不如一般人的后天条件下（曾国藩得过严重的肺病，大吐血，几乎不治；三十五岁开始生牛皮癣，痛苦得"几无生人之乐"；五十多岁又得了严重的高血压，多次眩晕），成为青史留名的大家。为了明确修身励志的理念，曾国藩还把自己的号改为"涤生"。所谓"涤"就是涤去过去不好的东西，"生"就是重新获得新生。以"从前种种譬如昨日死，以后种种譬如今日生"的决绝心态昭示他告别过去、追求崭新境界的决心。为了修身，曾国藩为自己订立了著名的修身十二条功课，其中最主要的有五个字，即诚、敬、静、谨、恒。

曾国藩自认不是圣人，"择善而固执之"便是曾国藩秉持的修身信念。人非圣贤，确立了坚定的修身信条，怎么才能保证一以贯之呢？曾国藩自有决绝的鞭策手段，那就是通过写日记的方式时刻反省，促使自己在心灵上取得日新日日新的效果，监督自己在没有人督促的情况下的作为。岳麓书院的一副对联能够很好地表达曾国藩的救世情怀：是非审之于己，毁誉听之于人，得失安之于数，陟岳麓峰头，朗月清风，太极悠然可会；君亲恩何以酬，民物命何以立，圣贤道何以传，登赫曦台上，衡云湘水，斯文定有攸归。这副对联准确地诠释了如曾国藩完人般修为的那种人生境界。

第二章 智与慧·知行合一止于善

态度决定高度，性格决定命运。项羽和刘邦因为家庭出身不同，性格上有很大的差异，学识上各有千秋，修为上自然也是大为不同的。刘邦历经风霜，显得成熟、老练、沉稳，而项羽则显得幼稚、无知、轻浮。

刘邦无论遇到什么事都可以做到处变不惊，这跟他多年混迹于江湖，使得自己修为高深有关。举两个小例子。

例一：刘邦刚出道时连解决温饱都是问题，常常是饱一餐饥一餐，吃了这顿没下顿，逼不得已，只好去大哥家蹭饭。大哥对刘邦这种不务正业虽然反感，但也只能睁一只眼闭一只眼。后来，蹭饭次数多了，刘邦的大嫂不干了，她想出了拒刘邦于千里之外的妙招——改变吃饭的时间，提前吃饭，等刘邦来时，又故意摆出一副"你来的不是时候，我们已经吃完饭"的样子。刘邦开始信了，但不久就发现了真相。有吃不给吃，脸面何存？这对于刘邦来说无疑是奇耻大辱，但刘邦并没有大发雷霆、大吵大闹，而是忍气吞声，默默地走了。多年后，当他摇身一变，成为九五之尊时，对此事依然耿耿于怀。虽然当时大哥大嫂已不在人世了，但他还是把仇恨发泄到了大哥的儿子身上，在对众亲人都封侯时，唯独对大哥的儿子不封，最后在老父亲的亲自求情下，才勉强封侯，但他还是留了一手，为侄儿封了一个极具污辱性的称号——羹颉侯。正所谓君子报仇，十年不晚，从这件事我们可以看出，刘邦的隐忍和修为有多深。

例二：刘邦刚开始斩白蛇革命时，成功拿下沛县作为起点，接着又拿下了附近几座城池，然后派老乡雍齿守城。结果这个雍齿是个两面三刀之人，在秦朝的糖衣炮弹之下做了俘虏，投靠了秦朝，致使刘邦的革命基业毁于一旦，第一桶金荡然无存。这对于刚革命的刘邦来说无异于灭顶之灾，最后只能靠"归顺"项梁才勉强度过危机。这样的深仇大恨，刘邦自然没齿难忘，按理说日后抓到叛徒雍齿应该要把他碎尸万段才解气，然而，刘邦登基后，面对雍齿的"姗姗来归"，却一反常态，不但没有治他的罪，反而给了他一个别人惊羡不已的侯爵封号。这种以德报怨固然出于政治考量，但从另一个侧面可以看出刘邦的胸襟和修为。忍常人不能忍之事，方能做常人不能做之事。刘邦的成功很好地证明了这一点。

楚汉解码：左手项羽，右手刘邦

接着我们来看项羽的修为。按理说"富二代"项羽的修为应该比"草根男"刘邦深一层甚至深几层才对，然而，事实却并非如此。在整个楚汉争霸中，项羽体现出来的修为极为低下。同样举两个例子来说明一下。

例一：在和刘邦争夺关中王时，项羽占据天时和地利的绝对优势，再加上数十万秦军归降，项羽拥有的地利优势可想而知了。然而，项羽虽然拥有天时、地利，但人和却太差，远不如刘邦。他不把秦军降军当人看，而是当猪狗牛马来使用。这样做的结果使他的革命军和秦朝降军格格不入，到最后针锋相对，横眉冷对。随着矛盾不断升级，项羽为了保全自我的需要，做出了令人发指的举动，直接坑杀了四十多万秦朝降军。他的这一做法彻底寒了天下人的心，他的人气虽然随着入关逼进而高涨，但他的声誉却一点点地下滑。更让他懊恼的是，刘邦先他入关，这也为他日后走向灭亡埋下了伏笔。在这场兔子与乌龟的赛跑中，胜利的依然是乌龟，虽然有主观的原因，也有客观的原因，但一个不容忽视的事实却是，项羽在处理人和时表现出了修为的不足，甚至可以用无耻来形容。

例二：项羽分封天下十八路诸侯王，把刘邦赶到蜀中后，对不安分的齐地进行了大规模的"剿匪"行动，结果他在成功干掉罪魁祸首田荣后，并没有及时松手，放齐地军民一条生路，而是幻想着彻底把他们征服，结果激起了齐地百姓的公愤，让项羽陷入了汪洋大海的人民战争中去了。这给了刘邦喘息的机会，刘邦及时出关，攻克三秦之地，顺势而下，直捣项羽的老窝，并且一举端下彭城。此时，项羽才如梦初醒，赶忙回过身来对付刘邦。虽然最终靠出奇制胜挽回了颓势，但从整个战局来看，齐地可能是项羽心头永远的痛，因为自己处理不当，使得刘邦得以卷土重来。这个事例，体现的是项羽的暴躁、孤僻、刚愎自用和自以为是，这是他在修为上的缺陷。最终，自酿苦酒自己品尝，项羽落得一个悲惨的下场。

点评：在客观环境于己不利时，要有挺的精神，挺不住，就只能做老二，难做老大；挺得住，就会由老二的位置，升到老大的位置。

刘邦和项羽在称雄争霸、建功立业时，其实就是在"挺"字上见出高下、决出雌雄的。这是"忍"功的较量。谁能够挺住，谁就得天下，称雄于世；

谁若刚愎自用、小肚鸡肠，谁就失去天下，一败涂地。宋代著名大文学家苏东坡在评论楚汉之争时就曾说：汉高祖刘邦所以能胜，楚霸王项羽所以失败，关键在于是否能忍。项羽不能忍，白白浪费了自己百战百胜的勇猛；刘邦能忍，养精蓄锐、等待时机，直攻项羽弊端，最后夺取胜利。刘邦可以成大业是他懂得忍下人之言，忍个人享乐，忍一时失败，忍个人意气；而项羽气大，什么都难以容忍，不懂得小不忍则乱大谋的道理，大业未成身先死，可悲可叹！

五、作风大PK

> 夫大人者，与天地合其德，与日月合其明，与四时合其序，与鬼神合其吉凶。
>
> ——《易经》

关于作风，以下三则与鸡蛋有关的故事发人深省。

第一则故事来自《资治通鉴》。孔子的孙子子思向卫侯推荐将才苟变，卫侯说他也知道苟变可用，但苟变在做税官时吃了老百姓的两个鸡蛋，所以不能用。子思说，用人就像工匠选用木材，应该取其所长、弃其所短。"今君处战国之世，选爪牙之士，而以二卵弃干城之将，此不可使闻于邻国也。"卫侯最终被说服了。

选人用人，政治之大事。不同的时期、形势和条件之下，原则各有不同。在生死存亡、竞争决胜之时，人才难得，往往强调唯才是举、不拘小节。而在天下安定、长期执政之后，选拔干部就应突出德才兼备、以德为先。干部的小节，就在老百姓的眼皮子底下，最为直观。不负责、不检点的行为，对干部队伍形象的损害、对民心的挫伤是最为直接的。由此可以理解，苟变白吃两个鸡蛋可以既往不咎，而今天的干部却必须因用公款购买两盒月饼而被问责。

第二则故事说的是清宫鸡蛋价格昂贵。光绪年间，一个鸡蛋市价不过几个铜钱，可在御膳房，四个鸡蛋开价至三十四两银子。有一次，光绪皇帝当着文武百官的面，举着一只鸡蛋问他的老师翁同龢："这种贵物，师傅也曾吃过吗？"翁同龢答道："我家里遇上祭祀大典，才偶尔吃一次，否则不敢吃。"

楚汉解码：左手项羽，右手刘邦

从上到下都在蒙蔽光绪皇帝，这是可怕的，更可怕的是连他的老师都不敢拆穿。恶劣风气背后往往牵扯复杂的利益，盘根错节，一些人自觉或不自觉地陷入其中，推波助澜，以致潜规则盛行。由此可知积弊清除之艰难与正风肃纪之必要。

第三则是关于小平同志的。1975年邓小平主持中央日常工作后不久，便在一次高级干部会议上强调：像我们这样的人，到下面去调查研究，不要给地方干部增加负担，不要搞什么招待，生活方面特别是在吃的问题上，我看西红柿炒鸡蛋就不错了。

"西红柿炒鸡蛋就不错了"，一句朴素的话，生动地诠释了艰苦奋斗的传统，其中体现的自知、自律、自省，今天读来也令人十分感佩。物质水平提高了，公务接待标准适当提高一些，也无可厚非。但违反规定竞相奢华，挥霍公款，腐败势必产生。制度不落实，往往是从小处不执行开始的，"破窗效应"形成，再严格的规章条文都难免沦为"稻草人"。倡导厉行节约，党政机关应自觉带头，同时制度建设跟进，从严控公款开支入手，带动社会树立简朴之风。

"不矜细行，终累大德。"小小鸡蛋，与作风联系起来，也值得较真。作风建设永远在路上，细微之处决定成败，也更见功夫、更见韧劲。

刘邦的作风主要体现在"三实"上——做人实、谋事实、创业实。

刘邦的实是不重过程、只重结果的具体表现，从他麾下汇集天下英雄豪杰并最终雄霸天下来看，他注重的实可谓实至名归，实效明显。而这其实又反映了刘邦身上的另一大特点：低调。这可能是刘邦身上最大的优点，也是他制胜的优点。

现在流行这样一句话：低调做人，高调做事。但当时的刘邦奉行的却是低调做人，低调做事。怎么个低调法？在做人方面，刘邦低调至极，既没有项羽那种贪图享乐的思想，又没有他那种自我满足的思想。刘邦在人生最低谷、最落魄时，不会觉得低人一等，不会自甘堕落；在人生最高峰时，也不会觉得不可一世、自命清高；更不会在人生拼搏奋斗的阶段自我满足、裹足不前。这一点通过和项羽来比较，就可以看得很明显。项羽在进入关中后，以威逼的手段力压刘邦成为关中王,当势力和权力达到一个至高的境界后,就飘飘然了,结果在面对定都大事时,不听众人的意见,放弃地理环境极好、军事条件极佳、经济条件也不错的关中,而是选择离家乡最近的彭城。一个书生本着忧国忧民、为民为国的思想,好心劝说项羽不要因为个人爱好而放弃集体优势,不要把个人利益置于国家利益之上,要客观公正地分析问题,要坚定不移地选择关中为都,切实为一统天下、号令天下打下良好基础,做好防患于未然的准备。这样忠心赤胆的劝谏,项羽却当成了耳边风,依然坚持自己的思想,还说什么富贵之人锦衣夜行有谁知道,和贫贱之人又有什么区别。面对项羽提出的锦衣夜行的论断,书生也急了,直接说项羽这是沐猴而冠。结果这话冒犯了项羽,项羽当即暴跳如雷、怒发冲冠,二话不说直接把书生扔进油锅里了。这样一来,还有谁敢再劝谏他,毕竟谁也没有长着两颗头颅。

而刘邦呢?显然不一样。别的不说,同样来说定都的事,刘邦在楚汉争霸中脱颖而出,平定天下建立汉朝后,为选择定都洛阳还是长安,他陷入了左右为难的境地。刘邦潜意识里是对洛阳情有独钟的,毕竟这里离家乡近些,水土方面也更接近些。而且,刘邦的手下重臣都愿定都洛阳,毕竟洛阳好,江花红胜火,绿水清如蓝。另外,刘邦的父亲也对洛阳很满意,在刘邦为他打造的家乡风格的别墅里过得不亦乐乎,自然也是不愿意搬的。但这个时候还是有一些有识之士为了国家的前途深谋远虑,建议刘邦定都长安。这其中最著名的就是齐人娄敬。他如数家珍般地陈述了自己的理由后,刘邦大为高兴,马上就答应了。是啊,富贵如浮云,只有国家的利益才是最长远的。最后刘邦欣然决定定都长安。

从这件事比较,我们就可以看出刘邦和项羽做人的差别。项羽以自我为中心,基本听不得别人的意见和建议,独断专行,自以为是,自己决定的,就算八头牛、十匹马也拉不回。而刘邦则收敛和低调多了。他善于听从别人的意见,而且能从别人的意见中迅速而准确地做出判断,最后有针对性地实施。他不管是什么人,只要是好的意见,只要是对自己有利的意见,他都会采取和听从。单从这点就可以看出刘邦这种低姿态的可贵性,这种看似低到尘埃里的做法,虽然没能让他在某些方面体现风光和体面,但正是这种低调,让他赢得了别人的敬重,笑到了最后。

楚汉解码：左手项羽，右手刘邦

再来看刘邦做事的低调。相对于项羽喜欢把事做得高调风光，刘邦就奉行低调。项羽直里来横里去，什么事都露于野，就连攻下一座城池也要把城里的百姓赶尽杀绝，生怕别人不知道他已经是这座城的主人。而刘邦呢？他懂得韬光养晦之道，对攻城拔寨采取灵活的战术，能智取的绝不强攻，攻不下来的决不勉强，哪怕是绕道走也没关系。他奉行的是不战而屈人之术，攻城为下，攻心为上，往往是出其不易地攻下城池，城上换大王旗有时连城里百姓都不知道，更别说他的对手了。因此，什么血腥屠城之类的自然也就不存在了。刘邦夺取韩信兵权更是他做事低调的典型体现。刘邦只身一人来到齐地微服私访，见韩信还在睡觉，便迅速地把韩信的令牌抓在自己手上，轻而易举地就把韩信的兵权夺过来了。原本孤家寡人的刘邦，瞬间又拥兵数万。整个过程，刘邦的行为虽然不光彩，但重要的是结果。刘邦的成功显然要归功于低调。试想，如果刘邦不是低调行事，而是高调出击，那韩信能睡大觉吗？他还能顺利地夺取韩信的兵权吗？总而言之，正是这种低调的作风，为刘邦赢得了良好的声誉，他谦谦君子的形象也正是他最后的取胜之道。

当然，尽管刘邦在作风上奉行一个"低"字，注重一个"实"字，但也存在明显的不足，那就是一个"怕"字。

怕什么呢？求稳怕乱。要知道刘邦出身贫寒，因此，他手中的权力一点一滴扩大时，他心里的满足感也一点一滴加强。而这以后，刘邦在权力这条路上精心维护，最终实现了癞蛤蟆向白马王子的转变。但是草根出身的他存在过于严重的求稳怕乱思想，主要体现在以下三个方面：

首先，过于自卑。

这种与生俱来的自卑感是刘邦挥之不去的。从小受人歧视，长大了受人压迫，中年被人追赶，直到年过半百才被万众景仰。这是一个发家的过程，也是一个蜕变的过程，但刘邦直到死，恐怕心里也还是无法消除那种如影随形的自卑感的。比如说，首先攻入咸阳，降服子婴后，他对宫中之物进行了封存，不敢动一丝一毫，甚至对大量后宫女子也能做到坐怀不乱。这其中固然有萧何的劝阻之功，但此时恐怕刘邦内心的自卑或多或少还是存在的。试想，刘邦革命之初，会想到自己能成为第一个占领咸阳、推翻暴秦的人吗？显然不会。在群雄并起的年代，他无论出身还是装备都不如其他革命英豪们，他虽然有"大

第二章 智与慧·知行合一止于善

丈夫当如是也"的远大理想，但在这个过程中，他其实还是有所保留、有所收敛的。因此，面对这突如其来的大功和良好局面，他在高兴之余显然还是有所顾虑的。经过萧何的提点后，他马上就做到了"守身如玉"，与其说他明白了对手项羽的强大，不如说他明白了自己的不足。再比如，建立汉朝后，在庆功宴上，他当着众人的面说了这样一句话：要说运筹建策于帷幄之中，而决胜于千里之外，那我比不上张子房；要说管理国家，安抚百姓，源源不断地保证物资和粮食供应，那我也不如萧何；至于统领百万大军，攻无不克、战无不胜，那我更比不上韩信。这三个人都是人中豪杰之士，我能够恰当地使用他们，这才是我能够夺取天下的根本道理。项羽有一个范增而不能信任，这才是他败给我的根本原因啊！刘邦的话固然是谦卑之言，却道出了他的成功之道。但如果再深挖根源，我们不难发现，其实刘邦说这话还包含另一层意思，那就是自卑。为什么这么说呢？相对于项羽的勇猛无比、正直正义、本领强大，刘邦就显得低矮多了，论才华他没有才华，论武功他没有武功，按照当时的标准，酒囊饭袋一个，地痞流氓一名。的确，吃喝嫖赌，他样样精通；阴险狡诈，他头头是道。因此，在萧何、张良、韩信这些举世无双的大才子面前，他自惭形秽、自叹不如也就在情理之中了。

其次，超级不自信。

有人会有疑问，如果刘邦不自信，那他会历经磨难而最终脱颖而出吗？其实，透过现象看本质，刘邦的确很不自信。这种不自信和自卑如出一辙，相辅相成。没有丰厚的家底，没有强硬的后台，没有强大的关系网，一切都要靠自己。面对风雨，面临生存难题，甚至陷入绝境时，动摇甚至绝望也就在所难免了。比如说刘邦刚开始革命，获得第一桶金——拿下沛县时，别人请他"对号入座"当大王时，他拒绝了。经过众人三番五次地劝与推，刘邦最终"勉为其难"地做出这样的决定：当大王就不必要了，就当个沛公吧。刘邦的推让，固然是其成熟的政治手段的展现，但另一个因素却也是不可避免地存在，这便是不自信。的确，刘邦在革命之前，带着百十号人马整天躲在深山老林里，并不敢公然与朝廷作对，如果不是陈胜、吴广扯大旗第一个站出干革命，他还不知道要过多久这种暗无天日的日子呢！眼看革命的春风吹遍五湖四海，眼看时机已到，他这才率众而出对熟悉得不能再熟悉的沛县来了

楚汉解码：左手项羽，右手刘邦

个一窝端。这说明他一开始还是对自己的实力有自知之明的，对干革命还是缺乏自信的。在兵不血刃地拿下沛县后，他知道这只是万里长征的第一步，并没有因此就完成质的飞跃，并没有鸟枪换炮，秦朝政府肯定不会让他有好日子过的，更大的风雨肯定还在后面。也正是因为这样，他推脱众人拥立为王的机会，那是不自信的表现，他应该做好了随时撤离的准备。再比如在鸿沟和项羽进行了长久的对峙后，项羽因为后方粮草供给不足已是军心不稳，而这个时候刘邦在争霸中已占据优势，他却主动提出议和的请求，结果项羽求之不得。这也是刘邦在长期和项羽的争霸过程中，形成的一种惯性思维，总是把自己当弱者、当手下，这自然也是缺乏自信的表现。如果不是张良、陈平等人将计就计，在项羽撤军之时，单方面撕毁条约，打了项羽一个措手不及，恐怕刘邦要想得天下，还得经过数年的磨砺，到那时笑到最后的还不知道是谁呢！当然，刘邦虽然在某些时候表现出了超级不自信，但却通过作秀、补台等方式进行了很好的弥补，一般人是很难发现也很难做到的。极具讽刺意味的是，尽管在整个楚汉争霸中不自信就一直伴随着刘邦，但一直超级自信的项羽到了最后时刻也不自信了，在兵败垓下、四面楚歌时，尽管他还有数万之众，但他却选择了孤身出逃，这说明他已经完成从自信到不自信的转变。

最后，过于自私。

人不为己，天诛地灭。农民出身的刘邦同样离不开这种小农意识。因此，自私自利之心一直存在。在彭城之战的逃亡过程中，为了自己活命，他不惜把自己的一对儿女推下马车，就足以说明刘邦的冷酷无情，而这种冷酷无情从根本上来说就是自私心理所产生的必然结果。再比如刘邦踩在项羽的尸骨上号令天下后，他并没有如释重负，而是选择了打压功臣，于是乎，韩信、英布、彭越等立过赫赫战功的人被他用妙计一个个赶尽杀绝，就连他最为信任的两大功臣兼朋友萧何和张良也不放过。好在萧何和张良都是聪明绝顶之人，他们对刘邦的想法心知肚明，都及时主动地做出了应对之策。总之，刘邦对手下的功臣防备得非常周到而细致，而群臣在他手下做事，个个都是如履薄冰，稍有不慎便会掉入万丈深渊。单从这一点来看，刘邦其实比项羽还可怕，而刘邦这种可怕，就是其自私心理的最直接体现。他总是担心别人谋权夺位，所以才会做出宁可我负天下人、不可天下人负我的草菅人命之举来。

项羽的作风主要体现在"三严"上——严以修身、严以用权、严于律己。

他的"三严"带来的好效果就是队伍作风强悍、纪律严明、精神面貌好、气质形象佳，不好的就是对效果的追求没有精益求精，在"实"字上下的功夫不够，就像花拳绣腿一样，挥舞的过程很好看，但却没有什么实际意义，最终演变成了"不严不实"。这里举两个小例子来说明一下项羽的"不严不实"。

事例一：彭城大战之后，在英布左右摇摆、不知何去何从这个关键的节骨眼上，项羽显得不够明智，他没有及时派出使者去九江说服英布，结果让刘邦的使者随何占了先机。然而，英布虽然犹豫不决，虽然内心矛盾，但他对项羽的感情显然要比对刘邦多一些，毕竟，他算是项羽的老部下了，革命之初为他效过力、杀过人。英布杀过的人中最著名的就是楚怀王，以前杀人是光明正大，唯独这一次是暗杀。然而，正是这次暗杀让英布觉得抬不起头来，觉得自己的人格堕落到了极点，从而对主子项羽产生了嫌隙。英布在彭城之战中作壁上观，让项羽对他也产生了不信任。但在楚汉争霸的天平趋于平衡之际，在争夺人才的关键时刻，项羽的行动慢半拍显然是其作风不实的表现。这或许是项羽对英布心存芥蒂所致，又或者是项羽对于事情的认识和重视不够所致，但不管怎么样，当刘邦的使者在占有先入为主的优势后，又借刀杀人干掉了项羽的使者，结果使得英布走投无路，只好选择投奔刘邦。这个时候项羽更加不明智，他把英布的家人全部杀掉了，这样项羽虽然泄了愤，却也彻底斩断了和英布原本剪不断、理还乱的关系，从此，英布死心塌地为刘邦卖命，项羽则失一膀臂，渐渐陷入被动。

事例二：荥阳之战中，刘邦这只缩头乌龟已经被打趴下了，只剩下最后一口气。按理说这个时候，只要项羽再加大火力，刘邦就会一命呜呼了。然而，项羽再次表现出了不实，他停止高举高打的猛攻，选择不紧不慢地和刘邦谈判，最后还中了刘邦的反间计，把自己的军师当成叛徒给赶回老家了，使自己彻底失去了智囊的辅佐。最终，刘邦使出金蝉脱壳之计，成功逃脱。可以说项羽在荥阳攻防战中酿成了大错，放走刘邦这块到嘴的肥肉，是他一生最大的也是唯一的遗憾。

楚汉解码：左手项羽，右手刘邦

从上述项羽为数不多的不实可以看出项羽身上的另一大弱点：多疑，这可能是项羽身上最大的弱点，也是致命的弱点。

我们都知道，三国时期的曹操最多疑，他害怕睡着了有人谋害他，规定旁人在他睡熟的时候不能靠近他。有一次，他故意装着喝醉了睡觉，然后踢掉被子，仆人去帮他盖被子，结果被曹操怒而斩杀。事后，曹操自然是以喝醉了为理由进行搪塞，以厚葬作为补偿，把这件事糊弄过去了，同时还达到了杀鸡骇猴的目的。可以说曹操的多疑是人性上的多疑，是居安思危的多疑，在处理多疑问题上是讲策略、讲方法、讲效果的。而项羽的多疑却是人性上的缺失，是建立在缺乏判断、缺乏自知、缺乏经验的基础上的，是无知的表现，是冲动的体现。因为项羽的多疑主要体现在三个方面：

首先，出于自我的防范。

这一点跟曹操很相似，是对个人人身安危的防范。在项羽的潜意识里，自己的生命高于一切，容不得有半点儿闪失和意外。这种与生俱来的自我保护意识，让他做事不免犹豫和多疑。比如说他坑杀秦朝降军，与其说是冲动，不如说是自我防备的需要。为了消除潜在的威胁和危险，他不惜背上骂名。比如说荥阳大战中，与其说是中了刘邦的反间计，不如说自己着了魔，生怕属下不忠于自己、对自己取而代之，生怕自己的安危受到威胁。

其次，束于思维的局限。

这可能跟他的豪门出身有关。作为项家的传人，他有光复家族的使命，有建功立业的责任，有开天辟地的义务。在视自己高高在上时，自然容不得别人和自己比肩，别人只能低低在下。总而言之，就是别人不能比自己强，不能超过自己。比如说刘邦派兵把守函谷关，阻止项羽入关，项羽知道后，怒发冲冠，马上就想强行冲关。这就是他认为自己的权力和地位受到了严重威胁的缘故。而在随后的鸿门宴上，项羽又出人意料地把刘邦放跑了，这与其说是项羽年少无知所致，不如说是项羽的思想局限所致。因为在鸿门宴上，刘邦的表现征服了他，刘邦又是赔礼又是道歉，一开始就展现了谦卑、恭敬、顺从的态度，这种低到尘埃里的做法对于项羽来说很受用，他在自尊心得到了满足的同时，也认为刘邦不足为虑，对自己构不成什么威胁，出于人道主义考虑，出于声誉威望考虑，他最终选择了放虎归山。后人感叹，这是项羽日后悲剧的开始。其实只有项羽明白，这是他人性本质所在，是偶然，也是必然。因为项羽如果在刘邦手无寸铁且认罪态度良好的情况下把他杀了，那么，项羽就不是项羽了。而老谋深算的刘邦正是精准猜出了项羽的想法，点准了项羽的穴道，才能在项营来个潇洒半日游，白吃白喝后，扬长而去。

最后，缘于知识的匮乏。

项羽作为"官二代"，原本可以从小就接受良好的教育，然而，只有几岁时，项家就出了变故。尽管叔叔挺身而出，及时充当了他的保护伞，但项羽的叛逆性却展露了出来。不论是读书、习武，还是学习兵法，项羽都是浅尝辄止。对此，项梁也是无可奈何。项羽有自己的思想，再加上叛逆、独立，甚至可以说是我行我素、独来独往，因此，他做事往往不拘小节，做到了走自己的路让别人去说。然而，正是这样，造成了项羽知识的匮乏。当然，刘邦的情形和他差不多，但是，同样学识是半桶水，为什么笑到最后的是刘邦而不是项羽呢？原因很简单，在知识的殿堂，两人不分上下，甚至可以说项羽还略胜一筹，稍占上风。但在社会阅历、人情世故方面，刘邦显然要高出项羽很多倍。刘邦这个胜算是建立在长期混迹于社会的结果，是经过最基层磨炼的结果。而一直处于项梁庇护下的项羽就像温室里的孩子，没有经过什么风雨，甚至没有任何心理准备，就接过了项梁的权力棒，挑起了统领千军的重担，这对稚嫩的项羽而言显然负荷过重。虽然他尽心尽力，但最终的失利，还是说明他的肩膀仍无力挑起这样的重担。

点评：作风建设永远在路上。作风问题，本质上是一个理念、宗旨意识问题，是一个政治立场、政治本色问题。中国共产党之所以能从小米加步枪的一穷二白走到现在，其根本原因就在于，中国共产党始终心系群众，关心百姓，与人民一块苦、一块过、一块干。正如水能载舟亦能覆舟的道理，刘邦之所以能在楚汉之争中战胜项羽，重要的一点就是他善于改进工作作风，把作风当成大事来抓，又能以身作则，率先垂范，结果自然是得到了广大百姓的真心拥护和爱戴，从而开创了辉煌事业。

第三章 人与才·天下英雄入彀中

一、得人才，得天下

> 不知人之短，不知人之长，不知人之长中之短，不知人之短中之长，则不可以用人，不可以教人。
>
> ——古语

争取人才，是一个国家兴旺发达的重要措施之一。李斯在《谏逐客书》中对秦始皇的劝谏虽然主要出于对自己功名利禄的关心，但也确实说出了一些真正的道理。

秦国的王族、大臣都向秦王嬴政进谏说："各诸侯国的人来侍奉秦国，不过是为了给其君主游说离间罢了。希望把一切来秦国的外国人都驱逐出去。"李斯也在被驱逐之列。

李斯鼓足了勇气，写了一封《谏逐客书》上呈给秦始皇：

"臣闻吏议逐客，窃以为过矣。昔穆公求士，西取由余于戎，东得百里奚于宛，迎蹇叔于宋，来丕豹、公孙支于晋。此五子者，不产于秦，而穆公用之，并国二十，遂霸西戎。孝公用商鞅之法，移风易俗，民以殷盛，国以富强，百姓乐用，诸侯亲服，获楚、魏之师，举地千里，至今治强。惠王用张仪之计，拔三川之地，西并巴、蜀，北收上郡，南取汉中，包九夷，制鄢、郢，东据成皋之险，割膏腴之壤，遂散六国之众，使之西面事秦，功施到今。昭王得范雎，废穰侯，逐华阳，强公室，杜私门，蚕食诸侯，使秦成帝业。此四君者，皆以客之功。由此观之，客何负于秦哉？向使四君却客而不内，疏士而不用，是使国无富利之实，而秦无强大之名也。

"今陛下致昆山之玉，有随、和之宝，垂明月之珠，服太阿之剑，乘纤离之马，建翠凤之旗，树灵鼍之鼓。此数宝者，秦不生一焉，而陛下说之，何也？必秦国之所生然后可，则是夜光之璧，不饰朝廷；犀、象之器，不为玩好；郑、卫之女，不充后宫；而骏良駃騠，不实外厩；江南金锡不为用，西蜀丹青不为采。所以饰后宫、充下陈、娱心意、说耳目者，必出于秦然后可，则是宛珠之簪、傅玑之珥、阿缟之衣、锦绣之饰，不进于前；而随俗雅化、佳冶窈窕赵女，不立于侧也。夫击瓮叩缶，弹筝搏髀，而歌呼呜呜，快耳目者，真秦之声也。郑、卫桑间，《昭虞》《武象》者，异国之乐也。今弃击瓮叩缶而就郑、卫，退弹筝而取《昭虞》，若是者何也？快意当前，适观而已矣。今取人则不然，不问可否，不论曲直，非秦者去，为客者逐。然则是所重者，在乎色乐珠玉；而所轻者，在乎人民也。此非所以跨海内、制诸侯之术也。

"臣闻地广者粟多，国大者人众，兵强则士勇。是以泰山不让土壤，故能成其大；河海不择细流，故能就其深；王者不却众庶，故能明其德。是以地无四方，民无异国，四时充美，鬼神降福，此五帝、三王之所以无敌也。今乃弃黔首以资敌国，却宾客以业诸侯，使天下之士，退而不敢西向，裹足不入秦，此所谓借寇兵而赍盗粮者也。

"夫物不产于秦，可宝者多；士不产于秦，而愿忠者众。今逐客以资敌国，损民以益仇，内自虚而外树怨于诸侯，求国无危，不可得也。"

由于李斯的《谏逐客书》能抓住秦王统一天下的最大欲望，采取了让事实说话的办法，说理透彻，论证有力，语言精彩，音调铿锵，因而也就说服了秦始皇。

以上是秦始皇善待人才的逸事，下面来看秦始皇的"准接班人"刘邦的人才趣事。

《史记·高祖本纪》载：上（刘邦）问曰："如我能将几何？"信（韩信）曰："陛下不过能将十万。"上曰："于君如何？"信曰："臣多多而益善耳。"

楚汉解码：左手项羽，右手刘邦

上笑曰："多多益善，何为我禽？"信曰："陛下不能将兵，而善将将，此乃信之所以为陛下禽也。"

　　从这段对话中，我们可以看出，刘邦在用人方面确实有他独到的地方，连韩信这样带兵多多益善之人也为之所"禽"。的确，在谋略方面，刘邦比不上张良、陈平；在打仗方面，刘邦比不上韩信、彭越；在治理国家上，刘邦不及萧何。然而，刘邦能够"将将"，能够最大限度地使用人才，知道把手下的人才放在最合适的位置，这就是刘邦的用人之道。其精妙之处，究竟在什么地方呢？概括起来，主要体现在以下六个方面。

　　刘邦的用人之道一：知人善任。

　　知人善任，这是讲到领导艺术时经常要说到的一个词。什么叫知人善任？知人善任，首先在于知人，其次是善任。知人当中首先在于知己，其次在知彼。人贵有自知之明，知己确实很难。而刘邦恰恰做到了这一点，而且他也非常清楚地知道，一个领导最重要的才能是什么，如何调动部下的积极性，下属都有什么才能，才能又是哪些方面的，下属有什么性格，有什么特征，有什么长处，有什么短处，放在什么位置上最合适。这也是一个领导最大的才能。领导不是说要自己亲自去做什么事，事必躬亲的领导绝非好领导。作为一个领导，要做的是笼络一批人才，把他们放在适当的位置上，让他们最大限度地发挥自己的积极性和能动性，这样你的事业成功就指日可待了。韩信带兵、张良出谋、萧何保后都是刘邦知人善任的最好体现。

　　刘邦的用人之道二：不拘一格。

　　刘邦有一个很大的优点，就是他不拘一格地使用人才，所以刘邦的队伍里面什么人都有，张良是贵族，陈平是游士，萧何是县吏，樊哙是狗屠，灌婴是布贩，娄敬是车夫，彭越是强盗，周勃是吹鼓手，韩信是待业青年，可以说是一帮乌合之众。但刘邦把他们组合起来，各就其位，毫不在乎人家说他是一支杂牌军，他唯一的要求的是，所有的人才都能够最大限度地发挥作用。历史证明，刘邦的用人策略是对的。

　　刘邦的用人之道三：不计前嫌。

　　刘邦的队伍里面，有很多人曾经是在项羽手下当差的，因为在项羽的部队里面待不下去才跑过来投奔刘邦。刘邦则敞开大门，不计前嫌地表示欢迎并对他们一视同仁，如韩信、陈平等。韩信原来是项羽手下的人，因为在项羽手下不能发挥作用，便来投奔刘邦。其实，一个领导者也应如此，如果老是小肚鸡肠、计较甚多，能招募来好的人才吗？恐怕连帐下之人也会离他而去。

刘邦的用人之道四：坦诚相待。

坦诚相待，不仅仅能反映一个人的素质问题，更是我们为人处世的一条原则，你对别人坦诚相待，别人通常也会坦诚地对待你。对于人才，他们需要的不仅是应得的酬劳，更多的是需要尊重和信任。要尊重这些人才，唯一的办法就是以诚相待，实话实说。刘邦就有这个优点，张良、韩信、陈平这些人，如果有什么问题要跟刘邦谈，在提出问题后，刘邦全部都是如实回答，不说假话，哪怕这样回答很没面子。这些人之所以能够帮助刘邦提出自己的计策，是由于刘邦有一个前提，就是如实相告，绝不隐瞒。刘邦这样信任对方、尊重对方，便得到了对方同样的回报，那就是同样的信任和尊重，尽心尽力地帮他出谋划策。这也是我们一些做领导的非常值得借鉴的经验。

刘邦的用人之道五：用人不疑。

做一个领导最忌讳的，就是一天到晚看所有的人都很可疑，今天猜忌这个，明天猜忌那个。刘邦一旦决定用哪个人，他就绝不怀疑，放手使用，最典型的例子就是陈平。陈平从项羽的军中投靠刘邦以后，得到刘邦的信任，让刘邦的很多老随从不满意，所以就有人到刘邦那里说陈平的坏话，然而刘邦还是坚持对陈平委以重任。当时，刘邦和项羽正处于胶着的状态，为了让陈平能够成功地实施反间计，刘邦拨黄金四万斤给陈平，并且不问出入，可以想象刘邦对陈平有多信任。

刘邦的用人之道六：论功行赏。

使用人才，首先是要信任他，尊重他，同时也应该不忘奖励，因为奖励是对一个人才所做贡献的实实在在的肯定。不能老拿好话应付人，说这个人不错，是个难得的人才，是我们的骨干，但却一分钱不给，这个是不行的。有贡献就得奖励，奖励就要奖励得合适。确实是工作做得好，贡献大的，要多奖；做得一般的，一般地奖；做得差的，不奖，甚至要罚。刘邦夺取天下以后，根据个人的不同功绩，对功臣论功行赏，不但封赏了萧何、张良、韩信、彭越等一批人，还封赏了他最不喜欢的人——雍齿。

楚汉解码：左手项羽，右手刘邦

俗话说：金无足赤，人无完人。历代研究者多称赞刘邦善于用人，其实刘邦也不是"全才"，他的用人缺陷也不少，总结起来大概有两处。

缺陷一：慢而少礼。

陈平曾指出士廉节者多不归附刘邦。从历史根源上看，刘邦向来有流氓作风，早期即"不好儒，诸客冠儒冠来者，沛公辄解其冠，溲溺其中。与人言，常大骂"。这种慢而少礼的态度曾经使不少人才不愿意归附，如魏王豹说："今汉王慢而侮人，骂詈诸侯群臣如骂奴耳，非有上下礼节也，吾不忍复见也。"甚至引发刺杀案，贯高、赵午等十余人，"今怨高祖辱我王，故欲杀之"。刘邦的慢而少礼在当时是公认的陋习，如萧何语："王素慢无礼，今拜大将如呼小儿耳。"如四老（商山四皓）语刘邦："陛下轻士善骂，臣等义不受辱，故恐而亡匿。"刘邦的慢而少礼无疑给自己带来了诸多麻烦。

缺陷二：多疑猜忌。

关于信谗多疑，在有些方面可以使刘邦提高警惕，防止君权外泄。但是也带来不好的影响，如刘邦无端怀疑萧何，造成君臣纠纷；如刘邦因为陈豨宾客盛甚而起疑心，造成陈豨背叛；如因为刘邦的猜疑使得英布、韩王信、卢绾等纷纷背叛；甚至临死之前刘邦还欲杀连襟樊哙。刘邦的多疑猜忌导致他的手下纷纷背叛，也使得他终生都处在平叛之中而不得安生。

点评： 李斯在对秦始皇的劝谏中所列举的全是事实，所讲的道理也是正确的。纵观秦国的发展史，真是极其富有意味，它由一个名不见经传的小国发展成为一个大国，直至最后吞并了六国，统一了全中国，对其发展起到至关重要作用的都是来自别国的人才。可以说，如果没有别国的人才，秦国是不可能发展壮大的。

刘邦出身农家，在秦末农民起义中揭竿而起，逐鹿中原，终于推翻了暴虐的秦朝。在楚汉战争中，他再展雄风，击败项羽，完成了国家的统一。此后，他完善了政治体制，削夺了异姓诸侯的权力，加强了中央集权。刘邦的这一切成就与他善于用人是分不开的。刘邦可以说精通领导艺术。正是由于他能够信任人才、使用人才，充分地调动他们的积极性，又暗中加以防范和控制，才使得当时天下的人才都集结在自己的周围，形成了一个最强组合。这样一来，他夺得天下也是必然的结果。

　　总而言之，从秦国的发展历程以及汉朝的曲折建立史可以看出，"得人才者得天下"实在是中国历史发展的一条规律。当今社会竞争激烈，社会竞争说到底是人才的竞争，如何用人就成了一门大学问。今天我们研究刘邦的用人之道，就是为了从中得到一些启迪。

二、用人要疑，疑人也要用

　　用人要疑，疑人也要用。

　　　　　　　　　　　　——海尔集团创始人张瑞敏

　　赵括是战国七雄，是赵国名将马服君赵奢的儿子。赵奢这人不简单，初为赵国征收田租的官吏。当时，战国最著名的四君子是孟尝君、平原君、春申君和信陵君。他们都是对本国有卓越贡献与功勋的贵族，权势熏天。赵奢一次去收平原君家的税，平原君家的人不肯交，赵奢便依法办事，斩了平原君九个家臣。这下平原君面子上挂不住了，要杀赵奢，而赵奢毫无惧色，当堂大谈依法治国的重要性。平原君觉得赵奢是个贤才，于是向赵王举荐重用赵奢，主管全国的税赋工作。结果，赵国国赋大平，民富而府库实。赵奢后又解阏与（今山西和顺）之围而大败秦军，与蔺相如、廉颇一起成为国家的三根台柱子，举足轻重。

　　长平之战前，赵奢死了，名相蔺相如也得了急疾，只剩下老将廉颇主持国防军事工作。跟秦国打了几次败仗后，廉颇就采取防御战略，固壁不战。本来打仗就是要速战速决，如果长时间打消耗战的话，秦军补给与增员就会困难，战争拖得越久就越对秦国不利。第二次世界大战，希特勒就是在苏联防御战中消耗了大量的兵力与补给，而使得自己纳粹奴役世界的梦想灰飞烟灭。廉颇的思路与战略是正确的。秦国知道持久战是打不得的，就出了个反间计：故意说秦军害怕赵奢的儿子赵括。赵王信以为真，以为廉颇有私心不愿出战，就临阵换将，让赵括主持国防军事。

　　赵括从小就熟读兵书，但是他只会死记硬背，而不会灵活变通。而且赵括很狂妄，说自己打仗天下无敌，没有人挡得住。赵括代替廉颇后，更改了

楚汉解码：左手项羽，右手刘邦

军事纪律，把军队的老将官换成自己的亲信。秦军名将白起侦察到赵军的情况后，故意引敌出营，假装打输了而败走。本来，按照廉颇的防御战略应该坚守不出战。但是，赵括急功近利，不审时度势，而且不召开军事会议讨论如何部署，又不听下级的忠言进谏，就一意孤行地出战，结果中了白起的调虎离山之计，被断了粮草。战争其实就是打后勤，打资源，没后勤和资源供给，那战争就难以为继。赵军因此被一分为二，士兵离心离德，成为笼中之鸟。最后，赵括与军士饿得受不了，就强行突围，结果赵括被秦军射杀，其余十万赵军投降秦军，后全部被坑杀。长平之战以赵军大败而画上句号，赵国也因此一蹶不振。

项羽虽然不是赵括，而且楚汉之争中也没有上演纸上谈兵的笑谈，但项羽为什么会在长达四年的楚汉相争中失败，最重要的原因就是缺少人才。特别是在鸿沟对峙和垓下之战中表现尤为明显。鸿沟对峙之所以会转为持久战，垓下之战之所以会成为项羽的滑铁卢，原因是他到这时候已经黔驴技穷了，已经是强弩之末了。时穷节乃见，生死攸关的关键时刻，项羽悲哀地发现，除了他自己这个神人外，已经没有人来为他排忧解难、出谋划策了。因为这个时候他手下唯一的谋士范增早已经饮恨九泉了。

项羽之所以会沦落到这样的局面，自然是有原因的。因为他在用人方面不严不实，过于松懈，才最终使自己陷入被动。

恭敬爱人、礼贤下士一直是项羽用人的核心思想，这种核心思想使得"士之廉节好礼者多归之"（陈平语），使得敌方亦赞叹其"仁而爱人"（高起、王陵语）。但是项羽在用人权谋方面还是存在明显的缺陷，楚汉争霸四年多时间，占尽优势的霸王项羽之所以会败给汉王刘邦，就是他不善于用人直接导致的。这主要体现在以下三个方面。

一是鼠目寸光。

项羽的鼠目寸光主要指他眼光不高、眼界不高，看问题、看事情只看到表面，而看不到实质，这个最主要体现在失封天下、没有论功行赏上。

首先，来看对田荣的失封。

田儋、田荣是齐地反秦力量的代表人物。田儋战死之后，田荣成为齐地反秦武装的首领。项梁在革命之初,曾请求田荣派兵援助,但田荣却提出以杀田假为条件,结果项梁没有答应他的条件,田荣拒绝出兵。后来项羽入关后,因为田荣当年不与项梁合作,又不参加巨鹿之战和联军入关,所以他拒绝承认田荣反秦有功,拒绝封田荣为王。抛开个人恩怨,项羽对田荣的失封明显有悖于计功封王的原则。因此,田荣叛楚有其合理的一面。田荣叛楚给项羽带来了极大的麻烦:一是他资助了陈馀叛楚;二是他煽动了彭越叛楚;三是他误导了项羽,让项羽再次忽略还定三秦的刘邦,让刘邦成为日后的大麻烦。客观上,田荣帮了刘邦的大忙。

其次,来看对彭越的失封。

彭越是江洋大盗出身,此人虽然在政治上极为糊涂,却极有军事才能。彭越在反秦初期与刘邦共同抗击过秦军。《史记·高祖本纪》载:刘邦在秦二世胡亥三年(公元前207年)二月,与彭越在昌邑(今山东巨野县东南)相遇。彭越是昌邑人,当时他刚刚聚集了一千多人,兵力很弱。彭越与刘邦共同攻打昌邑的秦军。这一仗打得不好,昌邑城也未攻下来。此后,刘邦带兵西进,彭越占据巨野,聚众万余。这是今存正史中有关彭越参加反秦的唯一记载。项羽没有和彭越共过事,对彭越的重视程度明显不足。项羽没有分封彭越是基于两点:一是彭越没有大的军功,二是非自己所立的诸侯王。后来,因为对项羽未分封产生不满,加上刘邦的拉拢,彭越叛楚成为刘邦的属下,并且成为楚汉战争期间最著名的游击司令,给项羽的军粮供应造成极大困扰。这是项羽始料不及的。项羽"计功割地,分土而王之"的原则并无错,依照这一原则进行分封也是大势所趋。忽略了彭越这位著名的游击将军不能全怪项羽谋划不周,只能说是项羽运气不好,刚好这位不符合分封标准的人是一位如此优秀的游击战专家。

最后,来看对陈馀的失封。

陈馀早年是一位名士。陈涉一起义,陈馀和张耳就面见陈涉,劝其立六国之后以培植反秦力量。后来,陈馀又随武臣一块来到赵地,使赵地发展成为三大反秦中心之一。巨鹿之战中,他是驻守巨鹿城外的盟军的主要力量之一。项羽消灭王离军团之后,他与诸侯军共同参加了对章邯的作战,还亲自致信章邯,分析利弊,导致章邯最终决定降楚。只是因为他后来与张耳反目,愤然出走,才没有跟随项羽入关。但是,陈馀在反秦中的功劳是不可磨灭的。项羽仅仅因为陈馀没有跟随自己入关而忽略了陈馀在反秦中的功劳,是不应该的,也是不明智的。

总之,此消彼长,项羽的失封导致田荣、彭越、陈馀等联手叛楚,间接帮了刘邦。

二是狂妄自大。

项羽分封十八路诸侯王之后,自封为"西楚霸王",然后又一连做了三件事,一是把投降的秦王子婴给杀了;二是放了一把火,把秦王的咸阳宫烧了;三是将秦咸阳宫中的珍宝和美女全部带走了。

据史书记载,咸阳宫这一把火整整烧了三个多月,整个宫殿全部烧成了灰烬,然后项羽就准备东归了。项羽自己西楚国的国都在彭城,就是今天江苏的徐州,烧了秦王的咸阳宫后,他要从陕西返回自己的都城去了。

当项羽要走的时候,有一个人来见他。这个人史籍上没有留下名字,史书记载只有两个字,叫"说者",就是游说他的人。这个人给项羽提了一个建议,说关中这个地方太可贵了,你不应该东归到彭城去,而应当在关中建都。陕西这个地方有一个很大的特点:此地是一个大盆地,四面全是山,有四个重要的关口,东边是和河南交界的函谷关(今河南灵宝东北),南边是靠近湖北的武关(今陕西商南东南),西边是大散关(今陕西宝鸡市秦岭北麓),北边是萧关(今宁夏固原东南),四个关口环绕,从其他地方都进不来。所以,自古以来陕西有一个别名叫"四塞之地"。

说者说:"这个地方可以建都。你在这儿建都,要称霸天下就非常容易。"项羽一听,有道理;但再一看,整个咸阳的宫殿已经被他烧光了,他又觉得没法待了,就把说者给打发走了。说者一出来,心里感觉很遗憾,便脱口而出说了一句话:"人们都说楚人沐猴而冠耳,果然是这个样子。"说者就是说说他自己心中的一点儿感慨,但是马上有人打了个小报告,告诉了项羽。项羽一听,这还了得,骂他是沐猴而冠!就下令把说者抓起来,烹了。

这件事有许多令人深思的地方:

第一,说者的建议对不对?很显然,说者的建议是非常高明的,建都关中,易守难攻。如果建都彭城,则东西南北都是平原,无险可守。但是,这个

第三章 人与才·天下英雄入彀中

建议项羽没有听进去。

第二，既然史籍没有记载说者的姓名，应当说是一个名不见经传的小人物，小人物提条意见，你采纳也罢，不采纳也罢，哈哈一笑就完了，这才是一种豁达的处世态度。即使被骂说是沐猴而冠，也不必计较。但是，项羽就很计较。

通过这件事可以看出，项羽这个人自尊心非常强，你稍微伤了他的自尊，他就绝不会放过你。说者提了这么好的一个建议，仅因为说他沐猴而冠，就落了这样的下场，原因就在于他犯了项羽的大忌。项羽这个人容不得别人对他说个"不"字，别人说个"不"，他一定很难接受。如此唯我独尊、狂妄自大，谁还敢给他提意见啊！

三是刚愎自用。

性格决定命运。一个人的性格可以成就他的事业，也可以毁掉他的事业。项羽的性格中有一个致命的弱点，就是过于自信、刚愎自用。自信是人性的一个优点。一个人如果没有自信，什么事情也完不成；有了自信，才能以百折不挠的勇气去克服在实现人生目标过程中的所有困难和障碍，所以，没有自信是不行的。但是，如果自信过了头，那就坏了，自信过了头极易刚愎自用。

刘邦手下谋士特别多，张良、陈平、萧何，这是一流的；二流的如郦食其之类就不说了；还有那些草根、草民。反过来看项羽，项羽手下谋士有谁？大家只知道一个，"年七十，好奇计"的范增。所以可以说，刘邦手下人才济济，项羽手下人才寥寥。且不说武将，单看文臣谋士，项羽手下基本无人。这个现象大家可以思考一下。为什么项羽手下没有谋士，只有一个范增？这和项羽的刚愎自用太有关系了。

拿我们今天老百姓的话来说，就是项羽这个人的主意太大，主意太大就是他的主观性太强了，他不需要谋士，什么事情都是他一个人做主。我们前面讲过鸿门宴，鸿门宴中，决定第二天消灭刘邦的是谁？项羽。决定撤销第二天军事行动的是谁？项羽。他和谁商量过？没有。他召集过会议吗？没有。他和他最信任的范增商量过吗？还是没有。所以，项羽不要谋士。

总之，项羽的刚愎自用导致的后果是：失人。

楚汉解码：左手项羽，右手刘邦

毋庸讳言，项羽在用人上的确存在很多缺陷，下面来探讨项羽用人失误产生的原因：

一是个人能力的超级无敌，导致了属下的超级无能。

项羽个人能力的强悍主要体现在三个方面：

首先，能征惯战。

项羽自己确实能干，他的才干我们概括成四个字：能征惯战。他自己说过："吾起兵至今八岁矣，身七十余战，所当者破，所击者服，未尝败北，遂霸有天下。"他是一位非常能打仗的军事家。一个没有才干的人，绝对不会刚愎自用；所有刚愎自用的人，都是有才的人，项羽也不例外。

其次，少年得志。

按我们今天的话来说，项羽的一生叫"不落空"，所有的好事他都赶上了。二十四岁起兵反秦，项梁是主帅，他就是副统帅；二十七岁，就做诸侯的总盟主，做"西楚霸王"，主持国家大政，可谓少年得志。少年得志也给他带来了负面的影响。他这一生，什么好事都赶上了，什么机会他都没有失去，太顺利了。我们经常说，失败是成功之母，阅历跟经历的丰富是不可或缺的，项羽的人生中磨炼太少了。一个人的人生，特别是为官之人，他的人生太顺，就会太相信自己了。

最后，内外失聪。

项羽这个人是内无自知之明，外无逆耳之言。他个人太顺利了，又不善于自省，于是看不到自己的弱点，即使是做了错事，也不认为是自己错了。这叫内无自知之明。你看看，对一个说了一句"沐猴而冠"的说者，稍微有一点儿逆耳之言，他就一个字：烹！这样为人处世，谁敢给他进逆耳之言啊！忠言逆耳，不好听啊。我们普通人也都是这样，听到不顺耳的话总是心里不舒服，听到吹吹拍拍的话总是飘飘然。

正是因为能征惯战、少年得志、内外失聪这三点导致了项羽超级自信。我们在灭秦战争及楚汉战争中可看到这样有趣的现象，在项羽帐下的将领基本都是屡战屡胜；而失去项羽的统帅，几乎都是屡战屡败。典型的如英布在巨鹿之战时英勇无比，但是后来背叛项羽时轻易就被击败。这种现象一方面说明了项羽个人能力太强，而且也不注重培养手下独当一面的能力，以致手下对其有严

第三章 人与才·天下英雄入彀中

重的依赖心理。另一方面,项羽对其士兵的巨大精神力量使得其他人无法有效地独当一面,可以说项羽的军队被项羽培养成了失去项羽就像失去灵魂的行尸走肉一样。虽然在军事上项羽是无敌的,但是这样的状况显然不利于属下的培养。韩信亡楚归汉,很大程度上是因为在楚营才能得不到发挥的缘故。

二是用人手段的缺乏,导致了人才的流失。

首先,不善于用小人。

陈平曾指出:"士之顽钝,嗜利无耻者多不归附项羽。"究其原因,估计除了得不到封爵行赏外,主要还是项羽不善用小人。鸿门宴前,刘邦的左司马曹无伤眼见刘邦行将覆灭,暗中通信项羽,以求封赏。虽然曹无伤是典型的小人,但是未尝不是一个很好的内线。但是项羽显然不屑用这等小人,轻易就把他卖给了刘邦。

其次,用人手段单一。

学者阎盛国总结刘项在劝降方面的优劣认为:一,刘邦的劝降态度是积极的、主动的;项羽的劝降态度是被动的、消极的。二,刘邦降城即候其将;项羽则以人质威胁。三,是刘邦对待投降的将士优礼有加,破格提拔任用;项羽则大肆杀戮,很少利用。虽然其总结有不少片面之处,但却指出了一个很关键的地方,相比刘邦,项羽多是运用战争这个单一的手段,没有充分发挥劝降、收买、拉拢等多种手段的作用。

最后,没有建立用人制度体系。

我们把楚汉集团各自看成一个公司,项羽公司里好像只有项羽一个人在工作,大家看到项羽起早贪黑、事无大小地不停工作。其原因是项羽认为别人都干不好,只有自己才能干好,事实是他确实工作能力也非常强,基本上把工作都能做完。但项羽公司就没有招聘员工吗?有,如副总经理项伯(远房亲戚)、高级幕僚、被尊为老师的范增,营销总监级别的钟离昧、龙旦、周殷、司马欣、曹咎,以及韩信、陈平等。因得不到发挥才能的机会,韩信与陈平两位跳槽到竞争对手刘邦公司去了;司马欣及曹咎因有恩于项羽个人而得到重用,让他们去守战略位置的根据地市场,结果丢了;项伯很早就成了刘邦公司安插在项羽公司的间谍,而营销总监周殷在最关键时候跳槽到了刘邦公司;真正忠诚的范增老师及钟离昧因流言蜚语而不被信任,得不到重用。项

楚汉解码：左手项羽，右手刘邦

羽相信那些自己的亲戚朋友及重用对自己有恩的人，对忠诚的人却不信任而大加防范。"重视人才，以人为本"不仅仅是口号，而是要真正理解人是资源，而不是成本。人力资源工作是一切工作的基础，没有一个优秀的团队，就如同在沙滩上建楼一样——根基不实。因此，作为领导，不但要建立一个"以人为本"的组织氛围，更要建立科学合理的用人制度体系。

点评：用人就是要做到：用人要疑，疑人也要用。用人要疑，主要是指约束和监督机制，用了人不等于不需要监督，疑问在先，才能把可能产生的风险降到最低。疑人要用，就是在其人格、能力不确定的情况下，观察、选拔和使用他，以免埋没和浪费人才。

三、楚汉人才流向的个案分析之一：英布之背楚亡汉

> 给猴子一棵树，给老虎一座山。
> ——中银总经理刘金宝经典的用人之道

很多历史学者都这么认为，人才问题上的得失是楚汉争霸成败的关键。甚至有人以为，三国时期因为人才的分散而导致三国并立，楚汉时期因为人才的集中而导致楚灭汉兴！那么，是什么原因导致楚汉时期人才都流向刘邦这边呢？楚汉时期，韩信、陈平、英布本是项羽的手下，张耳、张良也与项氏有莫大关系，但这些在楚汉战争的胜负中起到很大决定性作用的人物纷纷选择了背楚亡汉。下面，借几个个案的研究来分析他们背楚亡汉的根源所在。

首先，让我们来看汉初"虎痴"英布之背楚亡汉。

英布本名叫黥布。黥，是一种刑法，也叫墨刑，即在犯人脸上刺字涂墨。英布曾因触犯秦法被脸上刺字，所以又称黥布。

武将中英布之所以排在第一，这是他综合实力的体现。英布还在革命之初就挂靠到了项羽名下，只是他的挂靠跟刘邦当年的挂靠不一样。

刘邦的挂靠纯属是形势的需要，是生存的需要，只是寻找项家这棵参天大

第三章 人与才·天下英雄入彀中

树从而好乘凉——保护自己。他自始至终有自己的独立权，他手下拥有斩白蛇起义时的忠实班底，这里面包括萧何、曹参、周勃、夏侯婴、樊哙这样的大汉开国功臣。这些人个个身怀绝技，都是能独当一面的人物，而这些人都死心塌地跟着"神龙护体"的刘邦，把他当成唯一的主子。也正是因为这样，不管走到哪里，不管是主子挂靠还是逃亡，他们都不离不弃；也正是因为这样，项梁叔侄想强拆他们是行不通的，想调离他们也是不可能的，更何况当时的项梁、项羽见刘邦势单力孤，根本就没有把刘邦放在眼里，自然也不会把萧何、曹参之辈放在眼里，根本就没有挖墙脚之意。总之，刘邦的挂靠是聪明之举，因为挂靠之后，公司还是这个公司，归董事长项梁、总经理项羽掌管，但子公司还是那个子公司，刘邦还是执行董事，还是经营自己的一亩三分田——指挥自己的嫡系部队，只是靠借壳生蛋的"融资"之后，实力已不可同日而语。因此，他的挂靠是在保护自己，壮大自己，做优做强自己。同时，这也是暂时的，是伺机而动的，是投机取巧的。

而英布就不一样了，他革命之初手下的士兵虽然不比刘邦少，但没有超级大将，没有超级谋士，因此，如果撇开他这个领头羊，这支队伍肯定是一群乌合之众，肯定会一哄而散了。因此，如果说刘邦是项羽名下的控股公司，那么英布就是项羽直接收购的上市公司。

也正是因为这样，我们可以看到这样一个现象，剽悍英勇的英布经常充当开路先锋，冲锋陷阵在前，横刀立马在前。他有这个能力，项羽也给了他这个机会。

投之以梨，报之以桃。英布在感激项羽给他"亮剑"的机会时，不但对项羽更加敬重崇拜，而且对项羽更加感恩戴德，巨鹿大战便成了他的感恩回报之战。

我们都知道项羽在巨鹿大战中，做出了一个创举——破釜沉舟，成为后人津津乐道、回味无穷的经典军事案例。然而，很少有人知道，项羽决定破釜沉舟的前提条件是，章邯的粮道被毁导致汉军粮草告急。而破粮之举正是英布和一个不知名的叫蒲将军的人干的。

英布在敌人的重重包围下，拼死拼活，让章邯原本认为固若金汤的粮道风声鹤唳，最后瘫痪。正是因为他有这断粮之功，项羽心里才有了底，才会做出

楚汉解码：左手项羽，右手刘邦

这样的创举，在随后的面对面的接触战中，项羽打败了章邯的正面军，而英布也打败了章邯的副帅王离。

王离作为著名秦将王翦之孙，素以英勇著称，可以说是秦氏集团将帅中的二号人物，但这样一位牛人，面对英布也是无可奈何，被打得没有脾气，最后兵败被杀。三天的激战，秦军大败，败得体无完肤，最终章邯在走投无路的情况下，也只好选择了归降这条路。

由此可见英布对项羽的忠心，而项羽也因此对英布另眼相看，特别是分封十八路诸侯王时，项羽把英布单独列出来，让他成了九江王，足见项羽对他的重视。这个待遇在项羽嫡系部队里仅此一例，连他最为信任的钟离昧、季布等人都没能享受。

项羽没有想到的是，英布被封为九江王后，思想开始腐化，慢慢地不听话了。大概是因为英布看清了项羽的本质，明白了项羽一直把他当枪手使，这让他寒了心。

项羽为了满足自己权力的欲望，在这个时候犯了一个错，一个致命的错，那就是弑杀楚怀王。项羽杀楚怀王的原因是因为他不听话。在自己到达咸阳后，天下诸侯都唯他独尊时，他上书"请求"楚怀王收回之前立关中王的承诺书，楚怀王却不识时务地批复：按定下的约定办。就是这个批复，让项羽起了诛杀楚怀王之心。是啊，对于这样不听话的主子，留着是祸害啊。但毕竟楚怀王是名人之后，也属于名人，是受万众瞩目的，因此，项羽做出诛杀行为，很快就让他背上了残暴的恶名。而替项羽背黑锅的就是英布。他派英布在长江上干掉了楚怀王。杀死楚怀王是项羽的失误，派英布来当枪手更是失误中的失误。英布那是什么人物，是横刀立马的人物，现在居然叫他杀一个手无寸铁的人，明显是大炮打蚊子——大材小用。结果是一下就让英布处在舆论的浪尖上，让他威名扫地……

楚怀王死了，英布的心也死了，他对项羽的眷念和感恩到此也就结束了。因为楚怀王死后，首先背黑锅的就是英布，虽然历史最后还是给了英布平反的机会，证实这一切的幕后主使是项羽，但当时的信息传递靠的就是人传人。不管怎么样，一向恶名远扬的英布什么事都可以干，譬如打家劫舍，譬如杀人放火，唯独弑君弑父是不想为、不愿为，也不敢为的。这是他做人的道德底线，

第三章 人与才·天下英雄入彀中

一旦突破了底线，他便变成了一个裸奔的人。试问，还有什么比尊严、道德、人性最重要的呢？

可以说项羽就是把自己的尊严、道德、人性强加在别人头上，这引起了性格特点极为突出的英布的强烈反感。也正是因为这样，英布做完这件屈辱之事后，感恩之旅也就告一段落了；也正是因为这样，当项羽随后率军要去平定齐国，强烈请求英布携手并肩作战时，遭到了英布的婉拒。

英布此时对残暴不仁的项羽已经死了心，自然不想再为他卖命了，所以婉拒也在情理之中。当然，英布的九江王毕竟是项羽亲自分封的，虽然两人此时已是貌合神离，但又不能马上撕破脸，因此他自己虽然没有去，但还是象征性地派了五千老弱病残幼的士兵去支持。不管怎样，好歹给了项羽一个交代，保存了西楚霸王的颜面。

事实证明，项羽的确是糊涂的，英布的所作所为，按理说他应该很清楚才对，应该马上采取措施才对，但此时他的眼里却只有田荣，只有齐国那块肥沃的土地，根本就没有把英布的心理变化、态度转变放在心里，或者说他根本就没有意识到问题的严重性。

果然，刘邦乘项羽深陷齐国战争而不可自拔时，马上出关，迅速收复三秦之地，接着做出了直捣项羽黄龙——彭城的战略部署。结果一路上诸侯王望风而降，纷纷投靠于他的麾下，很快刘邦就穿越千山万水，来到了楚国的地盘。此时的项羽一方面派手下最强的悍将钟离昧在黄河以南的地方进行重点布防，另一方面他希望英布在关键时刻能及时出兵，阻止刘邦联军的挺进。但是他的如意算盘失灵了。钟离昧虽然骁勇善战，但好汉敌不过人多，所以，很快溃败。而英布也迟迟没有动静，他选择了作壁上观。结果，刘邦的联军很快就把项羽的老窝彭城给端了。

直到此时，项羽还是没有认识到这个昔日强大属下、如今强大盟友的变化，在以三万精兵成功打败刘邦的五十万骄兵后，他没有及时找英布谈心以消除误会、挽回关系；也没有对刘邦进行再打击。如此一来，给了刘邦喘息的机会。刘邦稳住阵脚后，马上采取张良的计谋，开展了人才争夺战。结果一代枭王英布成了刘邦重点拉拢和贿赂的对象，刘邦马上派出了有着"铁齿铜牙"之称的游说大王随何去九江游说英布。

楚汉解码：左手项羽，右手刘邦

应该说英布虽然对项羽死心了，但他对刘邦还是持怀疑态度的，特别是项羽在彭城反击战中以少胜多，所表现出来的强劲实力让他很震撼，因此，他的立场还是中立的，表现得犹豫不决，想跟着刘邦干，又担心刘邦的实力；想回到项羽身边，又担心项羽怪罪自己的作壁上观。就在他左右摇摆、举棋不定时，刘邦的使者随何到了。英布心里烦，采取了回避的态度，不与他谈，想让他知难而退。但随何是何许人也，既然来了，就自然不会有畏难情绪，因此，他眼看一连数日吃了英布的闭门羹，马上来了个毛遂自荐，直接对英布的侍从说："我来这里不是蹭饭的，无论如何我要和九江王当面一谈。"

英布一听没辙了，见就见吧，没什么大不了，在自己的地盘还怕你不成？于是两人在一间古色古香的会客厅进行了密谈。随何直言不讳地劝英布归顺刘邦，并且说出了两个很充分的理由："一是你已经有归顺刘邦的心了。项羽征战齐国你没有随军出征，彭城之战你不参与，这些就是很好的证明。二是你已经没有退路可言了。你对项羽不支持、不配合，虽然说明你个性鲜明、疾恶如仇、敢爱敢恨，但在项羽眼里会是怎么样的呢？他是个眼里容不下一粒沙子的人，你的所作所为，你自己能原谅自己，但是项羽却会怀恨在心。试想，如果一个主子猜疑属下，属下还有好日子过吗？而刘邦却是个谦卑、礼让、宽厚的人，他特别尊重人才、爱惜人才，你归顺刘邦，自然会得到重用。一边是冷藏，无情打压；一边是关爱，器重有加。何去何从，还请大王三思而后行啊。"

英布听了随何的话，沉默了良久，他说了这样一句话："容我再考虑考虑。"其实从这句话里，我们可以看到，英布是被随何说动了的，因为随何的话直接点到了他的痛处，触及了他的灵魂，他的心灵受到了一次极大洗礼。但这毕竟不是一件小事，是关系到一辈子幸福、一辈子荣辱的大事，马虎不得，随意不得，要慎之又慎，思之又思。

刘邦的人才拉锯战弄得风生水起，后知后觉的项羽这才把目光回转到英布身上来，于是，他同样派了一个使者去九江。只是项羽和刘邦的做法表面上看起来如出一辙，但实际上却有天壤之别。首先，刘邦高度重视英布的归属问题，派出的是主动请缨出使的随何。能够毛遂自荐的人自然对自己充满信心，是有几把刷子的人，懂得做说客的技巧，并且具有极强的职业精神，不达目的誓不罢休。而项羽派出的只是一个普通使者，这样的人与其说是去做说客，还不如说只起了上传下达的作用。因为他根本不懂得说客的技巧，不具备特有的职业精神，只要把主子的意思传达到位就行。这里面涉及的是态度问题，可以说，刘邦对英布是重视得不能再重视，而项羽却是轻视得不能再轻视。

的确，项羽的使者到了九江后，不是苦口婆心地做英布的思想工作，而是狐假虎威，直接质问英布为什么两次不肯发兵。这是英布最敏感的地方，也是英布最为心痛的地方。因为自己的意气用事，他对自己两次不肯发兵也感到惶惶不可终日，也不知道如何弥补。但楚使却哪壶不开提哪壶，用最锋利的刀子直接刺入了他的伤疤之中。

正在这时，汉使却上演了"三步走"策略：不请自来，来而不恭，恭而不敬。楚使惊愕之余，直接质问英布这是怎么回事，其实英布这时也没有明白是怎么回事，一时语塞，随何却厉声叫道："九江王早已归汉！"关键时刻，楚使的愚蠢展露无疑，他选择了走为上计的策略，拔脚就跑，拼命往会客室外面跑，向着楚国的方向跑。然而，他跑步的基本功再扎实也无济于事，因为这里是英布的地盘。随何马上说了句火上浇油的话："当断不断，反受其乱，事已至此，还要犹豫吗？"英布听罢，只好下了斩杀令。就这样，因为项羽的不重视，让英布这位人才最终选择了投靠刘邦。

项羽听说英布叛变后，怒不可遏，马上做出了让英布永远不可能回头的举动，那就是派龙且对英布发动了最为猛烈的攻势。结果英布抵挡不住，只好逃到刘邦的地盘去寻求庇护。这时项羽又意气用事，把英布的家眷全部押上了断头台。项羽的"大义灭亲"之举让英布彻底选择了死心塌地地为刘邦卖命，而报仇雪恨也是他此后唯一的精神追求。

曾经穿同一条裤子的好友，此时变成了誓不两立的敌人，做人做到这个份儿，项羽也真够可怜可悲的了。

点评：用人是每一位领导的头等大事。人非圣贤，谁又有能力从事各种行业，懂得各种道理呢？所以，领导得统管各个部门，根据每个人的才能而委以不同的职务。《淮南子》说："天下的东西没有毒过附子这种草药的，但是高明的医生却把它收藏起来，这是因为它有独特的药用价值。麋鹿上山的时候，善于奔驰的大獐都追不上它，但等它下山的时候，牧童也能追得上。"看来，在什么时候用什么样的人，在什么场合用什么样的人，真的是应该根据具体的情况而定。

诸葛亮说："老子善于修身养性，却不适合应付危难；商鞅善于推进法治，却不适合施行教化；苏秦、张仪善于游说，却不适合缔结盟约；白起善于攻城略地，却不适合团结民众；伍子胥善于图谋敌国，却不知道如何保护自己；尾生的优点是守信用，却不适合应变；前秦王嘉善于与英明的君主相处，却不适合侍奉昏君；许子将善于评论别人的优劣好坏，却不会笼络人才。"这就是用人之所长的韬略。

四、楚汉人才流向的个案分析之二：陈平之背楚亡汉

"常出奇计，救纷纠之难，振国家之患。"

——司马迁评陈平

《资治通鉴》记载，"吴起者，卫人，仕于鲁。齐人伐鲁，鲁人欲以为将，起取齐女为妻，鲁人疑之，起杀妻以求将，大破齐师"。为了当将领而不惜杀掉自己的妻子，吴起这种行径自然引起很多人的非议。有人对鲁侯说："起始事曾参，母死不奔丧，曾参绝之。今又杀妻以求为君将。起，残忍薄行人也！且以鲁国区区而有胜敌之名，则诸侯图鲁矣。"这里又把吴起"母死不奔丧"的另一劣行揭露出来，加上杀妻求将一事，吴起被人们指责为"残忍薄行人"。吴起恐怕鲁侯怪罪他，听说魏文侯善用人，便跑到魏国来谋求发展。

魏文侯当时以礼贤下士闻名于世，他问大臣李克："吴起这个人怎么样？"李克说："起贪而好色，然用兵，司马穰苴弗能过也。"司马穰苴即田穰苴，是春秋时期齐国名将。李克认为吴起虽然贪财好色，但用兵连田穰苴都不能超过他，这自然引起魏文侯的重视。于是"文侯以为将，击秦，拔五城"。另外，吴起率兵守住西河，使秦兵不敢东向。

魏文侯死后，魏武侯继位，魏国国相排挤吴起，吴起在魏国待不下去，又跑到楚国来。楚悼王听说大名鼎鼎的吴起来了，十分高兴，马上任命吴起为楚

第三章 人与才·天下英雄入彀中

国国相。吴起上任后,"南平百越,北却三晋,西伐秦,诸侯皆患楚之强"。但同时吴起也得罪了楚国的贵戚大臣,他们对吴起恨得咬牙切齿,所以楚悼王一死,便群起而作乱,把吴起杀了。

德与才的关系,就是德为才的统帅,决定着才的作用方向;才是德的支撑,影响德的作用和范围。因此,德才兼备的圣人是用人的首选,其次是德胜才的君子。如果这两种人才都得不到,与其用才胜德的小人,不如用才德兼亡的愚人。所以,在用人时一定要全面考察一个人的才能与德行,按照先德后才的原则取人,这样才能避免在用人方面出现重大失误。

唐太宗李世民喜欢与大臣探讨历代盛衰兴亡的原因,也经常谈到用人的问题。有一次,唐太宗对魏徵说:"为官择人,不可造次。用一君子,则君子皆至,用一小人,则小人竞进矣。"魏徵完全认同唐太宗的看法,他进一步补充说:"天下未定,则专取其才,不考其行;丧乱既平,则非才行兼备不可用也。"魏徵此言,一语道破古今明君用人的奥秘,可谓历代用人经验的概括性论断。

天下未定时用人"专取其才,不考其行",楚汉相争时刘邦用陈平就是一个典型例子。

陈平这个人很复杂,秦朝末年天下大乱,他先后追随魏王和项羽,后来经魏无知推荐,才转投刘邦这边来。刘邦觉得这个人不错,便任命陈平为都尉,监督军中将领。刘邦诸将见陈平刚来就担任如此重要的职务,心中不平,议论纷纷。

周勃、灌婴等人对刘邦说:"陈平虽美如冠玉,其中未必有也。臣闻平居家时盗其嫂;事魏不容,亡归楚;不中,又亡归汉。今日大王尊官之,令护军。臣闻平受诸将金,金多者得善处,金少者得恶处。平,反覆乱臣也,愿王察之!"在这里,周勃和灌婴等人细数了陈平三宗罪:一是居家时与其嫂通奸;二是轻于去就;三是受贿。刘邦听了这些话当然对陈平起了疑心,马上把魏无知叫来,责问他为什么推荐陈平这种反覆乱臣。魏无知辩解说:"臣所言者能也,陛下所问者行也。今有尾生、孝已之行,而无益胜负之数,陛下何暇用之乎!楚、汉相距,臣进奇谋之士,顾其计诚足以利国家耳。盗

楚汉解码：左手项羽，右手刘邦

嫂，受金，又何足疑乎！"魏无知的一番话，说到了战乱时期用人的关键，那就是只取其才能，而不去追究其德行。所以，尽管陈平有盗嫂受金之嫌，但只要他的计谋有利于国家，这个人就要用。开明的刘邦当然认同魏无知的观点。后来刘邦又找来陈平，要他解释为何要受金，陈平说："臣裸身来，不受金无以为资。诚臣计画有可采者，愿大王用之；使无可用者，金具在，请封输官，得其骸骨。"所谓"得其骸骨"就是打包袱回家的意思。陈平说自己没钱做不成事，受金的目的是想积累资金为国家办事，并非是为了中饱私囊。刘邦这才知道自己错怪了陈平，于是拜陈平为护军中尉，监督军中所有军官。这样一来，诸将再也不敢对陈平闲言闲语了。

事实证明，刘邦之所以能打败项羽一统天下，就在于他能知人善任、采纳忠言。除了有张良、萧何、韩信"汉初三杰"的辅佐外，还得力于总在关键时刻屡出奇计、化解危机的开国功臣陈平。

陈平还在家乡阳武（今河南原阳县）时就很出名。因为他长得帅，用玉树临风、风流倜傥来形容是很恰当的。帅到了何种程度呢？帅到被人指称盗嫂。陈平的情况和西汉的大学士袁盎如出一辙，袁盎也是因为长得帅，被人指称盗嫂，但是袁盎却不反驳，任别人说，只是说的人多了，问的人多了，袁盎最后没辙了，才淡淡地来了一句话：我没有嫂子。一句顶万句，就这样一句，彻底为自己甩掉了黑锅。但陈平的情况却不一样，他不但有嫂子，而且他的嫂子长得很漂亮，一个帅，一个漂亮，就像一个干柴一个烈火一样，很快就成为他被人指称盗嫂的缘由。对此，陈平同样没有站出来辟谣。是啊，清者自清，越解释只会越说不清。事实证明，陈平的做法是正确的，因为很快事情便水落石出了。

陈平虽然长得高大、帅气，在家里却从来不做事，一心只读圣贤书。这下他的嫂子不干了，他们拼死拼活，忙里忙外，却养了个吃白食的。一开始陈嫂还能忍，但后来终于忍不住了，于是对外人公开发表言论：像陈平这样的叔叔，还不如没有。这是一句很严重的话，就是这句话公开为陈平辟了谣，就是这句话让陈平的心灵受到了打击。

为此，他立志要出人头地。可是，出身于贫寒之家，没有一点儿政治背景,想要冲出重围也不是一件简单的事。

为此,他想出一个绝招:招亲。他的条件很苛刻:非富家女不娶。他自己是一个不折不扣的草根,却要求别人当自己的粉丝,显然,在寻常人眼里他是白日做梦,异想天开,一点儿也不靠谱。然而,凡事都有例外,当地的富翁张负却不这么认为。在认识陈平之前,他的孙女已经嫁了三次了,但每次嫁过去没过多久,丈夫都会莫名其妙地死去,这就是传说的克夫,张负为此烦恼不已。

穷小子陈平公然招亲,不走寻常路,引起了张负的好奇。他决定对陈平进行一番考察,结果有三个发现。一是陈平长得确实帅,这个跟传说中的一模一样。二是陈平确实有才,在红白喜事上,陈平总是主角,而且每次都能把事情处理得井井有条。三是陈平确实穷,家里穷得叮当响。

这下张负犯难了。帅不能当饭吃,才不能当床睡,把自己的宝贝孙女下嫁给这样的穷光蛋,他心有不甘啊。他转身离开时,还一步三回头,恋恋不舍,心有戚戚焉。突然,他有一个惊人的发现,他发现通往陈平破屋的那条崎岖泥泞的道路上,布满了车辙印痕,麻麻密密,交错纵横,而且每条车辙印的深浅都不一样,显然不是一辆车的。要知道在当时能坐马车的非富即贵啊。也就是说别看陈平穷,但和他打交道的都是达官显贵,都是非同寻常的人物啊。

也正是因为这样,张负没有再犹豫,毅然决定将孙女嫁给了"草根男"陈平。

也正是因为这样,陈平如愿以偿地娶到了一个富家女作老婆。

因为有张家做后台,陈平很快告别了游击生涯,被任命为乡里的宰长,他的主要任务就是给乡亲们分肉。很快,陈平就赢得了大家的交口称赞,因为他分的肉很公平。当然,陈平并没有沾沾自喜,而是一贯的低调:没什么,我只是做了分内的事。但他内心却是高调的:分肉算不了什么,如果能让我分天下,我可以分得更好。

就为这句话,他很快参加了革命,来到魏王手下谋得一份差事。在魏王手下,陈平曾经几次就政事上书,虽然都是真知灼见,但不仅从未被魏王采纳,反而屡屡受到小人的谗言诽谤。为了自保,陈平只好不辞而别。不久之后,他

楚汉解码：左手项羽，右手刘邦

又投奔了楚王项羽。我们可以看到这样一个现象，凡是人才到项羽手下，都得从最低层干起，韩信如此，陈平也是如此。但是相对于韩信的不幸，陈平是幸运的。他一步一步得到了提升，并且做到了都尉。然而，陈平和项羽很快就撕破脸，分道扬镳了。原因主要有二：

一是陈平看不惯项羽的人品。

项羽志大才疏，无道乏能，而且肉眼凡胎，未能慧眼识才，致使好多有本事的人离开了他。项羽刚愎自用，狂妄自大，哪里会把人才放在眼里，先于陈平离开的韩信已经让陈平看清楚了这背后的故事。据史书记载，陈平认识刘邦是在鸿门宴上，当时他只是不显山不露水的小角色——侍卫。而就是这场豪门盛宴上，陈平看出刘邦才是最可依赖之人。此后，他和张良联合暗中帮助韩信入蜀，而自己则等待反水的机会。

二是项羽逼陈平离开。

项羽起初尚能重用陈平，但在陈平一次战败之后，便听信谗言想要加害于他。陈平一方面害怕受到迫害，另一方面也看到项羽不足以谋大事，便挂印封金，决定投奔刘邦。

虽然刘邦阵营里不乏聪明才智之人，但陈平还是因奇计多且善于应变的才能，深得刘邦信任，成为刘邦不可或缺的左右手。陈平跟随刘邦征战时，在紧要关头出了六次妙计，助刘邦解除困境，化危机为转机，实在功不可没。

奇计一：捐金造谣，离间钟离昧。

楚汉争战中，有一次楚军发动猛烈的攻击，将汉军围困在荥阳城中。汉军没有外援和粮道，一切退路都被切断，刘邦忧心如焚，忙召张良、陈平等谋士商讨对策。陈平对刘邦献计说："项羽为人善猜忌，易听信谣言，只要大王肯花费大量黄金，就能够离间项羽身边范增、钟离昧、龙且、周殷这几个重要大臣；没有这些人的帮助，项羽就如同失去左右手，自然就削弱他进攻的力量了。"刘邦认为这是好计谋，于是拿了四万斤黄金交给陈平，任由他支用且不过问。陈平花了许多黄金在楚军内安插了很多间谍，让他们散布谣言，说楚将钟离昧等人功多赏少，将要联汉灭楚，然后分割土地，各自称王。果然钱能通神，不几日，谣言便在楚军内传开，连项羽都听到了，而项羽果真中计，对钟

第三章 人与才·天下英雄入彀中

离昧等人产生了怀疑，不再相信他们。

奇计二：无中生有，逼走范增。

项羽虽然疏远了钟离昧等人，但他对荥阳城的攻势并未放松，仍把汉军死死地围困在荥阳城里。不过汉军也防备得滴水不漏，让楚军无法越雷池一步，这种情况让项羽非常焦急。陈平抓准机会，又对刘邦献策道："项羽连日攻城不下，大王趁此派人去向他诈降，他必然答应，且遣使者来谈条件，到时我们便可从中来离间范增，等楚军人心惶惶时必可突围。"刘邦听完觉得有理，便下令依计而行。项羽果然派使者到刘邦营里，刘邦准备了很丰盛的菜肴，接待楚国大使。刘邦见到楚国使者后，假装十分吃惊地说："我以为是亚父范增的使者，原来是项王的使者啊！"说完即撤走酒席，并吩咐属下换上粗茶淡饭给楚国使者吃。楚国使者回营后，便将其所受待遇禀报项羽，项羽于是又中计开始怀疑范增了。后来，范增心急想要尽快攻下荥阳城，项羽则因为不信任他，不肯听从。而范增也听说项羽怀疑他与刘邦私通，便十分气愤地说："天下就将为汉王所平定，希望大王好自为之，请求大王恩准我告老返乡，安度余年。"结果，范增还未来得及回到彭城，就因背上毒疮发作身亡。

奇计三：瞒天过海，荥阳突围。

尽管成功地离间了项羽身边的谋臣，但是韩信的救兵迟迟未到，荥阳城还是朝不保夕，于是陈平、张良决定先救刘邦出城。两人商议后对刘邦说："请大王速写投降信给项王，约项王在东门见面。如此一来，项王必定将大军部署在东门，臣再想办法将西、北、南门守将全引到东门来，大王就可以从西门突围冲出去了。"刘邦同意按他们的计划行事。翌日清晨天色未明，汉军便大开东门。陈平派了两千名妇女，鱼贯走出东门，楚军闻讯自然围了上来，但发现这群人全是手无寸铁的妇女，也就不好为难她们，便向两旁退开让出一条通道来。而西、南、北门楚军听说东门外挤满了美女，都争先恐后地涌向东门。忽然有人大喊："汉王来了！"等到汉王下车走进楚营，项羽才发现这个汉王只是相貌神似刘邦的人。项羽气得暴跳如雷，马上下令将这个假汉王和他坐的车一起烧了。此时刘邦趁东门混乱，带着陈平、张良等人冲出西门，弃城逃走。

奇计四：韩信封王，借刀杀人。

楚汉战争中，一次刘邦被项羽暗箭所伤，还被迫困守广武（今河南荥阳

楚汉解码：左手项羽，右手刘邦

东北广武山上）。此时韩信在齐地作战捷报频传，还占领了齐国。韩信仗着自己功高，便派遣使者向汉王表明想当代齐王。刘邦听了破口大骂："我被困险地，日夜盼你来解救，你却想在齐地自立为王！"陈平见状立即用脚踢了踢刘邦，接着在刘邦耳旁道："现在情势对我们相当不利，不如顺水推舟，立他为王，有恩于韩信，否则恐后患无穷。"刘邦这才恍然大悟，礼遇使者并遣张良到齐地封韩信为齐王。而项羽此时也不断派使者游说韩信背汉归楚。当时韩信的军力占有举足轻重的地位，也是决定楚汉胜负的关键，韩信归顺哪一方，哪一方必胜。所幸陈平应变机灵，建议刘邦封韩信为王，才使得此后无论项羽如何劝说，韩信都不为所动。不久，韩信引兵联合刘邦围困项羽于垓下，使得项羽最后自刎于乌江。

奇计五：请君入瓮，云梦擒韩信。

刘邦统一天下后，加封功臣韩信为楚王。然而，过了不久，便有人上书密告韩信谋反，刘邦询问诸将的意见，诸将都说："赶紧派兵把他杀了！"唯独陈平沉默不语。散朝后，刘邦单独把陈平留下，问道："韩信自认功勋伟大，在齐地一战就自立为王，灭楚后我加封他为楚王，他仍不知足，图谋造反，我计划派兵讨伐他，你看如何呢？"陈平回答说："陛下万万不可。论作战的兵力和谋略，我军都不如韩信，如果贸然出兵攻打韩信，那是很危险的啊！"刘邦一听十分恼怒但又无计可施，再问道："依你看该怎么办？"陈平说："有人上书密告韩信造反，有证据吗？"刘邦答："没有。"陈平问："韩信知道吗？"刘邦答："不知道。"陈平说："自古有天子巡视天下，会见诸侯的事。南方有云梦泽，陛下假借出游云梦泽，并在楚地西界的陈州会合诸侯，韩信必前来面谒陛下，到时就能擒住韩信，而且只需一个力士就足够了。"韩信果然中计，刘邦一见韩信到来，立即下令将他拘捕，押上囚车，并贬为淮阴侯，从此韩信再也不敢为所欲为了。

奇计六：献美女图，白登（今山西大同市东）解围。

建国后的刘邦面对北方匈奴的侵犯，于汉高祖七年（公元前200年）冬天御驾亲征，结果因为大意，被匈奴单于冒顿率兵四十万围困于白登。被困三日后，粮食短缺，再加上连日降雪，刘邦和将士们早已冻得四肢僵硬，真可谓饥寒交迫，情况非常危急。幸亏到了第七日，陈平又想出妙计，刘邦赶紧依计

第三章 人与才·天下英雄入彀中

行事。原来，得知冒顿十分宠爱他的皇后阏氏，俩人恩爱形影不离后，陈平认为这是冒顿的弱点，决定从阏氏下手。于是他便派密使，乘着浓雾出城拜见阏氏，以带黄金珠宝相诱惑，又以把中原第一美人献给单于相激将。阏氏权衡利害关系后，允诺帮忙解围。阏氏马上对冒顿单于吹起了耳边风："现在汉朝的皇帝被困，汉人怎肯甘休？军中得到消息，汉军近日即将有几十万精兵前来救援。再说，就算单于能打败汉军，占领汉地，恐也水土不服，无法久居啊！而如果灭不了汉帝，待援兵一到，里应外合，我们就不能够在一起安然度日了。"说完阏氏便泪如雨下，泣不成声。冒顿单于虽然半信半疑，但怕惹得阏氏不高兴，再加上近日观天象显示不宜动兵，他也心有戚戚然，只好一切作罢，翌日即下令撤退围兵了。陈平的这次计谋救刘邦于水火之中，让刘邦浴火重生。

另外，陈平一生备受汉高祖刘邦信任，并一路青云直上，官至丞相，他从未因功高而遭到皇帝及其他大臣的猜忌，着实不易。陈平在生命最后十多年里，谨守高祖遗命，"非刘氏不得封王，非功臣不得封侯"。靠着他应变灵活、足智多谋，才能粉碎了诸吕叛乱，带领汉朝走上艰难的复兴之路，最后巩固大汉天下。

点评："丧乱既平，非才行兼备不可用。"这是一条很重要的用人原则。秦始皇不明白这个道理，统一中国后起用赵高为中车府令，使赵高"教胡亥决狱"。赵高有罪，蒙毅认为应判死刑，但秦始皇认为赵高"敏于事"，不仅赦其罪，还恢复了赵高的官职，埋下了导致秦国灭亡的祸根。唐玄宗晚年在用人方面也违背了这个原则。安禄山不听指挥打败仗，丞相张九龄认为"禄山失律丧师，于法不可不诛"，但唐玄宗"惜其骁勇"，赦了安禄山的罪，最终酿成安史之乱。

一个好汉三个帮，每一个朝代的开国之君都免不了有一大帮文臣武将来辅佐，很多辅佐功臣也都会彪炳史册，他们中间有战功卓著的，有运筹帷幄的，有举贤任能的，反正都有一技之长，在自己的专业领域都很有建树。这里还不能忘了一个专业，那就是专门玩阴谋权术的，有时他们恐怕并不比前面提到的那些功劳小，甚至略有过之。当然，这种阴谋主要对敌人用，对自己还是有好处的，只不过不大光彩而已。陈平就是这方面的"专家"，他辅佐刘邦的最大功绩就是在关键时刻玩了几次阴谋，并取得了良好的效果，可以说是汉代第一阴谋家。楚汉之争中，项羽之所以最后会兵败下坯，其中一个重要的原因就是逼走了陈平。项羽从骨子里对人才很漠视，他总认为世界都是围着他转的，没有他谁都活不下去；总认为人才只有到他手下才能发光发亮，却不知道很多人才在他手下都被埋没了。最终，项羽也死在了阴谋家陈平的奇计之中。

五、楚汉人才流向的个案分析之三：韩信之背楚亡汉

花80%的时间找人，找最聪明的人。

——小米手机创始人雷军

雷军组建创业团队时，前半年至少花了80%的时间找人，最后才建立了小米的七人核心团队。公司成立之后，他每天都要花费一半以上的时间用于招募人才，公司的前一百名员工入职他都亲自见面并沟通。在他看来，最聪明的人才，成本是最低的。"所以，我们雇了一群最聪明的人。"雷军这样说道。

同时，雷军用人时从不设置任何KPI（关键绩效指标）考核机制，他认为优秀的人才拥有主动创造与劳动的原动力。来到小米的人，都是真正干活的人。他想做成一件事情，所以特别有热情。

说到谁是汉初最聪明的人，恐怕非天才军事家韩信莫属。

韩信是妇孺皆知的人物，是楚汉争霸时期战必胜、攻必取的大将之才，可以说没有韩信，项羽就不会痛失江山。项羽失韩信，亦成项羽不识人才、不会用人的典型事例。深入研究历史可以发现，以韩信的事例来说明项羽不会用人亦不符合当时的情况，完全是成王败寇的传统观念作祟。

韩信早先在秦二世胡亥二年（公元前208年）初投靠项梁，但是在项梁那里直到项梁死（秦二世胡亥二年末）近一年的时间都是普通士兵（另有一说为食客）。韩信是在项梁死、项羽接手项梁兵权后归属项羽的。项羽提拔韩信为郎中。

第三章　人与才·天下英雄入彀中

韩信开始对项羽是充满期待的，曾给项羽提了不少有用的建议，可项羽对他的人视而不见，对他的话听而不用。项羽之所以这么藐视韩信，是因为他只看到了韩信外表的卑微，而没有看到韩信内在的非凡才能。

的确，韩信在出道之前拥有很不好的名声，这个名声源自于四个字：胯下之辱。

胯下之辱的确是韩信心里的痛，因为一想到胯下之辱，他首先就会想到他的父亲。他父亲英年早逝，母亲忍受不了贫穷，抛弃他改嫁他乡，因此，他从小就成了孤儿，只能到处流浪。失亲之痛，刻骨铭心。其次，他想到的是漂母。流浪的生活虽然无拘无束，但也无依无靠，在衣不遮体、食不果腹的情况下，他有幸遇到了一个老婆婆，就是这个老婆婆成了他的再生父母。她天天在河边漂洗棉絮，而韩信天天在河边钓鱼。此时，韩信饿得皮包骨头，仿佛一阵风就能把他吹倒。出于同情心，老婆婆每天都把自己的饭给他吃。而韩信爽快地接受了这嗟来之食，他没有办法，必须接受，因为只有接受他才能活下来，饭冷也罢，热也罢，只要活着就好。活着成了韩信唯一的奢求。韩信把老婆婆的恩情永远记在了心里，并尊称她为漂母。

然而，别人却没有把他放在眼里，他们称他为狗杂种。韩信在别人眼里是另类的，他的另类主要表现在，每天拿着一把剑，并以侠士自居走街串巷，大有哪里不平哪有我的英雄气概。当时的黑白两道的混混儿见状不乐意了。我的地盘我做主，岂容你一个外来的流浪汉在这里撒野？于是，一天，混混儿头子带着一帮兄弟，把韩信拦下来了，并且给了他两条路走，一是从混混儿头子身上踏过去。怎么个踏法？通过比武的方式，跟他们一较高低，看究竟谁的本领大，只要打赢了他们，就能顺利通过。二是从混混儿头子身下爬过去。怎么个爬法？不比武也行，那就主动认输，然后跪在地下，伏下身子，从混混儿头子的裤裆下钻过去。

韩信选择了第二条路。士可杀不可辱，但在他的眼里却是士不可杀却可辱。原因是什么？两个字：活着。选择第一条路，势必要和黑老大他们拼命，他虽然是剑客，虽然手上功夫也不赖，但众寡悬殊，要打败这帮黑社会，他没有必胜的把握，那结果就只有三个，一是活，二是死，三是不死不活。要想活就必须伤了黑社会，而一旦伤了黑社会，他的好日子也就彻底到头了，从此会

楚汉解码：左手项羽，右手刘邦

成为他们追杀的对象，自己也就不再是流浪汉，而是逃亡犯了。而一旦被对方打败，打残了，这一辈子就废了，还谈什么理想？一旦被打死，更是死去元知万事空，在这个世上消失了，什么都没得谈了，成为一个匆匆过客了。韩信是有理想、有追求的人，他怎能甘心自己的一生因为这样的小事而毁于一旦？因此，他选择了宁可辱也不可杀，主动从混混儿头子裤裆下钻过去，用这种委曲求全的方式，保全了自己。

秦二世胡亥六年（公元前209年），陈胜、吴广揭竿而起，韩信佩剑从军，投身在项梁军中。项梁战死后，韩信继续跟随项羽，但未受重用，只是充当一名执戟卫士。在这过程中，韩信曾多次向项羽献策，均不被采纳。

才华横溢的韩信，在历史上第一次真正露面，应该是在鸿门宴的前夕。当时项羽四十万大军驻扎于新丰鸿门（今陕西临潼县东北），而且都是精兵良将。而与项羽对峙的刘邦只有十万大军，且战斗力远远低于项羽。此时，虽然刘邦先进咸阳，但他带领的大军一路所遭遇的对手，并非劲敌。而项羽后入咸阳，沿途所遇的都是秦军主力部队。

尽管如此，按约定，应该是刘邦先于项羽称王。但刘邦依手下谋士之言，没有履约，他害怕受到项羽大军的攻打。虽然韩信当时只是低微的持戟士，但对此时的形势了然于胸，并以持戟士的低贱身份，奉劝项羽偷袭刘邦，以铲除后患。

刚愎自用的项羽竟然呵斥韩信，多亏有范增解劝，才没有降罪于韩信。遗憾的是，范增虽有经世治国的雄才伟略，却没有知人善任的眼光，才导致韩信最终洒泪落恨而去。

韩信曾说过："臣事项王，官不过郎中，位不过执戟，言不听，画不用。"韩信虽出身低微，但具有天才般的军事才能，领兵打仗可与项羽一拼。那时数一数二的军事人物，仅项羽和韩信两人。古语有云：士为知己者死，将为明主而亡。可这样的人才，他说话人家不听，做事又没机会，他的价值就无法实现，他的抱负就无法施展。

的确，韩信怀着自己整个青春年华所学的卓越军事才华，投身项羽军中，本想做一番大的事业。没想到，自己事业没做成，却差点儿把命都搭上了。他非常伤心失望，然而，他没有放弃，转身投奔于项羽的直接劲敌刘邦

第三章 人与才·天下英雄人彀中

去了。

尽管在刘邦那里做到大将军职位时,韩信花了很长时间,但毕竟刘邦给了韩信机会,重用了他。

而韩信果然没有令刘邦失望,他新官上任三把火,就任大将军的第一件事情便是主动出击,先消灭项羽的外围势力。首先,韩信派人修复刘邦进入汉中所烧毁的栈道,以迷惑雍王章邯;其次,自己率军悄悄沿南郑故道东出陈仓,大败章邯军,一举拿下关中地区;最后,韩信引得胜兵,出函谷关,直逼洛阳,韩王、殷王等从属于项羽的封国望风归降。

三把火烧后,汉营军中无人不服这新任的大将军。紧接着,韩信率大军进至楚都彭城,随后由刘邦接管。未想刘邦一进城,便把防务丢在一边,到处搜集美女和钱财。此时,正在另外一个战场上与韩信鏖战的项羽,听说彭城失守,急带三万精骑,星夜赶到彭城,一举将刘邦击败。刘邦兵败彭城,原先降汉的封国重新倒戈,归顺了项羽。

韩信闻讯,即刻赶来收集刘邦的残兵败将,并成功阻击了项羽继续推进。尔后,韩信领兵攻破魏国。再接着,韩信以历史上最为有名的背水一战的经典战例,大破二十万赵军。最后,韩信率重兵奇袭破齐,刘邦迫于形势,被逼无奈,封韩信为齐王。

韩信攻占齐地后,项羽恐慌万分,连忙派人去游说韩信,希望他能联楚反汉,结果被韩信狠狠地羞辱了一番。"想当初,你贵为董事长,我是你手下的一个普通员工,你根本不把我当人看。并且,我一腔热血报效于你,你狗咬吕洞宾,不识好人心。为提升你个人的领袖形象,还险些取了我的性命,你也有今天啊?"项羽羞愧难当,然时光却不能够倒流。估计就是倒流,项羽依然会自认为老子天下第一,怎会把一个从他人胯下钻过的懦夫放在眼里呢?

总之,韩信背楚亡汉,在楚汉战争中为刘邦立下汗马功劳,成为汉初三杰之一。

点评:是什么让韩信走到刘邦身边的?正是项羽自己拱手把这样一位奇才让给了对手,而这就是做领导的失职。总而言之,在使用人才的过程中,切勿舍近求远。古人云:十步之内,必有芳草。然而,现在有的单位,视外单位的

楚汉解码：左手项羽，右手刘邦

人才为掌上明珠，不惜重金挖来，待以厚礼，但对本单位的人才则白眼睨之，不关心他们的痛痒，不解决他们的实际困难，使人才的聪明才智难以发挥，这种做法势必造成人才的浪费，还很可能会出现"招来一个女婿，气跑一群儿子"的现象。

六、楚汉人才背楚亡汉的"历史密码"

> 什么是人才？做得了事，吃得了亏，负得了责！
> ——海尔创始人张瑞敏

企业管理涉及用人。关于用人之道，古往今来，无数帝王将相都有自己的答案。成功者有刘邦，失败者有项羽。如何用人，依旧需要摸索，不过十位现代企业老总的用人心得，分享出来，相信能帮助大家不少。正所谓，知己知彼，百战不殆。了解企业的用人之道，才能知道如何提升自己。

阿里巴巴集团创始人马云提出这样一个观点：把钱存在员工身上。马云认为，一个企业最大的财富就是员工。阿里巴巴也始终不忘员工和客户。所以，马云提出"把钱存在员工身上"的理念。他说："我们认为与其把钱存在银行，不如把钱投在员工身上，我们坚信员工如果不成长，企业是不会成长的。"

解决员工的原动力，不论是薪酬，还是培训晋升，核心的目的就是要不断地激发员工原动力。而员工的原动力真正来自于：1. 梦想；2. 收入；3. 成长；4. 机会；5. 认同；6. 文化。企业要做到永远不被人束缚住，不会因为人而僵化，也不会让人滞后于战略。

团队的领导者应该像一个闲庭信步的守门员，所有危机和问题都能被前锋和后卫解决掉。当然，他也会有重大危机，对方突破重围杀到球门前，这就要考验守门员的危机应变能力。同时，作为领导，如果手下的人没有超过你，你将永远不能升职。

唐僧是个好领导，对自己的目标非常执着；孙悟空虽然很自以为是，但是很勤奋，能力强；猪八戒虽然懒一点儿，但是却拥有积极乐观的态度；沙僧，

第三章 人与才·天下英雄入彀中

从来都不谈理想，脚踏实地地上班。这四个人合在一起形成了中国最完美的团队。

其实，作为某阵营或集团的领导人物，不见得要具备某种具体才能，但必须要有统筹协调能力，有人才管理方面的能力。项羽不缺领兵打仗的才干，但缺的就是领导必须具备的才能。结果就造成人力资源大量流失，诸如韩信、英布、彭越、陈平等重要人物，一个个离开了项羽，投靠了刘邦，导致自己最终失败而成就了刘邦的帝业。得人心者得天下，得人心者得市场。大到治国，小到办企业，讲的都是人才。人力资源是现代企业最为重要的资源，人才是现代企业的第一资本，这是现代企业家的共识。正常的人才流动对于企业优化人才结构、转变企业经营观念都是有益的。但是，如果人才流动过于频繁，流动面过大，特别是在企业负有一定职责、掌握企业核心技术及核心机密的管理骨干或技术骨干频繁离职，将会危及企业生存。

我们不妨把楚汉之争看成两大企业集团之争，项羽、刘邦就是各自集团的总裁。项羽集团里有许多能人志士，后来他们一个个远离项羽，背叛项羽，为敌对阵营效力，这说明项羽没有正确的人才战略，没有科学的人才管理方法，他既不知人，也不善于用人。在这一点上，项羽远不如刘邦，或者说在用人方面就已输给了刘邦。后来，项羽兵败垓下，长叹曰：此天之亡我，非战之罪也。的确不是打仗打不过人家，但绝对不是上苍要亡他，而是他自己灭了自己，把许多有用的人才拱手让给了对手刘邦，这可以说是项羽最致命的缺陷。

人才的流失恰恰出于上述两种原因：没有提供足够空间供人发展，也没有提供让人满意的物质刺激。在项羽帐下做事，很少有机会充分发挥能力。因为项羽太好强了，太自负了，眼中除了他自己没别人，别人的话他是听不进去的。即使像韩信这样的军事奇才，也只能屈居执戟微职，难以施展抱负。要想实现自己的价值，这些人才只得跳槽或转会，另寻明主，于是就纷纷跑到刘邦那里去了。而刘邦是个从谏如流、知人善用的人，只要你的建议有道理，他就听你的；只要你有某方面的才能，他就让你做某方面的事。比方说韩信会领兵打仗，刘邦就让他带兵打仗，给他提供机会，委以重用。韩信在刘邦那里做事如鱼得水，而不像在项羽手下干的时候，受尽窝囊气。因此，在楚汉之争中，

楚汉解码：左手项羽，右手刘邦

韩信对刘邦可谓是尽心竭力，立下了汗马功劳。如果说韩信是想要实现自己远大的抱负，想要发挥自己的才能，寻求更大发展空间而离开项羽的话，那么像英布、彭越等人更可能是因为在项羽手下难以得到理想的待遇或利益，而刘邦却能为他们提供更加优越的条件和好处。跟项羽是干，跟刘邦也是干，同样都是卖命，谁给好处多就跟谁做事，这就是这些人投靠刘邦的原因。韩信、英布等人倒向刘邦，并不仅限他们本人，而是带着一大帮人集体跳槽，同时还包括自己领地的各种资源。这不仅壮大了刘邦集团的人力和物力，而且壮大了刘邦的势力范围。

如果用一分为二的眼光，站在唯心主义的角度，以成王败寇的姿态，就楚汉人才背楚亡汉的原因进行探讨，主观原因是刘邦和项羽不同的人才观造成的，归纳起来有以下五个因素。

第一，项羽刚愎自用，自恃拒谏；刘邦虚己以听，能够纳谏。

第二，项羽信谗多疑；刘邦放手用人。

第三，项羽忘功寻过；刘邦赏不逾时。

第四，项羽用人唯亲；刘邦用人唯贤。

第五，项羽取人以亲以尊；刘邦取人以实以贤。

综上所论，项羽取人以亲以尊，形成用人唯亲的人才观；刘邦取人以实以贤，形成尚贤任能的人才观，这是楚汉人才流向的根源所在。

如果用与时俱进的眼光，站在唯物主义的角度，以刨根问底的姿态，就楚汉人才背楚亡汉的原因进行探讨，客观原因归纳起来有三个因素。

一是天时——时势造英雄。

天下大势是什么：合久必分，分久必合。对项羽和刘邦来说，他们的时势在汉高祖元年（公元前206年），当年刘邦采取以柔克刚的战术，通过曲径通幽的战略，第一个到达关中，第一个入主咸阳，成了推翻暴秦的风云人物。而项羽也不甘落后，在巨鹿击溃秦军主力后，过五关、斩六将，率领各路诸侯入关。刘邦为避项羽锋芒，只好选择了退出咸阳，驻军霸上。而项羽进入咸阳后，毫不手软地斩杀了秦子婴，火烧了咸阳宫，彻底推翻了大秦王朝。高处不胜寒，当时摆在项羽面前有三大待解难题。

第三章 人与才·天下英雄入彀中

首先，是称帝、称王还是称霸的问题。

作为诸侯总盟主的项羽，进入函谷关后，究竟该选择什么样的政治制度？当时，可供项羽选择的中国政治制度主要有三种：一是周王朝的王业，二是秦王朝的帝业，三是春秋战国时代的霸业。在三选一中，项羽最终选择了霸业，原因有两个：一是顺应形势。从陈胜、吴广率先发起革命，到彻底推翻秦朝，历时整整三年时间。三年时间虽然不长，但也不短，三年光阴里造就了项羽、刘邦这样的绝代双骄，也造就了无数的新兴势力——雄踞一方的诸侯。这些诸侯各自拥有自己的地盘和武装力量，项羽如果贸然称帝，势必引起他们的反对，甚至会重新引发大规模的争斗。为了息事宁人，项羽只好退而求其次地选择称霸。二是从众心理。秦朝末年大革命中有很多人都有裂土封王的传统观念，而大面积的裂土封王本身就是在恢复被秦王朝中断了的春秋战国列国并存、盟主主宰天下的政治局面。因此，选择大封诸王，本身就决定了项羽只能选择霸业，而不能继承帝业。

其次，是建都南还是建都北的问题。

建都北便是指建都咸阳，这里是旧都，而且拥有绝佳的地利位置优势。劣势是昙花一现的秦朝定都于此，再定都于此有不祥之兆。建都南便是指建都彭城，这里是新都，拥有四通八达的交通优势，很容易抓经济建设，而且这里是楚地的中心地段，建都于此更能体现楚军的个人价值——衣锦还乡。劣势是彭城一马平川，易攻难守，在军事上处于劣势。最终，项羽不顾他人的反对定都彭城，主要原因是为了衣锦还乡。"一个人富贵了不回故乡，就好像穿一件新衣服夜晚走路，谁能看见呢？"（富贵不归故乡，如衣绣夜行，谁知之者？）项羽的这句话明确地表明他当时最高的政治愿望是衣锦还乡，做个西楚霸王，选择霸业正好符合他衣锦还乡的心愿。

最后，是如何分封诸侯的问题。

诸侯们之所以愿意跟随项羽入关，是被项羽在巨鹿一战所展现出来的霸气所折服，看到推翻大秦王朝的曙光在前，想跟随项羽到关中分一杯羹，得到自己的私欲——利益。这个利益包括财产和地盘等。而作为总盟主，项羽如何给众诸侯公平公正地分配既得利益是当务之急。对此，项羽创造性地选择了"因功封王"的制度。然而，在这种代表个人利益的分封中，无论项羽怎么分

楚汉解码：左手项羽，右手刘邦

封，都注定是费力不讨好，原因有三：一是分封且受到厚遇的并不会对项羽感恩戴德，因为他们原本就都有自己的势力范围，项羽只是给了他们更为名正言顺的拥有权罢了；他们表面上把项羽当活佛当菩萨一样来供奉，背地里他们把项羽当猴一样耍，项羽强盛的时候，他们都拥护他，项羽衰弱的时候，他们都离弃他，风吹两边倒，谁能给他们奶酪就跟谁，根本不会死心塌地地跟随项羽。二是没有封到"一亩三分地"的自然怨恨项羽，如齐王田荣，以及彭越等人；封到但嫌"一亩三分地"太少的同样怨恨项羽，如英布、陈馀等，他们觉得原本属于自己的利益被别人剥夺了，自然把矛头指向了分封人项羽，想通过特殊手段打破这个现状，达到重新分配利益的新局面。三是诸侯中还有位牛人刘邦。这位诸侯中的"二号人物"也是一个能呼风唤雨的角色，正如一山不容二虎，刘邦和项羽虽然是结拜兄弟，但实际上是大仇人，都想把对方打倒而后快。也正是因为这样，这些因分封而对项羽不满的人，自然会和刘邦联合，抱成团来共同反对项羽。同时，项羽的"一人独大"同样也受到了众诸侯的猜忌，因此联合刘邦对抗项羽是懂政治的诸侯的必然选择。

总之，时势造英雄。同样的道理，英雄也造时势，而这种"天下大势"正是楚汉人才流向的重要原因所在。

二是地利——打铁还需自身硬。

楚汉争霸不是刘邦和项羽的争霸，而是大汉集团和西楚集团这两个集团之间的争霸。大汉集团是以刘邦为中心的。秦朝末年，刘邦在丰沛当过流氓，结识了当地的三教九流，特别是在萧何的帮助下，当上泗水亭长后，他的社交能力得到了进一步发挥，结交朋友也更多更广了。这些人随着社会的转变，心理也在转变，为了利益共同体，很快形成了以刘邦为核心的小帮会——丰沛故人帮。斩白蛇正式干革命后，这个集团迅速扩大，逐渐形成了大汉集团。但不管集团如何扩大，不管是在反秦正义战中还是楚汉争霸战中，在大汉集团起着决定性作用的还是以刘邦老家所在地的这批人组成的丰沛故人帮。

无论成败，不管胜负，踏平坎坷，走出坦途，丰沛故人帮始终死心塌地追随刘邦，始终坚定不移地坚持革命。糖衣炮弹不动其志，金钱美女不动其心，他们早已牢牢抱成团，生死与共。特别是革命之初，刘邦为了能让大汉集团存活下去，选择了忍气吞声、委曲求全的"挂靠"政策，但无论是挂靠在"革

第三章 人与才·天下英雄入彀中

命之脉"（陈胜、吴广的继承人）景驹旗下，还是挂靠在"革命之霸"（势力日渐千里，王气霸露）项梁旗下，乃至"傀儡之王"（毫无实权）怀王帐下，丰沛故人帮始终是大汉集团的顶梁柱，始终是大汉集团的基石，因为他们是利益共同体，一损俱损，一荣俱荣，再加上组织严密、纪律严谨、作风严厉，不但敌方难以分化收买，就是开辟远方战线，这些人始终对刘邦一人效忠并担任监视其他异己势力的重任，当真做到了"贫贱不能移，富贵不能淫，威武不能屈"。也正是因为有这样的坚强后盾，以刘邦为代表的大汉集团，以丰沛故人帮为核心的大汉集团才能在楚汉战争中，与项羽斗争到底，无论项羽威逼，还是利诱，都徒劳无功。大汉集团正是因为有了丰沛故人帮这个核心在，凝心聚力，众志成城，锐意进取，最终在反攻倒算中步步为营，取得了最后的胜利。

而西楚集团是以项羽为中心的，这个集团相比大汉集团来说显然复杂多了。这个集团的创造人并不是项羽，而是项梁。几经征战，项梁建立一个以旧楚为旗号的西楚集团。这个集团包含四类人马：第一类人马是吴中帮，这里主要又含有两类人，一是项氏家族势力，如项羽、项伯、项庄、项它等；二是吴中的父老乡亲、吴中的子弟。家族势力和吴中子弟兵是项梁的起兵班底，可以说吴中帮是西楚集团的核心。这两种人马虽然姓氏不同，但信仰相同，打断骨头连着筋，可以说有一脉相连、血浓于水的亲情关系在里面。第二类人马是旧楚帮，如楚怀王、宋义等人，他们是旧楚后裔，可以说有光耀门楣的历史使命在里面。第三类人马是农民帮。如吕青、吕臣的苍头军，英布、蒲将军的乡村军等，他们是典型小农阶段的代表，虽然有理想、有抱负，又不甘堕落，但因为受教育程度低，小农思想严重，目光短浅，因此有"生于忧患、死于安乐"的情结在里面。第四种是自由帮，如吴芮、陈婴等，如旧魏势力、越人集团等。他们都拥有坐镇一方的地方势力撑腰，可以说有将在外、君命有所不受的不稳定因素在里面。

西楚集团虽然也有吴中帮这个核心在，但其他的如旧楚帮、农民帮、自由帮为了生存，为了体现自身价值所在，也不甘落后、奋起直追，结果四大帮会名义上是一个集团的，但实际上却明争暗斗、尔虞我诈，稍有变故便乱成了沙。果然项梁死后，旧楚帮第一个宣布脱离西楚集团，立志鲸吞西楚集团。学者罗新指出："抑制项羽，劝怀王不遣项羽入关的，是所谓'怀王诸老将'。"

的确，这些所谓的名不见经传的老将，这些所谓的"官二代""富二代"没有伐秦的寸功，却有如春芽般疯长的野心和无止境的欲望，他们与旧楚政权千丝万缕的关系，影响并左右着楚怀王。控制项羽、掌握军队成了他们当务之急的主要目标，于是乎宋义摇身一变，以楚国故人身份为卿子冠军，成了楚军的元帅。项羽在这种情况下，利剑出鞘，在西征的途中，先是斩杀了宋义，夺回了兵权，然后在灭秦分封诸侯后，拿旧楚帮第一个开刀。旧楚帮不除，西楚集团就不得安宁。然而，义帝的突然死亡，旧楚帮一夜之间的灰飞烟灭，却震慑到了西楚集团的另外两个帮派——农民帮和自由帮。透过现象看本质，他们看清了项羽的厚黑，看清了西楚集团的本性，于是为了个人利益，他们纷纷开始谋求新的出路。尽管表面上，他们还是规规矩矩地归顺项羽，但实际上却早已做好脚踏两只船、拎包闪人的准备了。西楚集团内部势力如此盘根错节，西楚集团的人脉关系如此矛盾重重，西楚集团的内部矛盾如此尖锐突出，逼使项羽在安内问题上花费了大量时间和精力，这也使得刘邦在韬光养晦之后成功反攻倒算。

总之，打铁还需自身硬，因为在利益的核心价值观上存在差异，而这种"集体利益"也是楚汉人才的流向重要原因所在。

三是人和——团结是成功的基石。

项羽的西楚集团派系繁多，各种势力盘根错节，内部本来就有重大的安全隐患。作为掌舵人的项羽，善于行军打仗，擅长个人单打独斗，个人能力突出，但他的致命弱点就是不善于管理。项羽在政治制度建设方面没有远见，在入关中后便恢复了旧楚的制度。这里不妨来看一下项羽建立西楚王国后所做的重要的官职安排：令伊（楚官，相当于宰相）灵常，右令伊项伯，左令伊吕青，柱国（楚官，相当于总理大臣）陈婴，柱国项佗（后期任），大司马（相当于军事总长）龙且，大司马周殷（后期任），大司马曹咎（后期任）……这些西楚重要职务的安排，可以用四个字来形容：繁杂混乱。因为身居西楚高位的大多是各个派系势力的代表，他们各有各的势力，各有各的小算盘，连起码的向心力和凝聚力都没有，又谈何战斗力和爆发力？比方说汉高祖二年（公元前205年）四月，刘邦兵败彭城，项羽手下大将丁公率兵对刘邦紧追不舍。刘邦在走投无路之际，索性调转马头，对丁公展开攻心计，说了这样一句话："两贤岂相厄哉！"一句顶万句，听到这句话，丁公居然停止了对刘邦的追击，引兵而还,最终让刘邦逃过一劫。由此可见,刘邦和西楚集团内部权贵有着藕断丝连的关系,而西楚集团因为内部管理的松散,居然没有建立这种追责问责机制,最终导致了人才流动的不确定性,墙头草似的人才比比皆是。以致陈平后来归顺刘邦后,曾一针见血地指出了项羽的管理混乱所造成的人才缺失:"顾楚有可乱者,彼项王骨鲠之臣亚父、钟离眛、龙且、周殷之属,不过数人耳。"

同时,西楚的顶层设计存在不稳定因素。我们都知道项氏家族是名门之后,其中不乏才能出众的精英之才。二十出头的项羽之所以能坐稳西楚集团头把交椅的位置,得益于项梁的栽培和扶持。革命之初,项氏家族以大局为重,还能识时务地团结在才能出众的项羽周围。而天下一旦平稳下来,项氏家族内部矛盾突出的特点就展现出来了,比如说辈分高出项羽一辈的叔父项伯,在西楚作为左令伊位高权重,但他却和刘邦有剪不断、理还乱的关系,这种"媚外"不是说项伯蠢得像猪,主动挖自家的墙脚,而是出于于内部争权夺利的需要,勾结外人显然也是为了自保——给自己留条后路。在鸿门宴上,项庄在范增的授意下欲杀项伯拼死保护的刘邦,可见项氏家族内部的矛盾也是突出的。

总之,向管理要效益,西楚集团因为管理没有到位,导致内部松散。堡垒总是从内部开始瓦解的,因为顶层设计的缺陷,导致了西楚集团内部松动。团结是成功的基石,刘邦掌管的大汉集团的内部团结和项羽掌管的西楚集团的内部矛盾形成鲜明的对比,而这种"自身特点"也是楚汉人才背楚亡汉的重要原因所在。

点评:得人才者得天下,整体而论,楚汉时期人才背楚亡汉的原因错综复杂,但从个人角度来看,项羽的失败主要体现在小气上。他用人唯亲,使得人才凋落、随风摇摆、众叛亲离。刘邦的成功主要体现在大方上,他任人唯贤、不唯亲、不避仇,使群臣各得其所、人尽其才、竭尽其力。从集体的角度来看,项羽的失败主要体现在单干上,而刘邦的成功主要体现在合作上。的确,在这个充满挑战的社会里,个人的单干是行不通的,个人的发展离不开团队的合作。因为无论是大事业还是小事业,都不是你一个人的事情,要与他人一起合作才能完成。小成功靠个人,大成功靠团队。如果能有效管理团队,凝心聚力、众志成城、锐意进取,则必然会取得最后的成功。

第四章 智与谋·千古谁识鸿门宴

一、煮酒论饭局

> 抽秘无须更骋妍,
> 惟将实事纪耆筵。
> 追思侍陛髫垂日,
> 讶至当轩手赐年。
> 君酢臣酬九重会,
> 天恩国庆万春延。
> 祖孙两举千叟宴,
> 史策饶他莫并肩。
>
> ——乾隆《千叟宴》诗

"饭局"这一词汇起源于宋代,至今已有1000多年的历史。"局"是棋类比赛的术语,引申出"情势、处境"的意思,后来再引申出"赌博、聚会、圈套"的意思。"饭"与"局"的组合,是宋代文人对汉语及中国文化的一大贡献——因为饭局上的圈套实在太多了。

春秋时代的齐相晏子,在饭局上"二桃杀三士";蔺相如渑池会上斗秦王,开赵国数十年之太平。此外,如"鸿门宴""青梅煮酒论英雄""杯酒释兵权"等历代著名饭局已是耳熟能详、妇孺皆知。

第四章　智与谋·千古谁识鸿门宴

下面，就让我们来看被称为最杀机四伏的饭局——鸿门宴。

某年某月的某一天，刘邦和项羽在鸿门那个地方喝了一次酒。很多年以后，人们把这次聚会叫作鸿门宴。故事的梗概大致如下：

那天一大早，刘邦就到了鸿门参见项羽。项羽紧急召见他，是因为他已经办成了一件惊天动地的大事：秦国被他灭了。当时，刘邦带了一百多号人，但心里仍然很不踏实，因为他听说，项羽要对他下手了。他一路上都在想如何应付这次会面，等他一看见项羽，就喊上了："大王，我们两个兄弟当年约定合力攻秦，我真没想到自己能先入关破秦，能在这里和大王相见，真是想煞兄弟了。听说有个奸人挑拨我们兄弟间的关系，你可得相信我！"这番表白，既套了近乎，又表明了立场。说得那项羽有些不好意思了，忍不住说："都是你手下的那个曹无伤说你的，要不然我哪会怀疑你啊。"这话笨得可以，人家还没问呢，他项羽就把自己的内线交代出来了。于是，两个人开始喝酒，刘邦表现得很谦卑，拣了一个下首坐下。喝了几杯之后，项羽手下的智囊范增似乎觉得他的玉佩很漂亮，一次又一次地举起来，还用眼睛盯着项羽看。原来他是想趁此机会，让项羽除掉刘邦。哪知道项羽视而不见。结果，范增一看这招不灵，便溜了出去找到项庄，要他进去敬酒，并舞上一段剑，然后趁机刺杀刘邦。那项庄也不含糊，进去就开始舞剑，寻机而动。哪知道项羽他叔叔项伯早就被刘邦收买了，还结成了亲家。他也拔剑起舞，挡在刘邦面前，项庄自然刺杀不了刘邦。刘邦的智囊张良一看情况不对，马上也溜了出去，找到了樊哙。樊哙是屠户出身，勇猛过人，冲进大帐后表演了一段啃生猪腿、喝大杯酒的生猛戏，然后对项羽喊道："大王，我姐夫可真是冤枉啊，他辛辛苦苦打下咸阳，什么东西都没动，就盼着大王来主持大局，您怎么能听信小人的谗言，一来就要拿我们开刀呢？"刘邦也挤出几滴眼泪配合了一下，弄得项羽无话可说。过了一会，刘邦借口如厕溜了出来，在樊哙的劝说下，由几名勇士护送着，撒丫子从小路开溜了，只留下张良带着几件玉器辞谢项羽。那项羽不知道怎么想的，什么也没说，便收下了玉器；范增则大怒，拔剑击碎玉器，叹息道："竖子不足与谋！"

以上是最为简洁版的鸿门宴，而历来史学家对此都有不同的记载，可见这场盛世之宴的影响力之大、场面之激烈。太史公司马迁大人为失败者项羽写了本纪,为平民出身的陈胜写了世家,这一点得到历代学者的高度评价。在司马迁这位大史学家的历史宏观眼光里,个人性情和行为上表面或深层的仁义、残暴都是淡化了的、不重要的,重要的是他们的行为造成的结果,对天下最广大的群体,从最长远的利益角度来看,是积极还是消极,是仁慈还是残暴。

大道至简:透过现象看本质,了解了鸿门宴,你就了解了整个中国式的饭局。

点评:食、色,性也。世界上没有什么事情比吃饭更重要了。在中国历史上,饭局与政治永远保持着若即若离的关系。每一个饭局,其实都是人与人之间的较量。饭桌可以改变历史,筷子也可以涂改史书。几个足以扭转乾坤的饭局,的确有太多东西值得领悟和借鉴。

二、饭局也疯狂

　　饭局不是万能的,没有饭局是万万不能的。

——题记

贺岁片《饭局也疯狂》是一部人气指数很高的电影,讲述了十二位身份各异的食客,在十二小时内围绕形形色色的饭局发生的各种爆笑故事。

一张八仙饭桌藏污纳垢的地方远比放菜的地方大。国人注重饮食,有着无与伦比的饮食文化,而饮食文化延伸出的饭局文化更是包罗了社会百态。影片通过对一家濒临倒闭的天人一饭店中那些疯狂的事的喜剧化描述,试图全面揭示这种见不得光的饭局文化。

饭局与账单无关,与内心相连;房价与地段无关,与内心相连;车子与油价无关,与内心相连;惆怅与现实无关,与内心相连。这是个为疯狂而准备的局,插满了讽刺的针,将现实扎成了刺猬,惆怅得无以复加。

众人各怀心计一路奔驰,却合该聚在天人一的饭桌前,疯狂的饭局而又意不在饭,螳螂捕蝉黄雀在后,在声东击西,在欲擒故纵,在尔虞我诈,在睚眦必报,在欲速不达,在鹰击兔搏,在偷鸡摸狗,在你情我愿,在一念之差,在

第四章 智与谋·千古谁识鸿门宴

殊途同归,在乱中取胜。

为饭局开场的是几十粒被碾碎的安眠药,这是失控的药引子,在等一个契机的到来,望闻问切,以乱做火,煎乱世众生之丑态;这也是故事的调味剂,煎炒烹炸,以乱解构,七零八落的都是为故事拾捡而来的一个个灵光一闪。

《饭局也疯狂》充满讽刺与喜感,无所顾忌地一遍遍把现实打回原形。影片过程是疯狂混乱的,但思路清晰可辨,疯狂混乱制造了影片的喜剧效果,而清晰的思路让观者对意有所指的笑点找到配合的途径,一句"幸福与金钱无关,与内心相连"似乎道出了个中真谛。

下面,让我们走进楚汉之争,去详解旷世之局——鸿门宴的前世今生。

一是做局前的准备。

饭局之前,作为"特邀嘉宾"的刘邦显然是有备而来,他在张良的指导下做了精心准备。一方面,他利用糖衣炮弹(结为儿女亲家)把项伯搞定了,这样等于拉了个内应在项羽设下的饭局之中,这无疑为他后来的力挽狂澜打下了坚实的基础。另一方面,他在赴宴人选上也费了不少神,因为是去别人的地盘赴宴,安全是第一要素,想要顺利到虎穴潇洒游一回显然是一项技术活,因此,除了在敌人阵营中以"无间道"的方式设下内应外,自己所带的随从人员也相当重要,一句话概括就是少而精。随从人员不宜过多,人多虽然安全系数加大,但带来的后果是,目标增大,危险系数增大。试想,呼啦啦的一大帮人去别人阵营赴宴,且不说对方招待费神,也更容易引起对方的重视和怀疑,促使对方加强防备和警戒,这样一来,成为重点盯防对象的一大群随从无疑羊入虎口,带来的后果往往是致命的。刘邦显然深谙此道,因此,在选择陪同人员时只用一百骑这样少得可怜的护卫队。人虽然少,但素质要求却高,这其中包含了刘邦颇为器重的"三剑客":张良、樊哙、夏侯婴。刘邦这样选择是有讲究的,张良善于谋略,足智多谋,是自己的智囊;樊哙勇猛刚强,勇冠三军,是自己的保镖;而夏侯婴虽然智不及张良,勇不及樊哙,但手上却有绝活,驾马车的技术首屈一指,是自己的"专职司机"。事实证明,刘邦少而精的战术是成功的,正是他在赴项羽的大局之前精心布置和打造了"小局",最终让

楚汉解码：左手项羽，右手刘邦

他化危为安。

而项羽却是有恃无恐。作为东道主，他根本没有做什么特别的安排，一派我的地盘我做主的气势，仿佛在他的眼里刘邦就是一只蚂蚁，随手一捏就粉身碎骨了，根本不用费什么心思。非但如此，就连手下的大谋士范增精心打造的"小局"他也不屑一顾，他认为杀鸡焉用宰牛刀，范增这样小心谨慎无非是吃咸鱼蘸酱油——多此一举。因此，尽管范增为了做到万无一失，一直在努力设局，又是安排刀斧手，又是准备玉佩，总之，可谓做到了面面俱到，然而，他的努力因为没有得到主人的认可，最终的结局只能是徒劳。

知己知彼，方能百战不殆。刘邦做到了知己知彼（自己的弱小和项羽的强大），从而选择了扬长避短、另辟蹊径等低调得不能再低调的战略，最终达到了柳暗花明的目的。而项羽呢？他知己（自己有几斤几两是清楚的）但却不知彼（只看到了刘邦表面上的脆弱，却没有看到他骨子里的坚强），从而选择了放任自由、漠然置之等高调得不能再高调的战略，最终让煮熟的鸭子飞了。

毛泽东曾经说过这样一句话：不打无准备之仗。只有事先做好充足的准备，才能够取得胜利。对于局中人来说，更不能打无准备之仗，只有做到知己知彼，方能百战不殆。

二是饭局上要讲规矩。

刘邦见了项羽，又是赔礼道歉，又是甜言蜜语，说了这样一段挺给力的话："臣与将军戮力而攻秦，将军战河北，臣战河南，然不自意能先入关破秦，得复见将军于此。今者有小人之言，令将军与臣有郤。"这段话包含五层意思：一是表现（戮力而攻秦，战河南……这是顽强拼搏、视死如归的表现）；二是表明（臣与将军……这样的并列句是他与项羽关系平等的表明）；三是表功（先入关破秦……这显然是在表达自己的功劳）；四是表示（复见将军于此……这显然是表示自己不居功）；五是表象（今者有小人之言，令将军与臣有郤……这显然是自我解释的表象，其目的是掩饰自己的过错与过失，掩饰自己的政治意图）。

请大家注意，刘邦的话中，并没有说出"我个人的行为在社会上造成了严重不良影响，我感到非常自责和痛心。我诚恳向社会公众致以深深的歉意。

第四章 智与谋·千古谁识鸿门宴

我作为公众人物,一定吸取教训,严格要求,严于律己"之类的话,他的隐晦之语显然比直言不讳的直接认错、直接道歉更具技术性和说服力。

总之,刘邦的话归纳起来可以用两个字概括:表态。有苦不言苦,有功不居功,有贤能让贤,刘邦这样说的目的是掩盖自己的过失,表达自己的忠心和诚意,以取得项羽的同情,缓解当前危急的形势。

伸手不打笑脸人。项羽心中原本藏着在函谷关吃闭门羹的怒火,被刘邦的柔功一掺和,一下子就抛到九霄云外去了。这样一来,饭局显然是一团和气的场面了。

俗话说:"饭可以乱吃,话不可以乱讲。"刘邦恰如其分的言语,见人见事见思想,正是讲规矩的具体体现,结果达到了消除误会和隔阂的预期效果,达到了"洗脑""提神"的功效,达到了"团结—批评—团结"的目的。

单从这一点来看,刘邦在政治上真是一个不折不扣的明白人。

三是饭局上要懂得察言观色。

项羽是个粗人,不懂得察言观色,具体体现在两个方面。

首先,他目光短浅。

因为在自己的地盘上,范增没有选择在酒里下毒、在菜里下药这些下三滥的手段,而是选择了举玉佩、亮身份这样的含蓄优雅之举。他这样做连傻子都知道,是暗示项羽该下手了,毕竟在饭局上来个"捉鳖"那是手到擒来的事。然而,项羽因为被刘邦的甜言蜜语所迷惑,产生了化敌为友的纯真想法,对范增左举右晃的白花花、亮晶晶的宝玉视而不见,大有今朝有酒今朝醉、他日愁来他日忧的英雄气概。眼光只停留在酒杯这个巴掌大的地方上,想不鼠目寸光都不行啊。

其次,他缺乏辨别力。

项庄在范增的安排下,以舞剑助兴为由开始登场了。按理说,项羽应该有所警觉,对项庄这一出人意料之举应该有所察觉,然而,他却天真地认为舞剑助兴不失为好主意。因此,在项伯挺身而出,用剑挡在刘邦身前,挡住项庄杀气腾腾的剑时,项羽还是没有察觉出异样来,由此可以想象他的辨别力与别人是有差距的,可以想象他是有多么的"酒不醉人人自醉"了。

相反,刘邦却是精明人,他很会察言观色,具体体现在两个方面。

楚汉解码：左手项羽，右手刘邦

首先，他目光如炬。

范增举玉佩，项羽没看到，刘邦却看到了，虽然他还不确定范增的动机，但刘邦明显感觉到了杀气腾腾，特别是当项庄提剑上场后，刘邦终于知道这是一场有阴谋的饭局，范增的所作所为就是要他的脑袋。也正是因为这样，在项伯为他解了围后，刘邦用眼神示意了一下身边的张良。张良也是个明白人，马上会意，很快借故离席，来到营外后，叫来樊哙。樊哙原本是个粗人，但在刘邦和张良的教诲下，也已经略通文墨了。接下来，樊哙开始了个人表演秀，先是以百米速度冲关成功，项羽的门卫根本无法阻挡樊哙。而樊哙到了宴会厅后，以大无畏的精神直接跟项羽叫板。项羽先是考验他的酒量，赐一壶酒，樊哙一饮而尽；项羽又考验他的食量，赐他一块生的猪肘，樊哙拿起就啃。下马威没有起到效果，项羽对他也就另眼相看了，于是开始了对话。结果一向四肢发达、头脑简单的樊哙说出了一系列经典的理论，为刘邦"解释"了关闭函谷关之事。项羽原本就是个一根筋的人，听了同样一根筋的人的话，觉得很对路，觉得很有道理，结果自然对刘邦的敌意又消减了几分。

其次，他随机应变。

因为樊哙吸引和分散了项羽的注意力，刘邦急中生智，没有再在这个困局里待下去，他很快借故溜出了饭局现场。在局里他是鱼肉，项羽是刀俎，只有跳出局，他才能由鱼肉变成刀俎。

四是辞宴有讲究。

那么，刘邦在众目睽睽之下是如何离席的呢？他上演的是"三管齐下"。

第一步，中途离席是项技术活，因此理由一定要充分。

刘邦给自己找的理由和借口是：如厕。如厕就是上厕所的意思。可以说刘邦找的离席理由和借口虽然不高明，但却实在，让人没法拒绝。

第二步，中途离席是件窝囊的事，因此颜面一定要保全。

刘邦出来后，张良也紧跟着出来了，然后是樊哙。自打出来后，刘邦已经想好了后招，两个字：回营。三十六计，走为上计，但为了面子的需要，秀还是做的，因此，当张良提出先回营时，刘邦还假惺惺地说，这样不好吧，人家盛情款待，就这样招呼都不打一声，太不厚道了啊。这时张良和樊哙自然要进行劝说了，特别是一向大老粗的樊哙说得有板有眼、极为精彩：

第四章 智与谋·千古谁识鸿门宴

"做大事不必顾及小节,讲大礼不必计较小的谦让。现在人家好比是菜刀和砧板,我们则好比是鱼和肉,告辞干什么呢?"刘邦这才"不得已答应",在樊哙和夏侯婴的护送下,顺着骊山脚下,取道芷阳,抄小路逃走了……不说别的,刘邦在项家大本营还能玩政治作秀游戏,这份勇气、这份淡定是令人敬佩的。

第三步,中途离席是件极不礼貌的事,因此礼数一定要周到。

刘邦选择了不辞而别,但辞宴的礼数却没少。作为补偿,他托张良来给这场饭局埋单。张良眼看刘邦走得远了,才慢悠悠地回到饭局上。可怜的是,这时的项羽还被蒙在鼓里。当张良向项羽献上一对白玉璧时,项羽还在问:"沛公呢?"张良说:"沛公不能多喝酒,已经醉了,不能(前来)告辞。谨叫我奉上白玉璧一对,敬献给大王;玉杯一对,敬献给大将军。"项羽一看人家都主动为盛宴埋单了,也就不客气了,顺水推舟就接受了白玉璧,放到座位上。而范增倒是蛮有骨气,他接过刘邦送给他的玉杯后,先是摔了个稀巴烂,然后才对主人公项羽发脾气:"唉!这小子不值得和他共谋大业!夺走项王天下的一定是沛公。我们这些人就要被他俘虏了!"是啊,政治上的饭局不单单是靠金钱来埋单,还需要用生命和鲜血。可惜,当时的项羽并不明白这个道理。

点评:项羽在鸿门宴之后的穷途末路也令笔者不禁想到,一个天生的理想主义者,或者一个富有骑士精神的人,真的不适合走上充斥着厚黑之道的仕途之路。不信?那就请做好付出惨痛代价的准备,为你的选择埋单。

历史是一个两面体,有光明面也有黑暗面。在黑暗面里,人性的善良与丑恶,欲望和贪婪,利益与权力,阴谋与残杀,都会在这里交集、绽放、腐烂……鸿门宴是决定项羽一生成败的重要一环,宴会上刀光剑影、杀气腾腾、惊心动魄。鸿门宴是一个藏有杀机的宴会,也是项羽、刘邦展现自我的舞台,项羽在宴会上的诸多表现,暴露出他的性格缺陷,正所谓性格决定命运,这也为他日后的英雄末路留下了伏笔。

三、五问鸿门宴

> 我们目击的事实，往往只是浮出水面的冰凌，冰山下面的巨大事实，更排山倒海穿透视听。
>
> 我们直面的人生舞台，也许只是化蝶幻影，层层垂帘般幕后的故事，更震撼世道人心。
>
> ——题记

饕餮鸿门宴动静转换，静的时候如同平静的大海，动的时候乱成一锅粥。然而沧海横流、斗转星移、时事变迁，在波涛汹涌和风雨隐晦之中，里面却隐藏有太多的疑问待解，留了太多的悬念让人遐想，这无疑也更让鸿门宴披上了一层神秘的色彩。这里不妨精选几个来一探究竟。

问题一：项羽为何不在鸿门宴上杀掉刘邦？

酒无好酒，宴无好宴。中国人请客吃饭有时当不得真，历史上的鸿门宴就是这样的饭局，请吃饭的想杀死被请吃的，可见吃饭有风险，入座需谨慎。不过，鸿门宴上项羽并没有杀掉刘邦，多少叫人有些匪夷所思。当时项羽虎视眈眈，陈兵新丰鸿门，几欲置刘邦于死地。不过刘邦很有办法，最终逃脱掉了。那么，项羽为什么没有杀掉刘邦，这得从项羽的心理谈起。

首先，项羽是守义的谦谦君子。

中国人讲究一个"义"字，古语曰"舍生取义，杀身成仁"。项羽出身于楚国项氏望族，他秉承了上层贵族文化的诚信守义、知恩图报、光明磊落等品质。鸿门宴前，项伯言曰："沛公不先破关中，公岂敢入乎？今人有大功而击之，不义也，不如因善遇之。"项羽诺之。项伯一句"今人有大功而击之，不义也"，说得项羽一时没了攻打刘邦的底气。所谓杀之无名，因此，既然项羽已同意了项伯的意见，就不能名正言顺、大张旗鼓地讨伐刘邦，那么，他更不会以小人行径，在宴会之上置刘邦于死地了。因为对一个已经来谢罪的人还要杀害，更是杀之不武。因此，他对范增的多次暗示才默然不应，故作不闻不知，并宽容了樊哙的不敬，甚至对他产生了英雄相惜的情感。这些问题的关

第四章 智与谋·千古谁识鸿门宴

键,都是"义"字在起作用。在当时,项羽的这种信义之举可称得上是真正的英雄。直到今天,坚信守义仍然是我们中华民族最宝贵的精神财富。

其次,项羽有高度自信的心理。

项羽不杀刘邦也是建立在他对自身勇气和实力充分自信的基础上的。鸿门宴发生时,项羽不仅携巨鹿之战胜利之威势,而且实力远超刘邦("当是时,项羽兵四十万,在新丰鸿门,沛公兵十万,在霸上")。这种唯我独尊、谁与争锋的气势,撼三军,动天地。虎狼之秦尚不在他眼里,区区刘邦又岂在话下?

最后,项羽有仁而爱人的性情。

一般人认为,项羽性格残暴、动辄杀人,但是,项羽还有至情至性的另一面。作为一名横刀立马、驰骋疆场的武将,项羽本是性情中人,他不是政客,不像刘邦那样喜欢惺惺作态。项羽仁而爱人,敢爱敢恨,因此才会有分食推饮的举动,才会见伤病者而落泪,才会流传霸王别姬的千古绝唱。"楚汉相持未决,丁壮苦军旅,老弱罢转漕。项王谓汉王曰:'天下匈匈数岁者,徒以吾两人耳,愿与汉王挑战决雌雄,毋徒苦天下之民父子为也。'"(《史记·项羽本纪》)这想法虽幼稚,但爱民之心天地可鉴。也许,在鸿门宴上放走刘邦,项羽还有政治上的考虑。在项羽看来,至少在当时刘邦还算不上是他的对手,如果随意杀了有功的刘邦,会引起其他诸侯的不满和恐慌,造成抗秦联盟的瓦解。对于刘邦的到来,项羽定然高兴。最重要的是,刘邦没有让项羽在将士面前食言。项羽也是懂得兵法的,刘邦已经亲自上门请罪来了,他怎能再打?这是"不战而屈人之兵"啊,他何乐而不受?这可是战争的最高艺术啊!

总之,鸿门宴上,项羽迟迟没有下手,确实有上面说的个性因素、心理因素,也有双方军事力量强弱、人心向背等外界因素。但不争的现实是,项羽没有把刘邦杀掉,以致留下后患,最终成为千古之恨。

问题二:汉王刘邦为何要赴史上第一饭局?

孟子说:"天将降大任于斯人也,必先苦其心志,劳其筋骨,饿其体肤,空乏其身,行拂乱其所为,所以动心忍性,曾益其所不能。"由此可见,大丈夫要想做成大事,必须经历一些风浪、磨难才能到达成功的彼岸。很多时候,我们看到那些称病不朝、装疯卖傻的人,其实并非表面的临危而惧、临阵脱逃，而是因为他们在做准备，准备增强自身挑战困难的实力。

鸿门宴本就是一场生死较量，如果其中的细节稍有变更，也许，今天的历史就要改写。但是，事实就是如此，天下注定是被刘邦所得。当时，刘邦的实力和项羽根本无法相比，项羽若要杀刘邦就跟碾死一只蚂蚁一样容易。所以，刘邦知道，不赴宴就是暴露了自己争天下之心，必死无疑，赴宴，至少还有一线希望。所以，在赴宴的前一天晚上，他先拉拢项羽的叔父项伯，与他攀亲，认作儿女亲家，趁机表露自己无东进之心，请项伯在项羽面前美言几句。果然，项羽听了项伯之言答应明日刘邦来时善待刘邦，这一计划收效甚好，算是一定程度上帮助刘邦缓解了潜在的危机。

第二天见面后，刘邦尽量表现得卑躬屈膝，尽说好听的话，一再地夸赞项羽是当世英才，无人能及，并再三解释自己先入关中是始料未及的事，请项王不要听小人挑拨。我们可以想象一下，当时刘邦已是五十多岁了，项羽才二十多岁，刘邦可以算是项羽的长辈了。一个长辈在小辈面前如此卑躬屈膝，让骄傲自大的项羽如何不动心呢？

所以，鸿门宴看似是刘邦的屈辱之宴，项羽获得胜利，但是，从后续故事的发展来看，鸿门宴是刘邦胜利了。项羽此次放了刘邦，无异于是放虎归山，最后被刘邦夺得了天下。从这个角度上说，刘邦还应该为自己的韬晦之术而自豪呢！古人尚且如此，我们更应该以史为鉴，大丈夫有所为，有所不为；打击报复不是君子所为，能隐忍不争也是明智之举。

问题三：为什么张良要找樊哙破解鸿门宴危局？

鸿门宴，刘邦所带部将被司马迁点出姓名的有樊哙、夏侯婴和靳强等人，为什么在"项庄舞剑，意在沛公"的危急关头，司马迁却交代"张良至军门，见樊哙"？这其中隐含着什么问题？

这主要有三个原因：第一，樊哙智勇双全，这从"樊哙闯帐"即可看出；第二，樊哙娶刘邦妻子吕雉之妹吕须为妻，樊哙和刘邦是连襟关系；第三，樊哙和张良的关系非同一般。司马光《资治通鉴》中有如下记载：

冬，十月，沛公至霸上；秦王子婴素车、白马，系颈以组，封皇帝玺、符、节，降轵道旁。诸将或言诛秦王。沛公曰："始怀王遣我，固以能宽容。且人已降，杀之不祥。"乃以属吏。

沛公西入咸阳，诸将皆争走金帛财物之府分之；萧何独先入收秦丞相府图籍藏之，以此沛公得具知天下厄塞、户口多少、强弱之处。沛公见秦宫室、帷帐、狗马、重宝、妇女以千数，意欲留居之。樊哙谏曰："沛公欲有天下耶，将为富家翁耶？凡此奢丽之物，皆秦所以亡也，沛公何用焉！愿急还霸上，无留宫中！"沛公不听。张良曰："秦为无道，故沛公得至此。夫为天下除残贼，宜缟素为资。今始入秦，即安其乐，此所谓'助桀所虐'。且忠言逆耳利于行，毒药苦口利于病，愿沛公听樊哙言！"沛公乃还军霸上。

有人觉得樊哙只是一介武夫而已，他的口才也很一般，"樊哙闯帐"应该不是他临时发挥的一场戏，而是在张良的导演下精心排练出来的。如果我们只是就《鸿门宴》而论"樊哙闯帐"，这种说法似乎不无道理；但把它和《高祖本纪》《留侯世家》，尤其是《樊郦滕灌列传》等连贯起来阅读，却可发现问题所在：劝沛公还军霸上，虽然是樊哙和张良联袂谏诤的结果，但谏诤话语的原创权，在张良看来，却是属于樊哙的——樊哙并不是一个任由张良导演的演员！也正因为此，在"如厕密谋"中，刘邦提出"今者出，未辞也，为之奈何？"之时，起谋士作用的倒是樊哙而不是张良——"樊哙曰：'大行不顾细谨，大礼不辞小让。如今人方为刀俎，我为鱼肉，何辞为！'于是遂去，乃令张良留谢。"

就《鸿门宴》而论"樊哙闯帐"，体现的是忠、勇、威、壮和智，单从这一点来看，樊哙无疑是一个布衣英雄。

问题四：项伯在鸿门宴中起了什么作用？

鸿门宴向来被认为充满杀机和变数，为什么？因为刘邦的背后站着项羽的叔父项伯。鸿门宴前，项伯为什么会向刘邦通风报信？鸿门宴中，项伯为什么又会挺身而出保护刘邦？项伯为什么要保护自己侄子项羽的政治对手？他这样做到底出于何种考虑？

"鸿门宴"依然是一个暗含惊心动魄、暗藏刀光剑影的名词，同时"鸿门宴"也是一个充满了精神分裂气息的名词，它包含了一种鲜明的张力，它将

楚汉解码：左手项羽，右手刘邦

杀机和宴会，微笑和刀锋巧妙地结合在一起，进而成为汉语里一个特殊的自身相互否定的词汇的代表。如果抛开这些病态的抽象认识，提及鸿门宴，大多数人会莫名其妙地长吁短叹，他们会为"死亦为鬼雄"的项羽再三惋惜：那么好的机会居然错过了！然而，更多时候，很多人知道历史由不得假设的道理，但心里又无法接受曾经有过这么一场不堪回首的宴会。

其实，鸿门之所以有宴，一个人发挥着至关重要的作用，此人就是项伯。当项羽决定"旦日飨士卒，为击破沛公军"、刘邦命悬一线的关键时刻，项伯私下跑去会见张良，"具告以事，欲呼张良与俱去。曰：毋从俱死也"。项伯为什么这样做，表面上看是项伯"素善留侯张良"，和张良特殊的关系，成了项伯通风报信的原因。

项伯虽是个缺乏远见、才智驽钝的平庸之辈，却也是个信守封建伦理道德并身体力行者。由于他和张良都有知恩必报之心，使得刘邦于偶然之中得以与他结识。刘邦看出他为人笃信不疑这点，对他百般笼络，并请他向项羽传达"臣之不敢倍德也"的虚情假意。这一招果然奏效，项伯即回营安排鸿门宴。项伯也确实看不到项、刘之间的生死存亡的利害关系，他想的是既要保全张良，还要使张良的恩主刘邦安然无恙，这样才算是救人救到底了。于是，在此之前，他对项羽晓之以仁义，要项羽对刘邦"善遇之"。而项羽为了改变留在世人心中多行不义的形象，也便出口千金一诺。这就为宴上未杀刘邦埋下了一重大伏笔。

项羽既然向叔父作了"善遇之"的允诺，即使刘邦反复多变、说话不算，但在叔父面前他还得保持信用。再者他身为三军统帅，若再言而无信，不仅威信大失，而且人心大失，后果严重。所以，宴上任凭范增"举所佩玉玦以示之者三"，他只能"默然不应"。这样，项伯不仅对人信而不疑，还促使项羽信守诺言，从而使刘邦最终逃过了这一劫。

秦汉之际，以儒家伦理思想为核心的封建伦理道德已经确立。项羽项伯侄叔出身于楚国旧贵族，反秦的历史风暴使项氏家族卷入了这场斗争。项羽在军营中至高无上，自立为"西楚霸王"，但在家族中他也得认定自己的位置。项伯虽是项羽的部下，在家族中他却是项羽的叔父，其间的宗法等级关系是不可松动和逾越的。再者，项伯昔日为楚左令尹，是仅次于令尹的国家军政长官，

第四章　智与谋·千古谁识鸿门宴

今日虽官位不在，但身份还在，项羽是不能不买账的。项伯要项羽对刘邦"善遇之"，名为劝说，实为正告，项羽是不可不听的，否则即为大逆不道，当然项羽也不会这样做。席间，项伯眼看项庄舞剑意在击杀刘邦时，即离座拔剑起舞，以身庇护，项羽对此亦无可奈何。倘若此时不是项伯而是别人，则将是另一番情景了。道理很简单，项伯者，季父也，其意不可违抗。

总的来说，鸿门宴上项羽未杀刘邦，项伯起了很大作用。是他提出了对刘邦"善遇之"的主张，是他使项羽对此作了承诺，是他以叔父的身份使项羽对许下的诺言必须信守，又是他以叔父的身份在刘邦危急之时亲自出来保护，才使刘邦在鸿门宴上免于一死。可以说，仁义、伦常、报恩等道德意识成了制约项羽行为的一根绳索，绳索的另一端却操纵在项伯这个不起眼的人物手中。

问题五：鸿门宴上究竟吃的是什么美食？

历史上，鸿门宴被人们称为千古一宴，也被称为最著名的饭局。然而，司马迁的春秋之笔，却很少着墨这次宴会上的美食，这让许多人抱憾不已。其实，《史记》虽然对鸿门宴上的珍馐美味着墨不多，但是，人们还是可以看到鸿门宴这次千古饭局上美食的传奇和楚汉相争那个时代舌尖上的文化。

首先，是美酒。

鸿门宴是当时两大军事政治集团的最高级别领导人举行的宴会，从饮食的内容来看，宴会上有酒有肉，具备了当时最好的食材特征。酒是人际交往的调节剂，因而酒是鸿门宴中的饮食主角。在这场充满刀光剑影的政治斗争的饭局上，酒起到了不可替代的调节和缓冲作用。刘邦向项伯示好时用的是奉卮酒为寿的方式；项羽听了项伯和刘邦的辩护之言后，也用"即日因留沛公与饮"的方式来增加宴会的气氛；当面对高大勇猛的樊哙时，项羽则以赐酒的做法来传达钦佩之情；宴会上刘邦想溜走避祸，张良亦是以"沛公不胜杯杓"为托辞，给刘邦找到了逃跑的借口。总之，在鸿门宴上，酒成为贯穿始终的一条红线，连接起各个事件，展现出两千多年前那场惊心动魄的饭局上一幕幕生动而真实的场景。

其次，是佳肴。

司马迁的笔下有这样一段记载：哙即带剑拥盾入军门。交戟之卫士欲止不

楚汉解码：左手项羽，右手刘邦

内，樊哙侧其盾以撞，卫士仆地，哙遂入，披帷西向立，瞋目视项王，头发上指，目眦尽裂。项王按剑而跽曰："客何为者？"张良曰："沛公之参乘樊哙者也。"项王曰："壮士，赐之卮酒。"则与斗卮酒。哙拜谢，起，立而饮之。项王曰："赐之彘肩。"则与一生彘肩。樊哙覆其盾于地，加彘肩上，拔剑切而啖之。由此可见，这场被称为鸿门宴的宴会上，不仅有美酒，而且还有美食。

文中所说的卮酒指的是器皿中盛的酒，也就是人们常说的杯酒。《东周列国志》第一百零七回中说："于是太子丹复引卮酒，跪进于（荆）轲。轲一吸而尽，牵舞阳之臂，腾跃上车，催鞭疾驰，竟不反顾。"这其中的卮酒指的就是杯酒。而文中所说的项羽赐给樊哙的彘肩在当时也是一种美食。彘肩指的是猪肘子，就是作为食物的猪腿的最上边部分。

在中国秦汉时期，人们习惯于席地而坐。猪肉在镬中煮熟后，用匕将肉取出，放到一块砧板上，这块板叫俎。把俎移到席上，用刀割着吃。刀、俎不可缺一，用来比喻宰割者。所以，《鸿门宴》中说："如今人方为刀俎，我为鱼肉。"

可以想象，鸿门宴应该是以烤肉为主的宴会，是军营野餐性质的一次领导人的政治饭局。

"八百里分麾下炙，五十弦翻塞外声。"这是南宋抗金将领辛弃疾的两句诗，读起来真是让人荡气回肠。金戈铁马、弦歌声声的战场上，猎猎旌旗飞扬之处是一片袅袅的烤肉香，此时此地，应该是没有比烤肉更能衬托肃杀军帐间的宴会气氛了吧？鸿门宴正是在肃杀军帐内、在一片袅袅的烤肉香的气氛之中，当时楚汉这两大军事政治集团的领导人举行的最高级别的宴会。

不难想见，在当年战火连天的岁月里，酒可谓是沙场征战相互残杀的春药，杀人者和被杀者都要借酒来增添豪情和胆气。在鸿门宴这样牵一发就会动全身的生死饭局上，酒的力量尤其强大。因此，在鸿门宴上，虽说双方暗地里各怀鬼胎，但酒是决不能少喝，也是没有理由不喝好的。于是，司马迁的《鸿门宴》为后人留下了"斗酒彘肩"的历史典故。

一千四百多年之后，南宋的词人刘过挥笔写下了《沁园春·斗酒彘肩》的词，其中第一句就是："斗酒彘肩，风雨渡江，岂不快哉！"由此可见，斗酒彘肩，不仅是古代酒席宴会上的最佳美食，而且已经成为热血男儿一展豪情的壮丽诗句。

点评：古人云："韬光养晦，厚积薄发。"这韬光养晦其实就是藏锋露拙，与之相对的就是锋芒毕露。露也并非是不可取的，但也要懂得适时而露。如果是以卵击石、招惹是非之露，那就相当于是自取灭亡；若是藏于逆境、伺机而动，却能后发制人，如惊天轰雷。所以说，藏露之道是要讲求具体实战的，当显则显，当收则收，处在逆境或是劣势之时，更要懂得如何收敛自己的锋芒，隐藏大计，保全自身，然后等到自己的羽翼丰满之时，再厚积薄发，一鸣惊人。因此，越是能藏身者，越能胸怀大计，进而成就大业。

在自己的羽翼没有足够丰满之前就过早地暴露自己的心思，就等于是告诉敌人自己的弱点，是以卵击石、自取灭亡。明朝的徐阶不愧为韬晦专家，通过掩藏、迷惑、麻痹等手段与严嵩周旋，藏而不露，伺机而动，在关键时刻发出致命一击，让一向把权势玩弄于股掌之间的严嵩也翻不得身，最终除去了天下之大害。人活着就要有志气、有尊严，但在历史上的生存法则就是，谁能笑到最后，谁就是胜利者，逞一时之勇而搭上性命，不是聪明人的选择。胜败之事时有变数，一时的忍让若能换来将来的成大事，那么一切付出都是值得的。在这一点上，刘邦就做得很到位。

四、饭可饭，局中局

君不见，黄河之水天上来，奔流到海不复回。
君不见，高堂明镜悲白发，朝如青丝暮成雪。
人生得意须尽欢，莫使金樽空对月。
天生我材必有用，千金散尽还复来。
烹羊宰牛且为乐，会须一饮三百杯。
岑夫子，丹丘生，将进酒，君莫停。
与君歌一曲，请君为我侧耳听。
钟鼓馔玉不足贵，但愿长醉不复醒。
古来圣贤皆寂寞，惟有饮者留其名。
陈王昔时宴平乐，斗酒十千恣欢谑。
主人何为言少钱，径须沽取对君酌。

楚汉解码：左手项羽，右手刘邦

> 五花马，千金裘，
> 呼儿将出换美酒，与尔同销万古愁。
>
> ——李白《将进酒》

李白是唐朝著名的诗人，人称"诗仙"。汪伦非常欣赏他的才华，很想请他去自己的家乡玩，同时向他学习，可他又怕被拒绝，于是给李白写了一封信："先生好游乎，此地有十里桃花；先生好饮乎，此地有万家酒店。"

李白看到信，很高兴。可到了那里一看，只有一个清澈见底的水潭，潭边有家酒店，根本没有十里桃花、万家酒店。李白有些生气，就问汪伦："汪伦，你说有十里桃花，我怎么没看见呢？"汪伦指着水潭和酒店不慌不忙地说："这个潭叫桃花潭，有十里长，所以有十里桃花。这家酒店的老板姓万，所以就叫万家酒店。"李白听后不禁哈哈大笑，接着两人就在这家酒店里把酒言欢。

离别时，两个人依依不舍，李白乘着船正准备离开的时候，忽然听到汪伦唱着歌为他送行。李白听后，也非常感动，于是写了这首有名的诗《赠汪伦》送给他。

唐代是中国诗歌繁盛的年代，诗人多，嗜酒者也多，李白就是其中的一个。汪伦欣赏李白的才华，有意结交李白却又担心被拒绝，所以以酒将李白"骗"了去。尽管后来李白知道自己被"骗"了，但他感受到了汪伦对他的深厚情谊。两人喝着酒，畅谈一番。酒后离去之时，汪伦以歌相送，李白感动不已，两人的友情自此得到了升华。

喜欢喝酒的人总能够聚到一起喝一杯。人与人之间，以酒相系，自是酒厚情浓，酒便成了维系友情的纽带。其实，以酒会友与以文会友、以棋会友并无大的差别，"酒逢知己饮，诗向会人吟"，共同的爱好是构筑友谊的基础。酒友也是朋友的一种，其与牌友、戏友、球友，甚至学友、战友也差不多，只不过他们的友谊媒介是酒而已。对酒的褒贬誉毁也牵扯到了以此为载体的友情，有"酒肉朋友"等不怎么好听的词为证，还有"酒色之徒""酒囊饭袋"等。其实这不该怪酒，而要怪人自己。

谁能否认酒友之间存在的真挚感情？"五花马，千金裘，呼儿将出换美

第四章　智与谋·千古谁识鸿门宴

酒，与尔同销万古愁"，这是一种怎样一种深情厚谊？"贫未亏心眉不锁，钱多买酒友相亲""有客同心当骨肉，无钱买酒卖文章"，作家老舍虽然贫苦，依然卖文买酒待客，这着实令人肃然起敬。

下面笔者从对比角度对项羽和刘邦这对"酒友"及盛世鸿门宴作分析。
一是宴会前后形势的对比。

鸿门宴一开始，便给人一种黑云压城城欲摧的感觉，曹无伤的告密，亚父范增对项羽的不断点拨，逐步导致场上形势对刘邦极为不利，火药味愈来愈重，战争一触即发。这其中，曹无伤密报所言"沛公欲王关中，使子婴为相，珍宝尽有之"是矛盾的导火索；范增分析刘邦"志不在小，急击勿失"，更是道出了项羽与刘邦水火不相容的形势，使得矛盾更加激化。然而，随着双方在鸿门宴上的明争暗斗，局势逐渐平缓直至风平浪静。在鸿门宴中，项羽为刘邦的假意屈从、谦卑之词及张良的巧言机辩所迷惑，为樊哙的义正词严、有礼有节有据、貌似训斥实则恭维的话语所蒙骗，实质上恰恰迎合了项羽居功自傲、舍我其谁的思想，使其狂妄自大的心理抬头，继而麻痹轻敌。通过项羽善遇之（刘邦）、赐坐（樊哙）、受璧（张良）等一系列语言动作，充分反映了项羽由盛怒到息怒，由击之到不击的心理变化。正是这种对比，折射出项羽由"气吞万里如虎"走向"四面楚歌"的内在必然性。
二是主帅对将士的态度对比。

透过鸿门宴，我们可以感受到刘邦知人善任的胸怀。正是这种识人善断，使得集团内部能够上下一心，生死与共；而项羽则是狂妄自大、刚愎自用、用人失察，这必然造成集团内部种种矛盾产生。刘邦驻军霸上，忽闻项羽欲击之，大呼"为之奈何"，虚心向张良请教。后又会见项伯，工于心计，巧于逢迎，不但"兄视之，更奉卮酒为寿，约为婚姻"，化敌为友，为己所用。张良分析双方力量大小，权衡利弊，出谋划策，对此，刘邦言听计从，表现出对部下的极大信任。在双方共宴时，张良注意到局势变幻莫测、危机四伏，于是又寻找机会面授机宜，要刘邦当机立断，从速脱身。樊哙带剑拥盾怒闯酒宴，言语铿锵，以攻代守，配合默契。出于刘邦对将士的信任,上下团结一致,大家心往一处想,劲往一处使,从而能在鸿门宴这场"人为刀俎,我为鱼肉"的险境中,取得胜利。反观项羽,他似乎也能够采纳谋士的建议,这可以从"范增说项"得到证明。他听到曹无伤的密报以及范增的说服后,大怒,决心消灭刘邦;可是听到项伯说"今人有大功而击之,不义也",又恐损其威,恐伤其信,因而改变了主意,答应项伯"善遇之"。项羽用人失察,朝令夕改,未能集思广益,缺乏谋略和政治远见。于是,在鸿门宴上,项羽被刘邦请罪、张良巧言所蒙蔽,完全忘掉既定之决策。面对范增"举玉玦以示者三,默然不应",对"项庄舞剑,意在沛公",他也是熟视无睹、一意孤行,丧失了一次又一次机会。这充分暴露出项羽头脑简单、趾高气扬、目中无人的缺点,致使谋臣不能施其谋,将士不能效其力,最终全盘计划落空。

三是人物语言上的对比。

刘邦面对项伯的到来,"君为我呼入,吾得兄视之",并约为婚姻,极尽笼络利用之能事,表现了刘邦圆滑世故的性格。刘邦对项羽的谢罪之词,让人听起来情真意切,滴水不漏。"臣与将军戮力而攻秦,将军战河北,臣战河南,然不自意能先入关破秦,得复见将军于此。今者有小人之言",寥寥数语,既隐瞒了事实真相,又尊崇了项羽;既否认欲王关中,又把不实之词推到小人身上,有力地突出了刘邦能言善辩、看风使舵的性格。项羽本要击杀刘邦,但听到项伯之言,未加思索,自作主张"善遇之",表现了他头脑简单、遇事少思的性格。当刘邦向他谢罪之时,他又轻信刘邦,把为自己送情报的曹无伤和盘托出,这又表现了他直率、少谋、麻痹轻敌的性格。

四是项羽派和刘邦派的军事力量对比。

根据鸿门宴的举办原因可以知道,项羽与刘邦曾经有过一次比较激烈的军事冲突——"函关之战",结果是刘邦失去了关中称王的条件。从"沛公欲王关中""项羽兵四十万""沛公军十万"可以看出,当项羽准备再次对刘邦实行军事攻打时,项羽的兵力为四十万,而刘邦的兵力只有十万,两者之间相差悬殊,一旦开战,结果应该十分明显,所以项羽觉得刘邦肯定害怕他,于是变得轻敌、狂妄。反观刘邦,他十分清楚自己暂时没有力量对付项羽,如果硬要

第四章 智与谋·千古谁识鸿门宴

攻打就是以卵击石,所以当刘邦知道项羽要攻打自己时,立时惊恐万状,最后只得向张良求计策,并开始实施张良的赴鸿门宴计划,只求可以让自己的军事实力得以保存,等日后有力量时再与之抗衡。鸿门宴的历史事件由此正式展开。

五是项羽派和刘邦派的宴席座位对比。

我国古人一向有东向(即坐西向东)为尊的说法,座位的排序不仅象征着来访人年龄的大小,还象征着来访人地位的尊卑,所以在古代招待客人的四个座位里面,西边的座位是最尊敬的客人坐的,北边的座位是次尊敬的客人坐的,南边的座位是次次尊敬的客人坐的,东边的座位则是侍者坐的。鸿门宴这个由项羽做东、刘邦做客的饭局上有五个人:西楚霸王项羽、项羽的叔叔项伯、项羽的谋士范增、刘邦、刘邦的谋士张良。外围还有两个猛人,一个是要剑的项庄,一个是杀狗的樊哙。有趣的是,《史记》翔实地记录了他们的座位朝向:"项王、项伯东向坐,亚父南向坐。……沛公北向坐,张良西向侍。"简单翻译过来就是:"项羽和项伯坐西向东,范增坐北向南,沛公刘邦坐南向北,张良坐东向西。"从座位的排序可以看出西面的项羽是最尊贵的,然后才是范增,再然后是刘邦,最后是张良,这可以体现出项羽对刘邦是十分轻视的。刘邦因为项羽的强大只好委曲求全,按位就座,这也表现出了刘邦豁达的胸襟,不为一事一时所计较。

六是项羽和刘邦的形象对比。

如果只用一句话来形容刘邦的宴会形象就是:一个卑鄙的圣人。

在鸿门宴中,刘邦的表现极为突出。他善于用人、善于应变、能言善辩、机智善断的特点,是一目了然的,这些都是圣人的体现,无须赘述。但从深层次挖掘和品味,刘邦的另一面就展露出来了,那就是虚伪、怯懦、狡诈、卑鄙,甚至是无赖。这主要体现在刘邦勾结项伯和请罪项羽两件事上。刘邦先是低三下四地拉拢项伯:"沛公奉卮酒为寿,约为婚姻。"但据《史记·项羽本纪》记载:"诸项氏枝属,汉王皆不诛。乃封项伯为射阳侯。"最终,刘邦应该没有实现"约为婚姻"的诺言。可见刘邦在说谎。再看刘邦对项伯所说的话:"吾入关,秋毫不敢有所近,籍吏民,封府库,而待将军。所以遣将守关者,备他盗之出入与非常也。日夜望将军至,岂敢反乎!"但据《史记·高祖

楚汉解码：左手项羽，右手刘邦

本纪》记载："说沛公曰'十倍天下，地势强。今闻章邯降项羽，项羽乃号为雍王，王关中，今则来，沛公恐不得有此。可急使兵守函谷关，无内诸侯军，稍征关中兵以自益，距之。'公然其计，从之。"可见沛公又在说谎，他是在用谎言来收买和拉拢项伯。

而在请罪项羽事件中，他抓住项羽的心理特点，利用甜言蜜语哄骗项羽，说自己和项羽是攻秦同胞，并非敌人。他又说"不自意能先入关破秦"，以表明自己力量不如项羽，先入关破秦乃意料之外之事，以满足项羽自高自大的心理，接着又把项羽要击破他的事，转到小人之言上去，又为项羽解脱所谓无端责人之过。他既称臣谢罪，又把欲王关中的野心否认得干干净净，从而在危机四伏的鸿门宴上躲过了杀身之祸。可以说勾结项伯隐蔽地表现了刘邦的虚，而请罪项羽则隐蔽地表现了刘邦的骗。虚与骗正是政治流氓的惯用伎俩，是小人的本性。

通过片言只语透视人物的内心世界，可以看到刘邦的性格特点。如刘邦对项羽和张良的称呼就值得我们认真品味：刘邦称项羽一再用"将军"，而称自己，口口声声"臣下"。本来，项羽和刘邦同为反秦大将，他们的身份没有大的差异。况且，根据怀王与诸将的约定——"先入关者王之"，刘邦先入关，即使想"王关中"也无可厚非。可眼前项羽兵四十万，而己方十万，刘邦对目前形势、双方力量对比心知肚明，因而只能忍气吞声，一口一个"将军"，说尽甜言蜜语，一副小人嘴脸。而对张良，宴前称"君"，宴后称"公"。君是对对方尊称，日常用于平辈之间，而刘邦是主，张良为仆，显然，刘邦这样称呼是讨好拉拢张良，降低身价，以求得其献计为目的。而公呢？也是尊称，且往往用于长者。宴后，刘邦想借口逃脱，留下张良搪塞，而张良留下可能有杀身之祸，因而刘邦进一步降低身价，称张良为"公"，近乎哀求。刘邦之自私、怯懦、卑下可见一斑。总之，用卑鄙的圣人来形容刘邦的形象恰如其分。

如果只用一句话来形容项羽的宴会形象就是：一个平庸的好人。

在鸿门宴中，主要表现了项羽的轻敌自大、寡谋轻言、不善用人、优柔寡断，又直率的赳赳武夫的性格特点。在整个鸿门宴上，项羽头脑迟钝，完全缺乏政治手腕，一再坐失击杀刘邦的良机。他的为人不忍表面看来是愚，是庸，其实恰恰说明他磊落大度、不乘人之危的器量。这正是自古以来人们推崇的大丈夫气概，是好人的本质，是君子的本性。"小人喻于利，君子喻于义"（《论语》）便是极好的例证。联系巨鹿之战和垓下之围，我们可以看出司马迁对项羽这位喑噁叱咤、气盛一世的失败英雄虽有所贬责，但更多的还是热情的歌颂和深切的同情。

点评：在各种饭局中，安排得恰到好处，可以说有利于治国安邦；出现意外，则有可能性命不保。而在饭局中，几杯酒下肚后，酒能壮胆，是重大决策出台的好契机。因为酒文化的塑造与引导，人们常常更倾向于在饭局中决定是否签合同。亲密朋友的聚会中，有人收起了平时的小心翼翼，有人放松警惕，有人随便说话，于是饭局的利益追求可能水到渠成。若江湖中的饭局不牵扯任何饭局之外的利益，从来都是有责任者埋单，自然情意浓浓。可是，一旦饭局与政治或者经济等利益发生关联，就充满了玄机。尤其是当饭局牵扯江湖关系的时候，作为察言观色的最好契机，饭局就有了某些特殊的使命。

鸿门宴作为政治饭局，当然也有它的使命。刘邦的使命是火中取栗，以便在夹缝中求自保、求生存；而项羽的使命是隔山打牛，达到唯我独尊、唯我独霸的目的。眼界的不同，思维的不同，抱负的不同，造就了不同的人生之路，是偶然，也是必然。

五、鸿门宴中两大谋臣张良与范增的"无间道"

虚飘飘旌旗五色煌，
扑咚咚金鼓振八荒。
明亮亮枪矛龙蛇晃，
闪律律刀剑日月光。
呜嘟嘟画角声嘹亮，
咕牛牛悲笳韵凄凉。
忽辘辘征车儿铁轮响，

楚汉解码：左手项羽，右手刘邦

扑拉拉战马驰骤忙。
似这等壁垒森严亚赛个天罗网，
那刘邦到此一定丧无常。
只要他鱼儿入了千层网，
哪怕他神机妙算的张子房，
怎逃这祸起萧墙……

——《淮河营》"西皮流水板"唱段

这是当代著名京剧家马连良先生早期在《淮河营》中的"西皮流水板"唱段。马先生打破了一般"流水板"的程式，采用了唱词中加字并排比的句法，显得新颖别致、不落俗套。通过这段唱，将鸿门宴上的景观描述得神采飞扬，也显示出人物的得意心情。这是马先生在传统的基础上，大胆吸收南派唱腔中的五音联弹的技法，创造出来的别具一格的新腔，脍炙人口，传唱不息。

谈到鸿门宴的人物形象，我们首先想到的是项羽和刘邦两大主帅，项羽骁勇善战却有勇无谋、刚愎自用；刘邦胆小懦弱却城府极深、知人善任，以致最后刘邦取得了胜利。但是，鸿门宴中塑造的成功人物远不止这两个，我们不要忘记在两大阵营对立中出谋划策的关键人物——范增和张良，可以说没有他们，就没有这场鸿门宴。总体而言，范增和张良都是两大阵营的智囊人物，都是谋算能力很强的顾问式人才，由于机遇的不同，他们的命运也截然相反。范增深谋远虑，凡事都事先做好应对之策，但却识人不清，犯了严重的错误，最终招致失败的结局；相反，张良足智多谋，临危不乱，善于察言观色，最终帮助刘邦夺得天下，亦为自己赢得美名。范增身为项羽帐下第一谋士，张良是刘邦的主要谋士，范增和张良谁厉害？下面我们就具体谈谈范增与张良这两大谋士之间的差异。

首先，来看张良。如果只用两个字来形容张良，那就是：足智。
张良是一个经历坎坷的人，在秦军攻破阳翟（今河南禹州）致使韩国灭亡的时候，他的生活改变了：由贵族公子沦落为浪迹天涯的流浪汉。

第四章 智与谋·千古谁识鸿门宴

起初,他幻想可以刺杀秦始皇,为韩国复仇。于是,他散尽家财,寻找刺客,等待行刺的机会。终于,在博浪沙(今河南原阳县城东郊),力士振臂一掷,一百多斤的大铁椎划破阴暗的天空,飞向秦始皇的车队。只可惜,这惊天动地的一投,仅仅击中副车,多年的准备功亏一篑。

随后,他不得不开始逃亡生活。在逃亡中,他渐渐明白靠行刺来复仇是难以成功的,便开始寻找新的方法。不久,在下邳,他通过一位隐世高人的考验,得到了《太公兵法》,并开始研读。

十年时间很快过去,正当他为时光流逝而感慨时,一个惊人的消息传来:在大雨连绵的大泽乡(今安徽宿州市东南),陈胜喊出了"王侯将相宁有种乎"的口号,率领戍卒揭竿起义,各路豪杰纷纷响应,秦朝统治摇摇欲坠。

在并起的豪杰之中,张良遇见了刘邦——第一个听得懂《太公兵法》的人。因为刘邦的悟性,张良决定跟随他。

在跟随刘邦征战的过程中,张良表现出了非凡的才能——足智。

张良的足智具体体现在两个方面:一方面张良在刘邦集团中的作用,除运筹帷幄、决胜千里外,他还能在关键时刻和关键性问题上对刘邦因势利导,加以谏诤。如劝刘邦就封汉王,并烧毁栈道,以迷惑项羽;鸿沟划界后,劝刘邦引兵追击项羽;垓下决战前,劝刘邦封韩信、彭越为王,征其兵会垓下;等等。这对刘邦的最终胜利起了相当重要的作用。另一方面是对刘邦的一些错误,他能及时发现,及时劝谏,使刘邦得以及时改正。如谏阻刘邦不要迷恋秦宫室的豪华,以致刘邦进入关中后"财物无所取,妇女无所幸",并还军霸上;劝刘邦定都关中;等等。这既表现了张良进步的历史观和远见卓识,还表现了他敢于谏诤的勇气,对刘邦改正错误,取得最后胜利有决定性的影响。

特别是当刘邦和项羽对峙,战事一触即发之时,是他从中周旋,为刘邦作了精心的部署、周密的准备,定下了"韬晦之计",以"不敢倍德"、无意于称王蒙蔽项伯,欺骗楚王,终于化险为夷,在鸿门宴上化干戈为玉帛,免除了刘邦的灭顶之灾。

尤其值得一提的是张良不像范增那样妄自尊大。他认为刘邦称王不是时候,并不明确否定,只是问了一句:"谁为大王为此计者?"他认为不可以武力与项羽相斗,也只是委婉地探询:"料大王士卒足以当项王乎?"刘邦远不

楚汉解码：左手项羽，右手刘邦

像项羽那样自信，张良却仍然处处留心，始终把自己放在谋臣的位置上。这是刘邦对他绝对信任的关键原因。可以说，张良是"鸿门宴"这一事件的总导演。

更难能可贵的是，当功成名就，刘邦让他在齐地任选三万户时，他断然拒绝，只是挑选了一个小小的留县。此后，他很少出现在政治舞台上，只有刘邦找他，他才肯出山，这是因为他早就厌倦了，他此时更希望弃人间事，从赤松子游。事实证明，他的选择是明智的，因为这使他免除了兔死狗烹的下场，也免除了权力的压榨。历史证明，他的选择是伟大的，因为纵观历史，在位及人臣之时，能够做到功成身退的，实在少之又少，因此这样大神级的人物又岂是"足智"两字可以形容得了的？

其次，来看范增。如果只用两个字来形容范增，那就是：多谋。

范增是项羽的主要谋士，他的政治观察力、才智谋略绝不逊于张良。关于范增其人，《史记·项羽本纪》载："居巢人范增，年七十，索居家，好奇计。"那么，我们从这里应该看到，范增隐居几十年，秦末大乱时才出山相助项梁。此人有洞观时事的才能，因为他所长在于奇计，对于当权者，是无用武之地的，只有伺机出山。那么，他为什么不选择陈胜呢？我们来看陈胜、吴广与项梁之间的差异：陈胜、吴广是戍边的农民出身，自大自傲、容不下人，《史记·陈涉世家》中记载有陈胜杀死尝与庸耕者，"……陈王故人皆引去，由是无亲陈王者"，就充分道出陈胜政治短命的根本原因。而项羽是名将项燕之后，饱读诗书，"吴中贤士大夫皆出梁下"。范增不投靠陈胜而投靠项梁的原因，可能就在此。范增自己也说，"陈胜固败当"，又说："夫秦灭六国，楚最无罪。自怀王入秦不反，楚人怜之至今，故楚南公曰：'楚虽三户，亡秦必楚'也。今陈胜首事，不立楚后而自立，其势不长。今君起江东，楚蜂午之将皆争附君者，以君世世楚将，为能复立楚之后也。"这句话，一方面道出了陈胜失败的原因，一方面指导了项梁该怎么做，事实证明了范增的话，也证明了范增的选择，"于是项梁然其言"。自己的意见被采纳了，说明范增这个良禽择对了高木。

秦二世胡亥三年（公元前207年），秦军围巨鹿，楚怀王命宋义、项羽救

第四章 智与谋·千古谁识鸿门宴

赵,范增为末将。项梁死后,范增被项羽尊称为"亚父",表示对范增仅次于对自己的父亲。宋义死后,项羽被封为上将军,范增被封为大将军。(鸿门宴上,张良向范增谢辞为:"玉斗一双,再拜奉大将军足下。")强秦被推翻后,诸侯在戏亭(今陕西临潼东北戏水西岸)会盟,商议分封大计,范增以自己的卓越功勋,坚辞不王,为争功欲王者树立了光辉的榜样,再辞不过,被封为历阳侯。

关于范增的功绩,有目共睹。在农民起义低潮时期,正是范增建议立楚王后裔为楚王获采纳,故楚民众蜂拥争附,义军势力才得以大长。范增不仅帮助项梁组建并训练出无敌之军,而且策杀李由、计除李斯,更辅助项羽定下了"破釜沉舟,速战速决"的妙计。他和项羽一道,亲率大军,绕过劲敌章邯,在三天里以少胜多,九战九捷,打败了围攻巨鹿的秦王朝王离、苏角大军,然后回头收服章邯,取得了推翻强秦的决定性战役的胜利。

范增在鸿门设宴欲除刘邦,是他高瞻远瞩,为避免内战,防人民生灵涂炭而采取的权宜之计。历时四年的楚汉战争证明他是英明正确的。作为伟大的政治家,作为一位爱国忠君的大贤,范增既要尊重楚怀王"先破秦入咸阳者王之"的约定,又要统一天下,保持天下和平安定。他精心策划了"尊楚怀王为义帝,尊项羽为霸王,画天下为十九王地,封十八王"的划时代格局。

最后,来分析一下多谋的范增和足智的张良在鸿门宴上的"真情对对碰"。

一是对所事君主的了解程度上的差异。

范增曾跟随项羽的季父项梁,为其出谋划策。项梁死后,范增便顺理成章地跟从项羽征战天下。在随项羽征战的过程中,范增自然了解了项羽这个人有勇无谋、自大轻敌、刚愎自用、优柔寡断的性格特点。既然知道这些弱点,那么在实际作战中就可以避重就轻、扬长避短,但事实上却不是这样的。范增一早便看出好酒色的刘邦入关后"财物无所取,妇女无所幸,此其志不在小",所以便极力怂恿项羽"急击勿失",两人合力设下鸿门宴,借宴请之名,行刺杀刘邦之实。范增知道这场宴会的重要性,但是他对项羽太过自信,没有料到项羽会改变初衷。项羽在项伯的劝说及刘邦刻意表现出来的谦卑下改变了杀刘

楚汉解码：左手项羽，右手刘邦

邦的想法，甚至诚意留他赴宴。范增在宴会上洞悉这一切后没有及时向项羽说明，纵使范增"数目项王，所举佩玉玦，以示之者三"，项王依旧只是"默然不应"。可见，范增虽被项羽称为"亚父"，而且并肩作战多年，但彼此之间的了解和默契仍然是不够的。

反观张良对刘邦的了解，让我们深深信服。张良自投靠刘邦后，被任命为厩将，留在身边当谋僚。刘邦重武将，不喜欢谈经论道的书生，张良便向他不断谈论《太公兵法》，渐渐得到信任。他知道刘邦不像项羽那样骁勇善战，但是他善于权术、志向高远、知人善任，非池中之物。项羽的叔父项伯与张良有交情，连夜进入刘邦的军营，把鸿门宴这一绝密的军事情报告诉了张良，让他赶紧逃。张良不仅没走，反而告诉了刘邦。刘邦听后非常害怕，因为此时的项羽要打败他简直易如反掌。张良则临危不乱、从容淡定地分析道："沛公你自己估量一下，能打败项羽吗？"刘邦沉默了好久，答："当然不能，现在该怎么办呢？"张良深知，此时项伯是唯一的救命稻草，于是向刘邦引荐项伯，劝谏刘邦用设酒款待、举杯敬酒、为他祝寿、缔结婚姻等手法笼络项伯，为次日鸿门宴的虎口脱险埋好伏笔。

二是宴会上用人的差异。

鸿门宴上，范增等人的准备严重不充分，甚至连埋伏也没有安排，而且操之过急，临时找了一个不能担当大任的项庄来完成刺杀任务，结果刺杀失败。首先在安排上，考虑不周全。既然知道宴会的重要性，那就应该全面考虑可能出现的情况。例如：假如项羽改变刺杀刘邦的主意，那么该采取怎样的策略来补救？刺杀失败了，又该采取怎样的计策进行下一轮的伏击？在沿途设下怎样的埋伏？……这些都是应该在考虑之中的事情，然而范增却没有多加思考。其次在刺杀人员的安排上也是有问题的。范增深知"不者，若属皆为所虏"，却派了平庸的项庄担此重任。项庄没有杀人的胆量，几次攻击都不能成功刺杀刘邦，又不知变通，丧失大好时机。而且，范增只派了项庄这么一个杀手，项庄失败后，没有人继续完成任务，最后使得刘邦成功逃脱。假如范增事前做好了充分的准备，多委派几个有勇有谋的武士去刺杀，那么结局则会完全不同。

再看张良这边，他做了三大准备，考虑相对周全，连善后问题都想到了。

第四章 智与谋·千古谁识鸿门宴

张良在评估过项、刘二人的实力之后，明白单靠武力硬碰硬是绝对赢不了项羽的，所以只能采取自保的策略。他主动联系项伯，为刘邦、项伯牵线搭桥，项伯才能"具以沛公言报项王"："沛公不先破关中，公岂敢入乎？今人有大功而击之，不义也。不如因善遇之。"这是其一。其二，张良考虑到范增的老谋深算，特意带去了樊哙等百骑精干人才，以防万一。在发现杀机后，立即召来樊哙，帮助刘邦脱离。其三，张良留谢，处理善后事宜，收拾尴尬局面，显得不卑不亢。

三是对待君主态度上的差异。

范增在鸿门宴上担任了非常重要的角色，但是他盲目自信，把一切设计好，让项羽照着他的意思去完成；当形势发生改变时，不能虚心和项羽等人商量，而是自作主张地安排项庄刺杀刘邦，最后项庄失败，刘邦得以逃脱。再者，范增沉稳不足，而且粗暴易怒，对于这一点项羽不能理解，更加不能接受。鸿门宴上失败后，他只知道一味责怪项羽，不知道自我反省，因而渐渐失去项羽的信任，最后在陈平反间计之下，项羽和范增之间的矛盾激化，项羽彻底不信任范增，范增只落得愤然出走。

相反，张良在处理和刘邦的关系上就显得游刃有余了。他心中谨记着自己所处的位置，不曾逾越。在为刘邦出谋划策时，总是谦虚谨慎，时时处处与刘邦商量，不妄作决定。在帮助刘邦取得天下之后，张良借口自己体弱多病，逐渐从官场中脱身，急流勇退，张良也因此被刘邦赞赏为"运筹帷幄，决胜千里"，被封为留侯。

四是在劝谏上的差异。

在劝谏这一点上，范增的表现远远不如张良。范增在很多时候不是对项羽进行劝谏，而是为他安排好一切，让项羽照着他所设计的蓝图去做事。项羽进入关中前后是他取得胜利的关键时期。在这一时期，项羽在政治上一次次地犯重大错误，如坑降卒、屠咸阳、烧宫室、放弃关中、杀掉提建议的人等，暴露了项羽残暴，以及以杀人为快事的狭隘的复仇思想。项羽的所作所为，"增皆亲见之"，但可惜的是，"未尝闻一言"，也就是从未听到范增一句劝谏的话。在鸿门宴如此重要的宴会上，项羽改变心意，不想刺杀刘邦时，范增也没有及时进行劝谏，使项羽在违背历史的方向、背离人民的要求上，越走越远，以致最后被历史和人民所抛弃，西楚霸王的神话就此破灭。

楚汉解码：左手项羽，右手刘邦

虽然范增在鸿门宴结束后有"竖子不足与谋"的慨叹，但他仍然不放弃辅佐项羽的大业。在项羽想和刘邦自荥阳东西分天下时，是范增及时阻止了他。范增知道"汉易与耳，今释弗取，后必悔之"，所以"项王乃与范增急围荥阳"。刘邦逐渐明白，他最大的敌人不是项羽，而是范增，于是"乃用陈平计间项王""项王乃疑范增与汉有私，稍夺之权"，此时范增已经七十四岁，项羽的怀疑，无疑伤了这位为楚国天下鞠躬尽瘁的老忠臣，于是，范增感叹："天下事大定矣，君王自为之。原赐骸骨归卒伍。"糊涂的项羽竟然答应了他的要求，范增在回彭城的路上"疽发背而死"。

范增死后，楚军中再无可与他比肩的谋士，所以，在和谋士如云的刘邦的战斗中节节败退。由此可见，范增一人之才，足以抵过刘邦帐下所有谋士。苏轼在《范增论》里面说："增，高帝之所畏也；增不去，项羽不亡。亦人杰也哉！"说得确实很中肯。司马迁作为西汉的史官，能够客观地评价范增的才能和功绩，更是难能可贵。

范增的失败是历史的悲哀，其悲哀不外乎有二：其一悲哀是鸿门设宴，范增数目项羽，要除掉刘邦，是有一统宇内的心志的。而一心只想当西楚霸王的项羽，施妇人之仁后，忙不迭地收拾金银细软，一把火烧了壮丽的咸阳宫，衣锦还乡去了。凡读过《鸿门宴》的人估计都会记得，范增在得知刘邦已逃跑后感慨的那句话："哎！竖子不足与谋！"人们为何记得这句话呢？因为人们从范增的这句话中，似乎感觉到了范增的失望和无奈。当然，也正是这句话，长期以来被当成项羽不会用人的一个注脚。因为，从鸿门到鸿沟，大楚王业功亏一篑，这不能不是一个想在政治上大有作为的政治家的最大悲哀。其二悲哀是范增的另一个致命失误——没有谏止项羽杀义帝。义帝之立，是范增的首谋，诸侯以此服从，刘邦亦听从义帝的号令，"挟天子以令诸侯"的功效本来已显露了出来。只是项羽怨义帝没有派他西入咸阳，让刘邦拔了头筹，遂弑之。这一弑致使上上之谋付诸流水，范增亦出师未捷身先死，又怎能不常使英雄泪满襟呢？

点评：纵观全局，我们看到，范增的政治观察力、才智谋略绝不逊色于张良，但是为什么两人的结局却截然不同呢？主要在于范增既不知人，也不知己，而张良却能做到知己知彼，始终明确自己的定位。范增、张良二人可谓辅世奇才，乱世中必以兵治之，方定乾坤，但两雄相争，必损大将，既生瑜，何生亮，两者始终是不能并存的。

由此可见，臣僚替君主谋国与谋身，更重要的是在谋身基础之上谋国，因为君主一旦名誉扫地，即使谋国成功，也未能得众，很难持久。所以，必须干的事，不得不干的"坏事"，如果会影响到君主的威望，那就需要臣僚主动去担当（不必君主授意，甚至不顾君主反对），把所有责任都揽到自己身上。

上下数千年，对历史上的英雄项羽败给了流氓刘邦，惋惜者有之，感叹者有之，不屑者有之……但说起项羽失败的原因，总是要加上一点"有一增而不能用"！似乎范增不去则不亡，足见范增影响之大，尤其是对鸿门宴这一范增政治生涯的一大转折点，史册上对此更是评述颇多。

六、鸿门宴中两大间谍曹无伤与项伯的"生死劫"

谍，徒协反；间也，今谓之细作。

——《左传》

间谍，在中外历史上一直是一个相当活跃的特殊群体。在托为周初姜太公之名而写的古兵书《六韬》中，已经出现了"间谍"一词。在第三卷《龙韬》中有这样一句话："游士八人，主伺奸候变，开阖人情，观敌之意，以为间谍。"这句话的大概意思是，在战役开始之前，选派八名游士到敌国侦察，搜集政情资讯和社会舆情，了解敌人真切意图，进行间谍活动。由此可见，间谍在中国出现时间之久远。

秦汉以后，间谍成为封建皇帝维持中央集权专制统治的重要工具。与前期不同，这之后从事间谍活动的人员中出现了新角色，即宦官身份的间谍。宦官即太监，一直到晚清，太监谍影都未消失。搞情报、暗杀、缉捕、刑侦、逼供……间谍无所不干。

而说起鸿门宴，其中有两个间谍人物不得不提，那就是曹无伤与项伯。曹无伤是刘邦手下的左司马，相当于大军中的副职军官，也算是个高级官员。曹

楚汉解码：左手项羽，右手刘邦

无伤在鸿门宴中是个悲剧人物，司马迁在《史记·项羽本纪》《史记·高祖本纪》中都有提及曹无伤，《史记·项羽本纪》里鸿门宴事件中也是曹无伤先上场且最后出场谢幕的。开场情节为：沛公军霸上，未得与项羽相见。沛公左司马曹无伤使人言于项羽曰："沛公欲王关中，使子婴为相，珍宝尽有之。"最后结果是：沛公至军，立诛杀曹无伤。项伯是项羽最小的叔父（四叔），早年曾杀了人，跟随韩公子张良在下邳躲避。项羽统兵后，他任左尹，为令尹的副职，也算是楚军的高级将官，随项羽一起进入关中。在鸿门宴中，项伯先是到汉营密告张良项羽要打刘邦，让张良跟他逃命去。后在张良和刘邦的劝说、诱惑下做了间谍，利用自己特殊的身份，劝说项羽听信刘邦的谎言，并且在项庄舞剑时也起身舞剑保护刘邦，最后帮助刘邦逃回到汉营。下面对这两个间谍人物做个比较：

一是甘当间谍的原因。

曹无伤是个自以为精明，到头来反因精明丧了命的人。他属于理想信念不坚定、见利忘义，到最后主动叛变革命的人。他错误地判断了形势，认为在敌强我弱（项羽四十万军队，刘邦仅十万军队）的情况下，刘邦因怀王之约先进关中得罪项羽，肯定要被项羽所灭，于是起了反心，派人到楚营给项羽告密，添油加醋地说，刘邦要在关中称王了，丞相都选好了，关中的金银财宝和美女香车都被刘邦霸占了。这引起项羽大怒，"旦日飨士卒，为击破沛公军！"，发誓要灭了刘邦，从而引发鸿门宴这一历史事件。对于叛变的原因，笔者认为曹无伤所说并不是什么重大机密，与其说是通风报信，不如说是政治表态，其所作所为更像是在为自己留个后路。在司马迁的《史记·高祖本纪》里记载有"欲以求封"的字眼，可见邀功请赏和讨封的意味浓一些。总之，不管曹无伤以何种目的背叛刘邦，西楚霸王项羽对曹无伤这个小人物还是没放在眼里的。也许是看不起叛徒的原因，项羽根本不理他讨封邀功，更不稀罕他做内应，他要灭刘邦靠的是实力。不仅如此，项羽还在高层会谈中一开口就把曹无伤给出卖了："此沛公左司马曹无伤言之。不然，籍何以至此？"

项伯叛变的原因则不同，他还有点儿道义的味道，受人滴水之恩当涌泉相报。大战之前，他首先想到的是救命恩人张良还在刘邦的汉营，纯朴的报恩思想使他没意识到自己当时的身份是楚军高级将官。当朋友之谊与政治利害相冲

第四章 智与谋·千古谁识鸿门宴

突时,究竟应把什么放在首位?他把朋友之谊凌驾于政治关系之上,并没有说谎话把张良骗出来了事,而是直接就去了汉营,向张良泄露了自己军中最高机密。如果说曹无伤是主动叛变的话,那么项伯的无意泄密从道义上说,罪责要轻多了。只是后来被张良拉去见刘邦,在刘邦美女和钱财的诱惑下,终于丧失了革命立场,这位心地善良的重量级老人家利令智昏地把屁股坐错了位置。

二是间谍作用的发挥。

曹无伤是个悲剧人物,他属于主动投敌,又被人看不起,他发挥的作用当然是有限的。有人说曹无伤的最大贡献在于他引发了鸿门宴事件,是他打响了鸿门宴事件的第一枪,虽然他壮烈牺牲了,但给后人留下了精彩的一幕。纵观历史,这件事表面看是曹无伤引发的,其实即使没有他的告密和火上浇油,类鸿门宴事件也迟早是要爆发的,不过是时间和地点会有所不同罢了。

项伯自从和刘邦结为儿女亲家后,在这个历史事件中就发挥了重要作用。一是利用自己的长辈身份,在项羽面前替刘邦说情,使项羽误信刘邦不敢称王的谎言,动摇了杀刘之决心;二是在做通工作的前提下,引导刘邦当面给项羽解释,以释前嫌;三是在宴会上挺身保护刘邦,不但保住了刘邦一条性命,而且还粉碎了范增等人的阴谋。

三是间谍人物的命运。

鸿门宴上楚汉高层人物刘邦和项羽之间只有一句对话,仅仅这一句对话,项羽就把给他通风报信的曹无伤给出卖了,对于曹无伤这个叛徒人物的下场就可想而知了——以刘邦的精明和果断,不杀曹无伤就说不过去了。

而项伯呢?史料上记载:项羽败亡后,刘邦封项伯为射阳侯,赐其姓刘,但后来未见刘邦的哪位儿女与其子辈成婚。古人有同姓不婚的禁忌(如《左传·僖公二十三年》记有"男女同姓,其生不蕃"),刘邦赐项伯姓刘,不知是赏以同姓之尊,还是要借故取消以前的婚姻之约,因为当年霸上结亲本来就是刘邦临时求助的手段。项伯受封三年后死去,其嗣子项睢因罪未承爵。

总之,项伯分明比曹无伤强多了。曹无伤不过是因为项羽势大才背汉通楚,而项伯,一边是叔侄至亲,一边是姻亲新好,他脚踏两只船,后来发展到明为项羽,暗为刘邦。项伯为汉立下殊功,起了一般汉方将相所起不到的特殊作用。

楚汉解码：左手项羽，右手刘邦

  点评：鸿门宴中，除了项羽和刘邦，范增和张良，项伯和曹无伤之间"无间道"般两两PK，还有一个重量级的PK，那就是项庄与樊哙的力量级PK。只是两个须眉却根本无法相比。项庄只是个唯唯诺诺的武夫，是个一闪而过的人物。而樊哙之勇，出自内心，溢于言表。当其饮斗酒啖彘时，威慑对方，视楚人如无物。壮士"死且不避"，时刻准备与之同命，就产生出无畏的精神力量。樊哙不仅只是一员勇将，而且是有相当政治头脑的人，且不论他在刘邦入关欲入主咸阳宫时苦苦进谏，且不说他在刘邦得天下后的种种献策，就看他在项羽面前慷慨陈词，以及在刘邦对逃席迟疑未决时那段"大行不顾细谨……"的说辞，足为明证。

第五章　男与女·霸王别姬空余恨

一、刘邦：多情种子无情根

> 干柴和烈火两两相望就是伟大的爱情，一旦长相厮守不免会落个灰飞烟灭的下场。睡了是奸情，不睡是爱情，就是这个道理。
> ——"煽男煽女"专栏经典言论

"男人通过征服世界来征服女人，女人通过征服男人来征服世界"，这话古已有之。下面，先来谈谈男人征服女人最厉害的三大武器。

一是舍得为女人花钱。

人们常说舍得为女人花钱的男人不一定爱这个女人，但爱这个女人的男人一定会舍得为她花钱。女人不是只爱男人的钱，但金钱往往是女人衡量男人到底爱不爱她的直观表现，没有女人会喜欢只空耍嘴皮子的男人。舍得舍得，有舍才有得，天下没有免费的午餐，天上也不会掉下馅饼。

二是会说甜言蜜语。

女人是听觉动物，所以她们都喜欢甜言蜜语，尽管她们也知道这些甜言蜜语多半是谎言，但她们就是爱听，并乐此不疲，所以说"坏男人是骗女人一阵子，好男人是骗女人一辈子"！爱情或婚姻中不能有欺骗，但也缺少不了善意的谎言，因为这会增加浪漫和情趣。

楚汉解码：左手项羽，右手刘邦

三是懂得死缠烂打。

有这样一句爱情名言：恋爱结婚这事儿比的就是谁脸皮厚。当初有真爱但不敢表白的，错过了一批；在一起之后因为对方家里反对，又难为走了一批；相处的时候因为吵架不好意思跟对方道歉求和好，又伤害了一批；熬到最后能喜结连理的，都是那些胆大、心细、脸皮厚的终极英雄。

死缠烂打首先不能自卑，人家也不过是个人；其次不能太傲，别觉得放不下身段；第三，胆大、心细、脸皮厚，要主动一点儿。女人往往喜欢把男人的死缠烂打看作是深爱她们的表现。但死缠烂打也是要有前提的，那就是你必须知道这个女人对你的态度，如果她压根就不爱你，任凭你怎么死缠烂打也是不行的。

下面进入刘邦和项羽两大主角谈情说爱的时间。

首先，来看刘邦。刘邦是个好色之徒，一生情人不断，艳遇不断，不管老少，统统揽入怀中，这里不妨来细数他的四段爱恨情仇史。

第一段情：地下情。

女主角：曹氏。

特点：三不详（具体姓名不详、生卒年不详、生平事迹不详，在《史记》《汉书》中仅有简单记载）。

优点：豪爽大气、敢爱敢恨、甘于奉献、乐于担当。

缺点：泼辣难缠，说话办事从不太顾及形象，有点儿野蛮女生的味道。

视点：默默无闻、淡泊名利。

卖点：寡妇、地下情……

切入点：当情窦初开的处子刘邦遇到如饥似渴的寡妇曹氏，爱的洪水也就泛滥了。

赞点：风雨同舟、患难与共。

详点：刘邦虽然晚婚，但这并不代表他在外面就没有女人。据史书记载，刘邦很早就和在家乡开酒馆的寡妇曹氏有染，原因有二：一是生理的需要；二是生活的需要。生理需要这个很好理解，人都有七情六欲，其中性欲为重。生

第五章 男与女·霸王别姬空余恨

活需要又是怎么回事呢？原来，刘邦辍学当游侠后，日子过得很不如意，寒碜得令人心痛，他常常为了吃饭问题而发愁。想收保护费吧，可当时在沛县称王称霸的是王陵，刘邦只是不入流的三级混混儿，做点儿偷鸡摸狗的事还行，想要横行黑白两道简直是白日做梦。为此，他到大哥家蹭饭，结果只蹭了几天饭，就被他大嫂给赶了出来。当然，不幸运的刘邦同时也是幸运的，因为他很快找到一张长期饭票——寡妇曹氏。曹氏在村里开了个小酒馆，因为身边没了男人，门前是非当然多，但有了刘邦坐镇，便安安稳稳了。不但如此，店里的生意也越来越兴旺发达。刘邦不但给曹氏带来了好运，而且带来了财运，因此，她视他为贵宾。而刘邦每次来吃喝完之后拍拍屁股就走人，只留下一句话：账给我记上，下次一起结。永远都是记上，永远都是下次结，到了岁末年尾，该算总账了，曹氏的举动却很惊人，她当着刘邦的面把账本撕掉了，引用《史记》里的专业用语叫"折券弃责"。曹氏之所以做出这样的豪爽之举，原因有二：一是刘邦不是寻常人。虽然刘邦在整个沛县只能算个小混混儿，但在中阳里村却是村霸村痞，他说一没人敢说二，曹氏的小酒馆有刘邦罩着，自然少了许多磕磕碰碰、纷纷扰扰的繁杂事。二是刘邦有神龙护身。刘邦爱喝酒，每次到曹氏的酒馆喝得醉醺醺时，便会上演醉卧，而让曹氏感到惊奇的是，每每这个时候，都会有一条龙盘旋在他的头顶之上……

发展点：作为寡妇，需要的是保护，需要的是呵护，刚好刘邦光棍一条，正值血气方刚之年，既能满足她的生理需求，又能满足她的呵护需要。一个干柴，一个烈火，两人自然一点就着，于是发生了不该发生的事情。

概括点：总而言之，刘邦的这段情史，说白了就是为了蹭一口饭吃，解决温饱问题；为了一个温柔乡，解决生理的需要。因此，这是一段地下情，是注定见不得光的。

情感点：刘邦身边有很多女人，尤其是他贵为皇帝之后。不过在刘邦没发达之前，能够一直跟着刘邦，并且为之生儿育女的，最喜爱刘邦的女人，莫过于曹氏，理由有二：一是，曹氏是在刘邦最苦难的时候现身的。当时曹氏刚刚死了丈夫，那时的刘邦连泗水亭长都不是，而是一贫如洗。那时的刘邦还喜欢带着人蹭吃蹭喝，来到曹氏这个小酒馆，曹氏居然不嫌弃，对待刘邦的客人像对待自己的客人一样，可见曹氏的聪敏大度。一个女人能把不挣钱当作自己开酒馆的目的，你说该是多么的有魄力。二是，曹氏发现了刘邦。这个上面已说了，刘邦不同于一般人，举头三尺有神龙护体。曹氏和刘邦没结婚，曹氏没要名分，居然给他生下一个男儿。要知道这在当时要顶着多大的压力。单从这一点来看，如果曹氏不是真心爱着刘邦，他是无法做到的。

悲点：曹氏早逝，没有机会享受刘邦当上皇帝后的荣华富贵。（有种说法是曹氏生子难产而死。）

欣慰点：曹氏后继有人。她的全身心付出没有白费，也得到了丰厚的回报，那就是她为高祖刘邦生下了长子刘肥，而刘邦也没有忘记这位遗落在民间的私生子，很快把他接到皇宫。然而，刘肥虽系刘邦长子，但其生母曹氏不是刘邦的原配妻子，因此，刘肥也只能算是庶子。按传统的嫡长子继承制，刘肥没有资格成为太子进而继承皇位。汉高祖六年（公元前201年），刘邦封刘肥为齐王，赐他七十座城，百姓凡是说齐语的都归属齐王。从一个乡巴佬一跃成为王爷，这份迟来的爱当真是丰而足。（《史记》："齐悼惠王刘肥者，高祖长庶男也。其母外妇也，曰曹氏。高祖六年，立肥为齐王，食七十城，诸民能齐言者皆予齐王。……齐王，孝惠帝兄也。"）

叹点：谁言寸草心，报得三春晖。曹氏是伟大的，她没有和刘邦结婚，也没要名分，如此曹氏不是红拂式的女人又是谁呢？她能够有一双慧眼，识得英雄，的确让人佩服。不管曹氏是怎么死的，是刘邦娶了吕雉，曹氏郁郁寡欢而死；还是曹氏是个寡妇，家里人不同意，以身殉情；抑或是曹氏生下刘肥大出血，难产而死，在刘邦心中，这肯定是挥之不去的影子。这是刘邦的患难夫妻，有了曹氏，刘邦才知道自己以前的生活不是梦，而那些相处的日子，点点滴滴镌刻在自己的脑海里，那么真实。为了弥补心中遗憾，刘邦封曹氏的儿子刘肥做齐王，赐他七十座城，百姓凡是说齐语的都归属齐王。即使如此，刘邦也很难报答曹氏当初的款款深情。

第二段情：夫妻情。

女主角：吕雉。

特点：白富美。

优点：嫁鸡随鸡，嫁狗随狗。

第五章　男与女·霸王别姬空余恨

缺点:"剩女"(二十五岁还是孤身一人)。

视点:温室里长大,不食人间烟火。

卖点:千金小姐、富二代、荡妇、毒妇……

切入点:当一穷二白的游子刘邦遇到待字闺中的剩女吕雉,爱的暖巢也就打开了。

赞点:不抱不怨、不离不弃、不亢不卑、不落窠臼。

详点:如果说刘邦在事业上的改变是因为"意外"获得泗水亭长这个连芝麻官都谈不上的差事的话,那么刘邦在爱情上的改变就是因为一次"意外"的酒宴。当时刘邦虽然只是个小小的亭长,但县里的"秘书长"萧何却对他器重有加,主动和他称兄道弟,来往甚密,丝毫不顾及别人的眼色。

一天,萧何告诉刘邦一个消息,说是吕公家庆祝乔迁之喜,届时本地名流会去喝酒,这是个结交当地名流和权贵的好机会,刘邦最好也去一下。刘邦接到消息后,悲喜交加,喜就不用说了,喝喜酒、结交权贵当然高兴;悲的是宴是好宴,酒是好酒,但不能白吃白喝,要出血——送贺礼。

吕公是有头有脸的人物,参加宴席的都是有头有脸的人,因此,每个人的贺礼很重,都是成箱成箱的金银珠宝。但刘邦呢?刘邦很穷酸,当混混儿时只能勉强混口饭吃,当亭长时也好不到哪里去,因为以前欠的旧账太多,因此,那点儿薪水是不够花的。据史书记载,他外出出差的路费因为不能报销,只能筹集,拉赞助商,求爷爷告奶奶,总之,每一次出差都是一场人生苦旅。这种情况下,他一无存款二无爹可坑,去哪里找贺礼送人?思来想去,刘邦最终还是决定去,他没有钱财可带,但却带了两样东西:一颗红心,两袖清风。来到现场,人来人往,收贺礼的萧何忙得不亦乐乎。一千钱,二千钱……这样高额的贺礼比比皆是。刘邦摸了摸口袋,连一个子儿都没有。关键时刻,他充分发挥超级大胆而且无敌的流氓作风,喊道:"刘季,贺礼一万贯。"刘季是他的小名。他这一喊,萧何顿时有机会从忙碌中解脱出来,开始打量这位财神爷。发现是刘邦后,他哭笑不得,刘邦的老底,萧何是一清二楚的,他很是纳闷,刘邦怎么出手这么阔绰?萧何还没问,刘邦已经叫嚷道:"快写上,刘季,贺礼一万贯。"萧何只能挥笔,写上刘邦的大名。而这时一直在屋里迎客的吕公出现了,他挣脱众人,直奔财神爷而来。于是,两个素昧平生的人一见如故,

楚汉解码： 左手项羽，右手刘邦

又是握手，又是寒暄，总之，简直像是多年的故交。也正是因为这样，酒席上，刘邦成了当仁不让的主角，他这时开始充分展现他的才能，凭着三寸不烂之舌开始胡吹神侃。天南地北，趣事逸闻，众人只有洗耳恭听的份了。散席时，终于轮到主人公吕公说话了："远方的客人，请您留下来。"刘邦一听当然不会走了，但回过神来时，才发现，只有他一个人了。吕公又接着说话了："只有您才配留下来。"刘邦还是很纳闷啊，心里盘算着吕公这葫芦里卖的是什么药。正在这时，吕公的第三句话出炉了："就让我的女儿拿着扫把屋里屋外地伺候您吧。"就这样，刘邦娶到了吕公的女儿——吕雉。

热点：吕公自降身份钓了个"清龟婿"，吕公的女儿是什么意见呢？她当然不同意，不但她反对，吕公的老婆也坚决不同意，毕竟刘邦现在确定上不得台面：一是年龄大，三十好几的人了；二是家徒四壁，穷得叮当响。但是吕公这一回却充分发挥了大男子主义，管你同意不同意，这门亲事就这样结定了。

发展点：吕雉毕竟还是出身富贵之家，懂得"深明大义"四个字的含义，嫁到刘家后，主动担起了妇女能顶半边天的责任，在刘邦每天上班工作时，她也没有闲着，把家里的活都主动揽下来了，特别是农活，她也接手了。这对于一个娇生惯养的富家女来说，是很难能可贵的。当然，吕雉的肚子也很争气，很快为刘邦生了一对金童玉女。正是这对金童玉女，成了吕雉日后继续辉煌的资本。

概括点：应该说吕家对刘邦的帮助是很大的。刘邦在发迹前，吕家对刘邦慷慨资助，吕雉主内时一切井井有条。刘邦在闹革命后，吕家依然鼎力支持，别的不说，单是刘邦在彭城大败，逃往下邑（今安徽砀山）时，就是吕雉的弟弟吕泽担任守将。下邑之所以这么牢靠，这肯定跟守将是自家人有关。总而言之，刘邦的这段情史，不是真正的爱情，但却是他人生当中真正意义上的婚姻，对他的人生发迹，以及人生转变起到了不可估量的作用。

悲点：刘邦经过楚汉之争战胜项羽建立汉朝后，吕雉作为刘邦的原配夫人，毫无悬念地当上了皇后。然而，当面对情敌戚夫人时，吕后毫不手软，刘邦尸骨未寒，她的"恶毒妇人心"便显露了出来。她做的第一件事情是把情敌戚夫人罚为奴隶，让人用钳子把她的一头秀发统统拔光，并罚她去舂米，每天必须舂一石，如果少半升，则要打她一百棍。据《汉书》记载，自知命运

第五章　男与女·霸王别姬空余恨

不济的戚夫人悲从中来，唱了一首歌，歌词是："子为王，母为虏。终日舂薄暮，常与死相伍。相隔三千里，当使谁告汝？"吕后闻讯，心生毒计，把戚夫人的儿子如意诱进京城，暗暗把他毒死了。如意死时七窍出血，连已称帝的刘盈也于心不忍，大哭了一场，用王的礼仪将同父异母的如意葬了，并赐谥号"隐王"。但就这样吕雉还不解恨，她最后用人彘之刑把戚夫人活活给弄死了。后宫一姐之争中，以吕后快、准、狠的连环招完胜而告终。

转折点：俗话说，出来混迟早是要还的。吕后欠下的血债由她的儿子刘盈来偿还。心地仁善的刘盈对自己的兄弟刘如意的死很悲伤，但吕后竟然让他去看人彘表演。刘盈也不知人彘是什么，便跟着太监去看了，七弯八绕到一间厕所里，看到一个血人，四肢全被砍了，眼珠也被挖了，剩下两个血窟窿，人还没有死，身子还能动，嘴一张一张的。刘盈便问太监这是什么，一听是戚夫人，他差点儿被吓晕了。原来，吕雉对戚夫人下了毒手、施了酷刑后，又给她硬灌了药，让她听不见、不能语，半死不活地躺在厕所里。惠帝因为受此惊吓，从此也不敢治天下了，终日饮酒作乐，仅做了七年皇帝就死了，诚为叹也。

暴力点：惠帝软弱，已荣升为太后的吕雉选择了挑大梁。她以霹雳手段掌握了皇家全部权力，到惠帝死后，新皇帝幼小，她又临朝称制八年，成为事实上的皇帝。为了巩固政权，她对刘邦的那些其他妃嫔所生的儿子，想杀谁就杀谁，杀到什么程度？去其多数而只剩少数！像吕太后这样随心所欲、快意恩仇地做人办事，也真是爽快到了极点。

盲点：年轻貌美的吕雉为何要嫁给大叔刘邦？仅仅是父亲吕公的一席话，就把自己的婚姻大事给决断了，岂不是太草率了？其实吕雉大可不必嫁给刘邦：其一，刘邦作风不好。刘邦无职无权，并且游手好闲，经常与女人勾勾搭搭，造成的结果就是有了一个未婚生育的儿子刘肥。虽然身为泗水亭长，可是芝麻大的官，露水大的前程，有什么出息？其二，年龄相差很大。就郎才女貌来说，也要两个人般配。刘邦尽管是初婚，却比吕雉大十五岁，如此巨大的年龄差距，让人感觉吕雉是不是贪图刘邦什么东西？但刘邦一无所有，除了喝酒就是与人吹牛，别的似乎一无所长。而吕雉花容月貌，正在妙龄。其三，地位不般配。吕雉家里富有，父亲和当地县令要好，而刘邦则出身贫农。贵为千金小姐的吕雉仅仅因为父亲说刘邦前程不可限量，就答应和刘邦长相厮守，也说

楚汉解码：左手项羽，右手刘邦

不过去。其四，吕雉知书达理，是个知识女性，而刘邦基本上是个大老粗，文化水平有差异。但是吕雉义无反顾地嫁给了刘邦，可见吕雉认定了刘邦是自己心中的真命天子，结果也确实如此。

疑点：吕雉是否曾红杏出墙呢？从古至今，女人红杏出墙的话题总是能引起广泛的兴趣。而出现在皇宫内院的偷情事件，更为古往今来的人们所津津乐道。他们没有想到这些皇后偷情的背后，是曾经流淌的斑斑血泪。不要说"后宫佳丽三千人"，每晚只等待一个皇帝，也不要说"三千宠爱于一身"，皇帝宠妃独霸龙床，让其他后妃望洋兴叹，就是说男人喜新厌旧的花心通病，便会让许多女人流尽辛酸的眼泪。尤其是这个男人贵为九五之尊的皇帝时，在对待后宫女性的问题上，他更是可以明目张胆、肆无忌惮、为所欲为。被许多男人推崇的蜀汉皇帝刘备曾有一句名言，叫作"兄弟如手足，妻子如衣服"。刘备一语道破男人世界的天机，既然是衣服，那就可以常脱常换嘛！皇帝的妻子，就是正牌皇后。在皇帝的所有衣服当中，皇后的婚姻往往是常脱常换的婚姻。而皇后不甘心自己成为常脱常换的"衣服"，不甘受寂寞，因此，在历朝历代的皇后中，许多人都走上了偷情之路。

中国历史上第一位偷情皇后应该是大汉王朝开国皇帝汉高祖刘邦的妻子吕雉。这位偷情皇后不仅是刘邦的结发妻子，而且与刘邦的婚姻充满了浪漫色彩，经受过血与火的考验。秦二世胡亥元年（公元前209年），刘邦芒砀山斩蛇起兵反秦，吕雉为他抚育一双儿女。兵荒马乱之中，吕雉带领儿女四处躲藏，餐风饮露，好不辛苦。在后来刘邦与西楚霸王项羽逐鹿中原之时，吕雉不幸被项羽抓捕而深陷囹圄。但是她面对刀山火海宁死不屈，保住了此时已经贵为汉王丈夫的面子。按说刘邦应该与她恩恩爱爱走完一世才对。然而，刘邦却把这位结发之妻抛在九霄云外，与新结识的美女戚夫人寻欢作乐。好不容易打败了项羽，当上了大汉王朝的开国皇帝，刘邦更是一点儿也不念及与吕雉的结发之情，不仅很少临幸，而且还屡次三番地要废掉吕雉所生儿子刘盈的太子之位，改立戚夫人所生的赵王刘如意。在这样的情况下，吕雉红杏出墙就在所难免了。吕雉的情夫名叫审食其，楚汉战争期间，他与吕雉一起在彭城之战中被项羽的楚军俘虏，可以说他们二人在战乱岁月里产生了生死与共的感情。汉高祖六年（公元前201年），因为吕雉提请，没有什么战功的审食其被封为辟阳侯。等到刘邦死后，二人更无所顾忌，互相往来。《汉书·朱建传》中说："辟阳侯行不正，得幸吕太后。"说的就是此事。吕雉虽然红杏出墙，为千夫所指，但是，为此戴上绿帽子的刘邦难道就没有责任吗？可叹的是，他死时也不知此事啊（也许是故意装着不知）！

终点：高后八年（公元前180年），吕雉病重，她临终前仍没有忘记巩固吕氏天下。在她病危之时，下令任命侄子赵王吕禄为上将军，统领北军；吕产统领南军。吕雉还告诫他们："高帝平定天下以后，与大臣订立盟约：'不是刘氏宗族称王的，天下共诛之。'现在吕氏称王，刘氏和大臣愤愤不平，我很快就死了，皇帝年轻，大臣们可能发生兵变。所以，你们要牢牢掌握军队，守卫宫殿，千万不要离开皇宫为我送葬，不要被人挟制。"8月1日，吕雉病死，终年六十二，与汉高祖合葬长陵。

叹点：有因必有果，所谓因果轮回。由于吕后在执政时期培植起一个吕氏外戚集团，从而加剧了汉朝统治阶级内部的矛盾，因此在她死后，马上就酿成了刘氏皇族集团与吕氏外戚集团的流血斗争。吕太后没有完成她的政治计划就去世了，汉朝统治阶级内部矛盾骤然激化，诅刘之军蜂起。齐王刘襄发难于外，陈平、周勃响应于内，刘氏诸王，遂群起而杀诸吕，刘氏皇族集团与吕氏外戚集团的一场流血斗争，以皇族集团的胜利而告终。这当真是六月债，还得快，吕雉的下场比汉高祖凄惨得多，应着汉高祖生前的某些巧妙的制度预设与人事安排，吕太后才离人世，全部吕姓外戚，尽遭大臣们诛戮，老幼无存，鸡犬不留。最后的结果乃是，汉高祖差一点儿因为吕太后的快意恩仇而断子绝孙。而吕太后自己的吕姓家族，也就因着吕太后的快意恩仇而真的断子绝孙了。

第三段情：婚外情。

女主角：戚夫人（原名戚懿）。

特点：年轻貌美，能歌善舞，可谓才色双全。

优点：不但美如天仙，而且身怀绝世媚功。她皮肤白皙，像无瑕的白玉一样，清纯温润。她的眼睛圆圆的，十分柔美迷人。她体态丰满，气质高雅。最为难得的是，她歌喉优美，腰如柳枝，舞姿轻盈美妙，如流风，如飞雪，令人

楚汉解码：左手项羽，右手刘邦

陶醉。

缺点：不知进退之道，不懂圆滑之术，不谋身外之事。

视点：心机单纯，不懂后宫生存之道。

卖点：萝莉、宠妃……

切入点：当好色如命的"土匪"刘邦遇到清纯如水的少女戚懿，爱的孽障也就诞生了。

赞点：北方有佳人，绝世而独立。一笑倾人城，再笑倾人国。

详点：刘邦是很有女人缘的，结婚之前就把一曹姓女人勾上手了，在婚后他一样走桃花运。在与项羽争夺江山期间，刘邦前期老吃败仗，但却收获到了一个年轻美貌、后来影响后宫的女人——戚夫人。得到戚夫人的故事很浪漫，说是刘邦在彭城大败逃亡的过程中，连饭也没得吃，逃到一村子里遇见一个老人，老人姓戚，带着十八岁的闺女在此躲避战乱。老人一见带兵的刘邦，吓得连忙下拜，并带他回家里弄菜弄酒给他吃。刘邦见到老人貌美如花的闺女，顿时动了心思。得知女孩尚未嫁人后，心中窃喜。老人看出意思，就说相面先生讲他闺女有贵人之相，难道遇到大王，就是她的前世姻缘？于是要把闺女许给刘邦为妻。虽然说刘邦心里暗喜，但考虑家中已有妻室吕雉，也客气了一番才应下。据说，刘邦是解下自己的玉带作为定情之物，而老人当晚便让闺女陪刘邦睡觉了，刘邦这第二位老岳父看来比今天的父母们还想得开呢。

发展点：虽然刘邦第二天为了逃命，提起裤子就走人了，但因为这次一夜情，却把戚家闺女的肚子搞大了，后来她为刘邦生了一个白白胖胖的儿子叫如意。而刘邦东山再起后，也没有忘记这位令他蚀骨销魂的美人，便把她接到了身边。从此戚夫人跟定了刘邦，后来成为刘邦后宫的宠妃。

概括点：总而言之，刘邦的这段感情就是偷腥、尝鲜需要，而集才貌于一体的戚夫人却让刘邦体会到了什么叫真正的爱情。她有沉鱼落雁之貌，又很有音乐细胞，不但会鼓瑟击筑，还能歌善舞，带动刘邦这种粗线条的人跟她进行男女对唱。就这样，戚夫人把刘邦搞得晕头转向，刘邦被迷恋在温柔乡里，不由发出"还想再活五百年"的豪迈之语。

情感点：刘邦身边有很多女人，但对戚夫人的宠爱可以说是独一无二的，这从他日后想改立戚夫人所生的如意为太子就是很好的证明。所谓爱之深，痛

第五章 男与女·霸王别姬空余恨

之切,刘邦不会料到,正是因为他对戚夫人爱得深、爱得浓、爱得真,才让戚夫人日后痛得深、痛得苦、痛得切。

悲点:刘邦死后,戚夫人被吕太后折磨成人彘凄惨而死,宝贝儿子刘如意同样未能幸免于难。

欣慰点:吕后死后,吕氏家族被连诛,吕后被挫骨扬灰,打入十八层地狱。

疑点:戚夫人为什么会死得那么惨?

嫁给皇帝丈夫的戚夫人并没有像童话里描述的那样,王子和公主从此过上了幸福生活,她一边享受着刘邦对她的宠爱,一边在吕雉面前战战兢兢,时时提防突如其来的飞刀。而刘邦呢?他与吕雉的感情本来是不错的,吕雉毕竟是发妻。但在夺了天下后,情况却发生了变化。吕雉比戚夫人大多了,戚夫人与刘邦一夜情时,是十八岁的黄花大闺女,也是中国历史上有名的美女之一;而吕雉当年是有嫁不出去之嫌的大龄剩女。年龄一大,吕雉自然年老色衰,敌不过戚氏。两人分别当了刘邦的皇后和宠妃后,就开始明争暗斗起来了。起先戚夫人占上风,刘邦每次外出都由戚夫人陪侍,而把吕后丢在后宫。本来已定下吕后生的儿子刘盈为太子,戚夫人却希望让自己十岁的儿子如意继位。刘邦也不看好刘盈,觉得性格不像自己,而如意很聪明,有自己年轻时的样子。当刘邦把废太子的想法拿到朝中商议时,如果不是有口吃毛病的大臣周昌冒死力谏,戚夫人的阴谋差点儿就成了。后来,戚夫人又多次向刘邦提出立自己的儿子为太子的事情,但年老的刘邦心有余而力不足了,因为在吕后的精心策划下,太子的势力已形成,没有办法废了。

年幼的如意被迫离开京城到三千里外的封地为王。戚夫人致命的弱点是不懂政治,不会笼络人心,她把刘邦当成自己唯一的救命稻草,而没有建立自己的党羽,致使除了刘邦以外没有人把她放在眼里。而吕雉恰恰与戚夫人相反,她有着蛇蝎一般的心肠,但表现出来的却是一副菩萨面孔,她因人而异,或送美女或送珠宝,广结善缘。也正是因为这样,刘邦死后,刘盈继位,贵为太后的吕雉把手中的权力棒伸向戚夫人也就不足为奇了。女性的美貌往往对男性才具有杀伤力,对女性不管用。假如这个美女不自量力,倚仗美貌横挑强邻,美貌就会变成自戕的匕首。戚夫人就是这样。

后人常常将戚夫人之死归咎于吕后的残忍。但是，在当时那种她不杀别人、别人就杀她的环境下，吕后做的事符合她的性格。戚夫人之死最该负责任的是她本人，虽然吕后的手段过于残忍，但戚夫人却也是咎由自取。戚夫人不懂得后宫生存的法则、政治斗争的规则，仅仅凭借刘邦的宠幸就屡屡挑衅吕雉，从一开始就陷入不对等的局面。

终点：汉高祖十二年（公元前 195 年），刘邦去世。戚夫人的悲惨命运正式来临。吕后掌权，"断戚夫人手足，去眼，煇耳，饮瘖药，使居厕中，命曰'人彘'。"人彘虽然凄惨，但戚夫人心中更凄惨，这种凄惨的始作俑者根本不是吕太后，而是汉高祖刘邦。戚夫人先上了刘邦的当，又遭了吕太后的毒手，最终死于非命。

叹点：戚夫人与吕后的斗争，以戚夫人的惨败而告终。戚夫人，一位美丽灵秀的女子，原本可以嫁作平民妇，安安静静地走完她的一生，却因为嫁给了刘邦，卷入残酷的政治斗争中，使得自己年纪轻轻就送了性命。对戚夫人与吕后，我们都很难以现代的观点来评判是非对错。都说女人何苦为难女人，但无论是谁，在当时那种情况下都无法置身事外，不管愿不愿意，只能斗争到底。中国人有一种悲剧情结，爱同情弱者，所以戚夫人的故事千百年来不知赚取了后人多少的眼泪。这穿越千年时空的泪水，也许是对逝去的佳人唯一的安慰吧！

第四段情：一夜情。

女主角：薄姬。

特点：单亲家庭。据史书记载：她的父亲薄生在秦朝之时与从前魏国的宗室之女魏媪相好，未婚而生下了她。更糟的是，还没来得及结为夫妇，薄生年纪轻轻就死在了山阴（今浙江绍兴），成了异乡之鬼。魏媪拉扯着薄姬，在乱世之中苦苦求生。

优点：秀外慧中、温柔敦厚、贤惠善良、淡泊名利。

缺点：出身低微。

视点：阴差阳错。

卖点：淑女、弃妇、罪妇……

第五章　男与女·霸王别姬空余恨

切入点：当情场老手刘邦遇到默默无闻的弃妇薄姬，爱的结晶也就产生了。

赞点：有心栽花花不开，无心插柳柳成荫。

详点：薄姬长成亭亭玉立的少女后，魏媪心怀故国，见魏国宗室魏豹复称魏王，便将心爱的女儿送进了魏豹的王宫，薄姬因此成了魏豹的姬妾。魏豹背弃自己和汉王刘邦所订的攻楚盟约，转而在楚汉之间中立起来，隐然有坐山观虎斗、坐收渔人之利，进而吞并天下的意思。魏豹背约，令刘邦怒火中烧，将项羽放在一边，立即派自己的亲信将领曹参率兵，誓要先灭了两面三刀的魏豹不可。魏国的实力怎么能是汉军的对手？于是兵败如山倒，汉高祖二年（公元前205年）三月，魏豹投降。刘邦倒还算客气，封他做御史大夫，并让他守城。可是他的霉运正旺，不久该城被楚军围攻，与魏豹共同守城的周苛、枞公认为，魏豹曾为此地国王，是个靠不住的家伙，于是魏豹不得不一命归西。当初魏豹败后，魏宫中的女人们全部被俘。由于是罪妇，薄姬等人没有资格充当刘邦的姬妾，只能去做宫中役使的婢女，于是她们都被送进了织室。魏豹死后，刘邦偶然想到了魏宫的姬妾宫人，于是便到囚禁她们的织室去瞧瞧。这一瞧之下，刘邦顿时心旷神怡，发现死鬼魏豹的宫人中，居然不乏美色婵娟。于是他色心大动，挑选了一批姿色出众的女奴送进自己的后宫中。薄姬就在这批女人之中。一时间，薄姬以为自己将要时来运转了，不禁又想起了当年许负生天子的预言，心中无比雀跃。谁知道，老天爷再一次把她丢进了深渊。刘邦内有悍妻吕雉，外惑诸夫人，薄姬的姿色在魏宫女眷中并不出众，因此刘邦压根儿就不曾注意过这个小妾。

一年多的时间过去了，薄姬连刘邦的面都没能再见到。眼看青春流逝，她只能自叹命苦。就在这个时候，老天再一次展现了奇迹。当初在魏宫中，年少的薄姬有两个最要好的女友，一个叫管夫人，一个叫赵子儿。薄姬视二人如同姐妹，知心贴意，还和她们立下了盟誓：假如三人中有谁先得富贵的话，一定不会忘记另两人，要共享富贵和机遇。汉高祖四年（公元前203年），刘邦来到河南成皋灵台。这时陪伴他的姬妾，正是管夫人和赵子儿。这两个女人提起了当初和薄姬立下的誓言，觉得薄姬十分可怜。刘邦无意间听到了一点儿话头，出于好奇便召薄姬侍寝。

楚汉解码：左手项羽，右手刘邦

发展点：一夜风流，薄姬的肚子和戚夫人一样争气，居然为刘邦生了一个白白胖胖的儿子刘恒。

悲点：刘邦对薄姬显然同情多于爱情，他并没有喜欢上薄姬，所以很快也就把她抛到了九霄云外，特别是她怀孕生产之后，更是连面都不见她一次。因此，薄姬虽然为刘邦生下了儿子，却还是长年枯守孤灯，纯粹守活寡。

叹点：孤寂的薄姬在长达八年的时间里，默默无闻地僻处掖庭一角，抚养着刘恒。不受宠爱，却偏偏又生了儿子为诸宠姬所妒，薄姬的处境可想而知。渐渐地，她养成了谨小慎微、凡事忍让的态度，就连照制度派来侍候她的宫女，她都不敢得罪。在刘邦的后宫中，薄姬母子几乎成了"好欺负"的代名词。

转折点：这样的处境，当然是苦恼的，但是世事就是那么翻云覆雨，难以预料。汉高祖十二年（公元前195年）四月甲辰，刘邦去世，那是刘恒八岁。大权独揽的太后吕雉虽然对戚懿进行了残忍的报复，但对薄姬的态度却非常公正。这当然是因为薄姬为人小心谨慎，不会对吕雉造成任何威胁，更是因为薄姬和她一样，没有得到丈夫刘邦应该给予的善待，除了人生经历和身份头衔略有差距，在被丈夫冷淡这方面，吕雉觉得自己与薄姬多少有点儿同病相怜。正是因为此，薄姬意外地得到了吕雉的特别恩遇：薄姬不但被吕雉送往儿子刘恒的封地，让她母子团圆，而且给予她"代王太后"的称号，使她成为大汉王朝仅次于吕雉的贵妇人。

疑点：吕雉为什么放过薄姬和刘恒？

刘邦去世之后，吕雉发威，残酷迫害刘邦的其他老婆和孩子，戚姬最惨，其他受宠的姬妾也都被幽禁。刘邦八个儿子，只有长子刘肥、次子刘盈、四子刘恒和幼子刘长得免，其他的都被吕雉害死。刘肥之所以幸免，并不是因为吕雉宽宏。当时，吕雉已经在刘肥的酒中下毒，刘肥要喝的时候被刘盈救下，后刘肥向吕雉爱女鲁元公主献城巴结，讨得吕雉欢心。更重要的是，刘肥乃是当时势力最大的一镇诸侯，又已经有了警觉，如果硬要加害，难免会逼使刘肥铤而走险，因而吕雉最终放过刘肥。刘盈乃是吕雉所生，尽管如此，刘盈在吕雉的淫威之下郁郁寡欢，一代仁德之君英年早逝，殊为可惜。幼子刘长因生母早死，自小便由吕雉抚养，故得免也在情理之中。四子刘恒是薄姬所生，母子二人居然和吕雉相安无事，可谓十分另类。那么，原因何在？

第五章 男与女·霸王别姬空余恨

因为薄姬有心计、会来事儿吗？有心计、会来事儿当然有用，但若过分夸大其功效，则未免言过其实。薄姬与刘恒之所以能够与吕雉相安无事，是由客观因素决定的，就像刘恒当上皇帝一样，天意如此，非人力所能为。其中一个原因是薄姬与刘邦的关系十分疏远。薄姬自打被刘邦纳入宫中，很快就被刘邦给忘了。后来，经别人提醒，刘邦才想起薄姬来，于是叫来薄姬一夜春宵，之后薄姬生下刘恒。此后，两个人基本也不见面，刘邦对薄姬没兴趣，薄姬对刘邦也不感冒，这显然不是薄姬有心计的结果。薄姬和刘邦之间是亲近还是疏远，薄姬说了不算，若是刘邦就喜欢薄姬，难道薄姬还敢给刘邦脸色看不成？再者说，若是薄姬真受宠，为何不放手一搏，能把吕雉扳倒总比把命运交给人家要好得多吧。那么，为什么刘邦不喜欢薄姬，这原因就不太好确定。不过，从两个人的出身、修养、学识、品味、谈吐来看，确实差距过大。所以，刘邦喜欢不了薄姬，薄姬也欣赏不了刘邦，也是正常现象，这和薄姬有没有心计一点儿关系都没有。还有一个原因就是：薄姬乃魏国王室宗女之后，颇有人脉根基和势力，而且与当时的朝廷重臣陈平的关系非同一般。而吕雉打算掌握朝政，在许多方面，还需要仰仗陈平的配合与支持，毕竟吕雉还没有独掌天下的能力。所以，吕雉之所以放过薄姬和刘恒，是各方因素权衡的结果。

终点：由于吕雉孜孜不倦的"除苗"工作，很快刘邦的儿子们，只剩下代王刘恒和淮南王刘长了。齐王刘襄一系虽然在铲除吕族方面立下了首功，但是他们毕竟是孙辈，而且他们还有一个凶悍无比的舅父——谁也不想再侍候一个换汤不换药的阴狠外戚家族。刘长母亲娘家的亲戚为人也不比刘襄家的好多少，只有代王刘恒之母薄氏家族，一向以克己谨慎闻名于世。相比之下，大臣们立刻拿定了主意。这样一来，皇帝的龙袍，就如同一块大馅饼，向远在晋阳（今山西太原）与世无争的代王刘恒头上砸来。汉惠帝六年（公元前189年）闰九月，迎接刘恒进京为帝的使者来到了代国。这时的刘恒，已经做了十七年的亲王，时年二十四岁。他简直不能相信，世上有这样的好事，他和他的臣属们（除了一个叫宋昌的）都认为这是一个阴谋，万万不能相信。然而他的母亲薄姬却觉得这是天意。为了稳妥起见，薄姬让刘恒采用自己深信的卜筮之术，以占卜星象决定。占卜的结果是上上大吉。于是刘恒放了一半心，让舅父薄昭随使者进京，直到得到舅父的肯定答复，他才轻车简从向长安进发。这时刘恒的心还没有完全放下，来到长安城外五十里处，他再次派人打探消息，确信无疑后，才前往渭桥与迎接的大臣相会。当人群将他前呼后拥送进未央宫后，他成为大汉王朝的第五任皇帝。刘恒即位后，封自己的母亲薄姬为皇太后。

欣慰点：在婚姻生活上，薄太后一生坎坷，是毫无乐趣可言的。然而，她却生了一个世上数一数二的孝顺儿子。在中国历史上影响深远的二十四孝故事里，汉文帝刘恒排第二，仅次于舜帝姚重华。据说，薄氏成为皇太后之后，汉文帝以皇帝之尊，仍然对母亲孝顺如初。薄太后曾经生了一场重病，辗转迁延达三年之久。俗话说，久病床前无孝子。然而刘恒却打破了这句话，在三年之中，他每天都要看望母亲，常常衣不解带不眠不休地陪伴在旁边，凡是御医送来的汤药，刘恒都要亲口尝过，确认无误之后，才放心给母亲喂下。文帝在位二十三年，一直都对母亲尽为子之道。

终点：汉文帝后元七年（公元前157年），文帝先于薄太后离开人世。临终时，他对于让母亲"白发人送黑发人"的不孝深为抱憾，反复嘱咐妻子窦皇后和儿女们一定要对薄太后尽孝。为了弥补这个缺憾，刘恒要求将自己的陵墓照"顶妻背母"的方式安置方位。两年后，薄太皇太后去世，窦太后谨遵丈夫的心愿，将婆婆落葬在刘恒霸陵的南方，仿佛刘恒背着母亲的样子。

叹点：虽然对于大多数人来说，吕雉是一个狠毒的女人，然而对于薄姬来说，吕雉却不啻于是她的恩人。因此，能够与刘邦合葬的始终都是吕雉，薄姬不但没有在权倾天下之后，将吕雉的棺椁从刘邦陵中迁出，更没有利用自己"文帝生母"的身份挤进刘邦陵。她始终认为，吕雉才是丈夫真正的妻子。薄姬陵一如薄姬生前的为人，恪守着自己姬妾的身份，守护在儿子刘恒的身边，隔河远望丈夫刘邦和吕雉的合葬陵。一守一望间，两千多年时光已经流逝。现在回望薄姬的人生，她似乎完全是为了生天子而来到这个人世的，上苍赋予她的人生使命，仅仅是做一个母亲，然而她却是世间最幸福的母亲。

点评：多情也好，绝情也罢，在历史的长河中，男人是天下的主宰。但是，男人离不开女人，女人也离不开男人，如同红花与绿叶一般。男人与女人总是在历史的舞台上上演着一段段或凄美、或缠绵、或悲壮的故事，让历史不寂寞，让历史更妩媚……

二、项羽：痴情王子绝情丹

> 为欠虞姬一首诗，白头重到古灵祠。
> 三军已散佳人在，六国空亡烈女谁？
> 死竟成神重桑梓，魂犹舞草湿胭脂。
> 座旁合塑乌骓像，好访君王月下骑。
> ——袁枚《过虞沟游虞姬庙》

对男人最有影响的女人是母亲和妻子。母亲对儿子的影响是在早年，对于儿子个性的形成具有极为重要的作用。而妻子的影响则不同，虽然妻子很难改变丈夫早年形成的性格，但对丈夫的思想观念和行为方式有时会产生巨大的影响。由此可见，一个男人如果早年有位好母亲，婚后有位好妻子，如同在他的生命中遇到了贵人。

在历史长河中，孟子之所以能成为"亚圣"，成为中国封建社会正统思想体系中地位仅次于孔子的人，就是得益于他母亲的塑造。孟子的母亲是位伟大的女性，她克勤克俭，含辛茹苦地抚育儿子，从慎始、励志、敦品、勉学以至于约礼、成金，数十年如一日，丝丝入扣，毫不放松，既成就了孟子，更为后世的母亲留下一套完整的教子方案，她本人也成为名垂千秋的伟大母亲。

项羽虽然没有孟母一样的好母亲（母亲早逝，就算是也感觉不到），但却有一位红颜知己——虞姬。

那么，虞姬是个什么样的人物呢？她拥有两大得天独厚的优势：一是长相绝美。这个没得说，西楚一枝花可不是浪得虚名的，如果没有这个美作为条件，项羽这个英雄又怎么会对虞姬这么感兴趣？所谓英雄爱美女，天经地义。二是才华横溢。虞姬应该是棋琴书画样样都精通的，特别难能可贵的是还能吟诗作赋，这一点从虞姬在垓下上演姬别霸王的一幕可以看出。

关于虞姬，史书的记载只有寥寥数笔，但是作为艺术形象，对虞姬的刻画却是非常丰满的。河南大学教授王立群说："虞姬作为艺术形象最早出现在元

楚汉解码：左手项羽，右手刘邦

代戏曲里，在元明杂剧和传奇中，虞姬一直是作为道德符号出现的，但缺乏完整的艺术形象，直到京剧《霸王别姬》，虞姬才彻底转变为情感实体，成为舞台上的美丽女性形象之一。"因为史书记载少的缘故，这里梳理归纳了一下，有六大疑难问题待解。

问题一：关于虞姬的姓名之谜。

目前有三种观点。观点一：有人考证，虞姬真名叫虞薇，她和项羽从小青梅竹马、两小无猜，最终日久生情而结为连理。观点二：虞姬并非真名，因她出生于常熟虞山脚下一个村舍里，史家以其出生地称呼之，遂有"虞姬"之名。虞姬在项羽起兵时，因仰慕他的英雄气概，自愿为妾，跟随他东征西战。在项羽浴血奋战之余，给他唱支小曲，或跳个舞，舒缓他紧张的神经。虞姬是项羽的精神按摩师，虞姬对于以霸王姿态面对世人的这个男人来说，作用不可忽视。项羽这种斩万余首级不眨一下眼的角色，倘没有虞姬柔性的熏陶，或许会变成一个混世魔王。观点三：古时有些女人没有名只有姓。说没有名也不全是，一般都有乳名，就是嫁人前的名，嫁了人就只叫姓了。有时为了区别两个不同的人，也会加上一个前缀，但那不能称作名。例如，春秋时齐国的两个女人（齐桓公的两个姑姑）分别嫁给了鲁侯和卫侯，鲁和卫都姓姬，为了区别她们，就分别叫文姜和庄姜，这里姜是她们的姓，但文和庄并不是她们的名。另一个例子，是很有名的一个女人，叫夏姬，是郑伯的女儿，姬是她的姓，嫁给了陈国的夏御叔，就叫夏姬。还有一些女人的称呼用她们的排行作区别，例如，孟姜就是齐人，她姓姜，孟是她的排行，这一叫法一直沿用到了战国时代。值得注意的是，春秋战国之前很少人有姓，一般只有氏，在春秋战国时代才产生了大批的姓，而且很多都是以故国国号为姓。周时的虞国是文王姬昌的二伯父虞仲的后人，姬姓，因有让国之恩，武王得国后，封虞仲的后人为虞国，后虞被晋所灭。虞姬很可能是虞国的后人，姓姬，为了区别其他的姬姓女子，叫虞姬。

问题二：关于虞姬的出生之谜。

史书有两种记载：一说虞姬出生在吴中（估计也是当地贵族）。按《史记》《资治通鉴》载，项梁杀人避祸携项羽由下相奔吴中。虞氏为会稽郡（秦末置春秋吴、越地域为会稽郡，以吴为郡治）吴中望族。项梁叔侄在此不但结交江东子弟，而且结识了吴中第一美女虞姬。自古美女慕英雄，英雄爱美人，虞姬因为仰慕项羽英名，早已芳心暗许。而项羽有幸得识虞姬，早已情归此人。两人一个郎才一个女貌，毫无悬念地走到了一起，共谱时代华章。另一说虞姬出生在充满悠久文化的美丽江南名城——绍兴。具体出生地是今浙江绍兴县漓渚镇美女山脚下的塔石村，风光秀丽的美女山也是因此地出此奇女子而命名的，美女山比邻书法圣地兰亭和西施故里绍兴诸暨，此地自古出美女。虽然虞姬和项羽天各一方，但千里姻缘一线牵，虞姬还是很快成了项羽的"俘虏"。

问题三：关于虞姬的妻妾身份之谜。

《史记·项羽本纪》中记载："有美人名虞，常幸从，骏马名骓，常骑之。"由此可判断虞姬是伴随项羽左右的。那么问题就来了，虞姬是项羽的妻子，还是妾呢？其实"有美人名虞，常幸从"这句话已经初露端倪了，要知道美人在当时是一种妃嫔的称号。据秦制，美人是仅次于皇后、夫人的第三等嫔位，至于虞姬，只是个美人的称号，地位算比较低的。由此可见，虞姬不是妻子，只是宠妾，只是这个虞姬很受宠，跟着霸王一起到处征战罢了。

史载陈平对刘邦说："项王不能信人，其所用者非诸项即妻之昆弟……"很显然，这里的"妻"不是虞姬而是另有其人。那么，项羽的妻子即正室是谁呢？项羽很小的时候就开始跟随其叔父项梁，史书没有记载项羽娶过妻。但从其他史料中可判断项羽的妻子另有其人，而史书并未记载其妻的真实姓名，故给后人留下了一道难以揭开真相的大谜。由于项羽生性多疑，手下团队多任用项姓将领和其妻子的娘家人，所以由此可以推断虞姬并非项羽的妻子，她并没有任何封号，只能称其为"王的女人"。

那么，虞姬为什么不能从宠妾位置上转正呢？笔者分析认为原因有二：一是项羽是个大丈夫。他每日都在想着如何攻杀战守，从来不把儿女情长放在心上，或者心气高，不找着绝世美女绝不罢休。后来与虞姬相识，自然是两情相悦，英雄美女在一起，何必在意名分？二是项羽有苦衷。虽然不是很喜欢原配之妻（因为他每次行军打仗，都选择了把原配进行雪藏，而带上虞姬），但妻子不是一般的人物。从项羽的"从一而终"，我们其实可以看到，项羽之妻应该是个很好的贤内助，就像吕后那样，是个主内的高手。当然，这里还有一点不能排除，那就是项羽的老婆家里很富有。其实，我们都知道

楚汉解码：左手项羽，右手刘邦

项羽自从爷爷项燕战死后，家道开始破落，他的父亲又早死，幸亏得到叔父项梁的支持。但是在秦朝那个苛捐杂税的年代，项家的生活并不好过，项梁只能带着项羽过着隐姓埋名的生活。项羽落魄，但她的老婆可能是高贵的。他老婆的家里人可能也和吕公看刘邦一样，一眼就看出项羽定然不是等闲之辈，因此，选择了将女儿屈嫁。项羽在那个时候基本上没有选择的条件，能攀上这样的高亲已是祖辈积德积福了，这样的政治联姻因此一拍即合。在日后项梁和项羽揭竿而起的时候，很可能他的老婆家贡献了不少人力、物力和财力，最终让他们的革命事业风生水起。这很可能是项羽日后飞黄腾达之际，依然不忘糟糠之妻、依然选择不离不弃的重要原因。就像刘邦和吕后一样，项羽对此也是无可奈何的。

问题四：虞姬的自刎之谜。

虞姬是西楚霸王的爱妾，也是秦朝末年著名的女性人物之一。相传，她不仅有着倾国倾城的容貌，而且还是一位文武双全的巾帼英雄。在项羽四面楚歌的困境之下，她一直陪伴在项羽身边，直到最后在楚营内挥剑自刎，由此上演了一场凄美的霸王别姬。关于虞姬的这个美丽故事，在历史的长河中留下了不可磨灭的烙印，感动了一代又一代年轻人，成为许多人心目中不朽的传奇。

那么，历史上的虞姬真的自杀了吗？历史上最早记载"霸王别姬"这段故事的，应该是陆贾的《楚汉春秋》，但这本书在南宋之后就失传了。现在能看到的对霸王别姬故事记述最早的史书就是《史记》了。《史记》中有关虞姬的文字或引自《楚汉春秋》，很可能是司马迁从陆贾的《楚汉春秋》中转述过来的，也就是说，司马迁写《史记》时，参考过《楚汉春秋》。需要注意的是，《史记》中司马迁并没有写虞姬自杀身亡。司马迁为什么没有写？原因可能有两个，一是陆贾在《楚汉春秋》中也没有写虞姬自刎一事；二是《楚汉春秋》中记述了虞姬自杀身亡的事，但司马迁认为值得商议，所以没有采用。而笔者认为虞姬自杀的可能性最大，因为从当时的形势来看，很是严峻，深爱着项羽的虞姬怕拖累他，为了自己的爱人、为了自己的信仰，最好的选择莫过于自刎。

从政治和军事方面来说，项羽是败军之将，刘邦是胜军之王，但从人格力量和美学角度上看，项羽在最后一搏的生死关头，所展现出来的儿女情长、英雄气短更有人情味，更具个性光彩，与花心好色的刘邦相比，就显得更真、更善、更美。从虞姬的《和垓下歌》还应该看到很重要的一点，即虞姬深知刘邦的为人，项羽兵败后，她担心自己成为汉军的俘虏，那样，就有惨遭刘邦蹂躏的危险。"贱妾何聊生"一句，真实生动地反映了虞姬处于生死之际的复杂感情。因此，虞姬宁死也不入汉宫，不愿成为刘邦的战利品。

当然，不管虞姬是自刎而死，还是他杀，她的下场都是凄惨的。另据《情史·情贞类》记载："（和歌之后）姬遂自刎。姬葬处，生草能舞，人呼为虞美人草。"一把剑，两刎颈，成就了英雄项羽和爱妾虞姬千古爱情的凄婉美谈。张爱玲在读中学时所写的《霸王别姬》里，却感叹："啊，假如他（项羽）成功了的话，她将得到些什么呢？她将得到一个'贵人'的封号，她将得到一个终身监禁的处分……他们会送给她一个'端庄贵妃'或'贤穆贵妃'的谥号……"的确，就算楚霸王当了皇帝，虞姬也不过是成千上万的贵妃中的一个而已。而虞姬这种宁愿死也不愿意成为刘邦战利品的复杂感情，被清朝一位诗人演绎得淋漓尽致："君王意气尽江东，贱妾何堪入汉宫；碧血化为江边草，花开更比杜鹃红。"而清朝诗人何溥的《虞美人》也表达了同样的意蕴："遗恨江东应未消，芳魂零乱任风飘。八千子弟同归汉，不负君恩是楚腰。"

问题五：虞姬死后身首异处之谜。

虞姬生前像项羽一样光芒四射确有其事，但是她死后异常凄凉也是一个不争的事实，甚至她究竟葬身何处，在今天都一直存有争议。

有种观点认为，虞姬自杀后被埋在肥东石塘镇附近的西黄村。持这种观点的学者主要是因为在肥东有一个流传了上千年的传说。根据这个传说，楚汉相争之时，项羽兵败垓下，在肥东洒泪告别虞姬，后来虞姬被汉兵追至今肥东的石塘镇附近，饥乏交加，求食于一家从事牲畜买卖和肉食加工出售的店主，店主可怜虞姬等一行人，便以锅中卤煮之熟驴肉配料给这些饥饿的人食用。俗话说，饥不择食，虞姬等也顾不得体面，就大口大口地吃了起来。风卷残云之后，也顾不得和店主告别，他们就匆匆丢下一些钱财，又向远处逃走了。可是，天不遂人愿，由于吃东西耽搁了时间，所以追兵很快就赶了上来。面对一群杀红了眼的敌军，虞姬一个弱女子，而且又是美貌异常的弱

楚汉解码：左手项羽，右手刘邦

女子，为了不落在敌军之手，为了表示对她深爱的西楚霸王项羽义无反顾的忠诚，虞姬将宝剑一横，向着霸王作战的方向深情地望了一眼，然后就自刎而亡了。由于虞姬死志十分坚定，所以她选择了在江边自刎，死后尸体落入江中，未被敌军得到。后来，虞姬尸首随水淌于一石桥下被阻，当地人发现后将虞姬安葬在石塘镇的西黄村，"石塘"因此取其谐音而得之。今天在该地确实可以见到一座虞姬墓，不过这个传说究竟是否属实，还没有人去考究。按照传说中的内容来看，痴情的项羽选择与虞姬分路逃走的可能性不大。

另一种观点认为，虞姬自杀后被埋在灵璧，因为当时项羽被困的垓下就在今河南灵璧县城东南九公里处，虞姬自杀身亡后，在当时汉军猛烈的追击之下，项羽如果想突围，是不可能带着虞姬的尸体一起逃亡的，他很有可能是将虞姬的尸体就地埋葬。这种观点的可信度是比较高的。据史料记载，在项羽被困垓下之后，韩信为了引诱他突围，故意让士兵们歌唱张良所编写的一首歌谣："人心都背楚，天下都属刘。韩信屯垓下，要斩霸王头。"暴躁无比的项羽在听到这首歌谣后果然中计，开始突围，但是几次突围都没有成功。汉军的士气越来越旺盛，此时，张良又叫汉军唱楚地的歌曲，项羽的士兵绝大部分都是楚地人，在听到楚歌之后，思乡之情顿时弥漫全军，士气更为低落。在这形势万分危急的紧要关头，项羽同大将虞子期和桓楚商量，决定天亮前突围。美丽而又聪明的虞姬为了不给项羽突围造成累赘，便趁项羽不备，自杀身亡了。虞姬死后，项羽含悲忍痛，掩埋了虞姬的尸体，等天亮便率军突围了。由此可见，虞姬被埋的地点只可能是项羽被困之地，在当时那种形势之下，项羽即便想带虞姬的尸体一起突围，也是不可能的。

还有一种观点认为，虞姬的头与尸身分别被埋葬在两个不同的地点。尸身被埋在河南灵璧县，而头被埋在了安徽定远县。在今天的灵璧县城东、宿泗公路南侧（也就是当时项羽被困的地点）所见到的虞姬墓里，只安葬着虞姬的尸身；而在位于远县二龙乡（也就是明朝开国元勋蓝玉的家乡）的虞姬墓里，则安葬着虞姬的头颅。这种观点与上述第二种观点在虞姬自杀身亡的原因上是相同的，不同之处在于，持这种观点的学者认为，在虞姬自杀后，项羽曾经带着虞姬的尸体向南突围，不料汉兵追至，项羽被迫丢下虞姬的尸体。后来,人们便将项羽丢下虞姬尸体之处称为"霸离铺"。在项羽突围成功后,虞姬的尸体便被来不及突围的楚兵移葬于"霸离铺"东两三公里处,人们便将虞姬葬身之处所在的村庄改名为"虞姬村",两地自得名以来,至今沿袭不变。这种观点尽管有一定的合理性,但是持这种观点的学者并没有指明为何虞姬的头被莫名其妙地砍下来埋在了定远县,因此不足为信。今天在定远县境内的虞姬墓,很有可能只是当地的百姓根据传说而进行的一种不切实际的推测。

问题六:虞姬有没有为项羽留下子嗣之谜。

项羽和虞姬,这样的旷世英雄和绝代美人留给世人无限感叹,也留下了遗憾:貌似他们没有留下子嗣。令人欣慰的是,日前全国项羽研究会专家处透露出一个惊世消息:西楚霸王和爱姬虞美人有后,并且代代相传。项氏后人向全国项羽研究会展示了《汝南项氏宗谱》(1948年版),所列几十世系表,表明项羽不仅有后,还"子子孙孙无穷匮"。谱文里记载,项羽、虞姬所生一子名"隆",因"汉兴避居禹穴之山阴"。"禹穴"在浙江绍兴市东南六公里的会稽山麓,据《墨子》《史记》等记载,该处是古代治水英雄——禹的墓穴所在,附近有项里村和项王祠。"项羽有后",南宋著名理学家、儒学大师朱熹亦有同论。朱熹以经筵讲官提举浙东时,应好友项平甫之邀为撰《项氏重修宗谱》序,序中详细传述自周初以降项氏世系源流,从中可以得出项羽有后的结论。

点评:一代美人在香消玉殒之后,仍然能够引起上到专家学者、下至平民百姓的讨论和探究,这仅仅是因为虞姬有着高人一等的身份,是西楚霸王的爱妃吗?仅仅是因为虞姬有着千载以来无出其右的美丽容颜吗?或许,这些都不足以使虞姬进入到专家的学术讨论范畴,以及老百姓茶余饭后的话题当中。那么,虞姬引人注意的闪光点在哪里呢?是她对霸王项羽的不离不弃,是她对爱情的忠贞!忠于自己的爱情,这才是虞姬的芳名流传千载的秘诀。往事已矣,当下,我们对待自己的爱情,又当如何呢?

三、楚汉"后花园"花魁之争

男人爱用眼睛看女人,最易受美丽的诱惑;女人爱用心去想男人,最易受心的折磨。所以,男人选择女人凭感觉,女人选择男人靠知觉。

——题记

纵观项羽和刘邦的情感史,刘邦一生中女人无数,史上留名的女人也有曹氏、吕雉、戚姬、薄姬四人。而项羽拿得出手的只有虞姬一个女人,初看项羽在情商方面显然不止低一个档次。然而,透过表面看本质,我们可以看到,其实项羽的情商并不比刘邦低,甚至可以说还略高一等,原因是项羽唯一的最爱虞姬以一敌百,与她这朵野玫瑰相比,刘邦后花园的众花皆黯然失色。下面就拿刘邦最爱的戚姬和虞姬进行一番全方位的比较,用事实和数据说话。

一是论相貌。

正史中虽然都没有虞姬和戚姬相貌的详细记载,但毋庸置疑的是虞姬和戚姬两人都长得不是一般的美,而是惊世绝伦的美,可以说是貌若天仙,这一点从项羽和刘邦对她们宠爱的程度就可以体现出来。因为美貌就是敲门砖,没有这块敲门砖,两位弱女子又怎么会从千万女人中脱颖而出,最终成为他们的最爱呢?总之,论相貌,两人可谓平分秋色,难分伯仲。

二是论才气。

史书对虞姬和戚姬的才艺都有零星记载。两人的才艺主要体现在两个方面。

一是舞艺。

据史料记载,虞姬是一个才貌双全的女子,不仅长得美丽,舞姿也是楚楚动人。关于这一点,从项羽兵败垓下时,善解人意的虞姬对他又是酌酒,又是跳舞助乐可见一斑。还有她的双剑,挥舞得轻盈如水、快速如风。而戚姬呢?她是秦楚之际的歌舞名家,会弹奏各种乐器,舞技高超,更善跳"翘袖折腰"之舞。从出土的汉画石像看来,其舞姿优美,甩袖和折腰都有相当的技巧,且花样繁复。刘歆《西京杂记》中有较为详尽的描述:"高帝戚夫人,善鼓瑟击筑。帝常拥夫人倚瑟而弦歌。毕每泣下流涟。夫人善为翘袖折腰之舞。歌《出塞》《入塞》《望归》之曲。侍妇数百皆习之。后宫齐首高唱。声彻云霄。"戚夫人有侍儿名为贾佩兰,据贾佩兰说:"见戚夫人侍高帝,常以赵王如意为言,而高祖思之,几半日不言,叹息凄怆而未知其术,辄使夫人击筑,高祖歌《大风诗》以和之。"总之,论舞艺,严格来说,戚姬比虞姬可能略胜一筹。

二是诗赋。

"汉兵已略地,四方楚歌声。大王意气尽,贱妾何聊生!"这是虞姬在自刎殉情前吟诵的一首五言诗,既是历史上少见的绝命悲歌,也是爱情的悲歌,感人至深,流传千古。可以说,汉朝美女中,能吟出这样凄美诗歌的并不多。当然,这是虞姬在绝境之下,心有所感而发的绝望之声,是成为天籁之声的缘由。无独有偶,刘邦最宠爱的戚姬也不甘落后,也有诗赋为证。话说刘邦死后,吕后就让人将戚夫人抓起来,囚禁在宫中的长巷——永巷内,让人剃光戚夫人的头发,用铁链锁住她的双脚,又给她穿了一身破烂的衣服,让她一天到晚舂米,舂不到一定数量的米,就不给饭吃。这时候,戚夫人和刘邦的儿子如意在赵国做诸侯王,戚夫人想到与刘邦的过往,又想起儿子,非常伤心,就一边舂米,一边唱着哀歌:"子为王,母为虏。终日舂薄暮,常与死为伍。相离三千里,当使谁告汝!"然而,也正是因为这段歌,葬送了她儿子刘如意的性命,诚为悲也。

从客观上来说,虞姬和戚姬的诗都做得好,可以说,以笔者的眼光是看不出高低、分不出好劣的,但是有一点还是分出了高低,分出了好劣,那就是虞姬的诗是为了情郎项羽而作,作完这首诗之后,她选择了自刎。生是项家人,死是项家鬼,这是虞姬的气场,也是这样一位弱女子的气节所在,更是她对项羽忠贞不渝的体现。宁可死,也不落入刘邦汉军之手;宁可死,也不能拖累项羽。虞姬对项羽钟情之深、爱意之切可见一斑。也正是因为这样,虞姬的诗体现了三种美:悲壮美、委婉美、心灵美,仿佛有一种穿透人心的力量让人为之一叹。而戚姬的《舂歌》形式灵活、语言质朴、情感真挚,将一个被侮辱与被伤害的弱女子形象生动描绘出来,千百年来,打动了无数读者的心。总之,论诗赋,从客观上分析,虞姬和戚姬各有特色,难分伯仲;但从主观上来分析，还是虞姬比戚姬略胜一筹。

总而言之，虞姬和戚姬两人在才艺大比拼的两回合较量中打成了平手。

三是论情感。

这是一个伪命题，因为爱与不爱，都只有当事人知道。这里我们只能透过现象来分析一下。

首先，可以肯定的是虞姬是爱项羽的。

归纳起来体现在以下三个方面：一是从项羽未起兵时，虞姬就跟随他可以看出些许端倪来，爱就一个字，不需要太多的附加条件，譬如说金钱和财富，权力和地位。二是从虞姬在跟随项羽身边时，对项羽无微不至的关心和照顾可以看出些许端倪来，因为爱所爱，呵护好所爱的人，也是一件很快乐的事。三是从虞姬见项羽兵败如山倒而陷于绝境，不惜挥剑自刎便可以看出些端倪来，爱之切、痛之深，牺牲自己，为爱留一条生路，忍痛割爱又如何？欣慰的是，虞姬的死是悲壮的，也是豪迈的，更是千古称赞的。

其次，戚姬是否爱刘邦值得商榷。

为什么这么说？一是戚姬结识刘邦时，刘邦已是汉王了，尽管是被项羽打得落荒而逃的汉王，但也是曾经拥有六十万联军的汉王，也是曾经攻破项羽老窝的汉王，是唯一可以和项羽争夺天下的汉王，因此，戚姬和刘邦的一夜情，动机值得怀疑。刘邦自然是看上了戚姬的年轻美貌，而戚姬是否是看上了刘邦的权势和财富呢？二是刘邦在楚汉争霸中笑到最后，建立汉朝，在把戚姬接回宫时，肚子争气的戚姬早已为刘邦生下了一个儿子。尽管在宫中戚姬没少为刘邦跳舞，解闷消愁，但戚姬还是将更多的心思放在为儿子谋前程及与吕后争宠上来，最后使自己成了这场政治斗争的牺牲品。如果真的要说爱，她爱儿子刘如意显然要比爱刘邦多许多。可悲的是，戚姬的死是凄惨无比的。

总而言之，论情感，显然是视死如归的虞姬比死不瞑目的戚姬高出一等。

四是论情操。

除了漂亮、才情之外，虞姬还有两种情操不得不让人佩服。第一是勇气。试问，潇洒赴死的事情有几个人能做到？前面也说了，《霸王别姬》那是经典曲目，能够陪着天下第一猛将西楚霸王死的，能是寻常老百姓吗？第二是专

第五章 男与女·霸王别姬空余恨

一。其实,历史上能和虞姬比美貌的女人不少,比名气的女人更多,但她们都没有虞姬的一个优点——专一。在单纯而痴情的虞姬眼里,从来就只有一个霸王,他生我生,他兴我兴,他亡我亡,在茫茫历史长河里,女人的生命随波逐流,有多少能像虞姬这样从一而终,像天上仙女一样不带一丝凡俗之事?第三是智慧。虞姬选择自刎,方式虽然极端而且残酷,但这体现了虞姬视死如归的勇气的同时,也体现了她的坚贞不屈,更体现了她的智慧。在当时那种四面楚歌的严峻情况下,虞姬只希望项羽能顺顺利利、平平安安地突围出去,只希望他能卷土重来、再夺江山。而有她存在,势必会让项羽分心,势必会拖累项羽的突围。为了大局,为了心爱的人,她毅然选择了自刎,可谓明智之极。自古美人如名将,不许人间现白头,虞姬,可能是中国历史上最有仙女气质的女人了,应该是真正的女神了。也许正是因为虞姬的不食人间烟火,让楚汉之争变得更加有神韵。

戚姬在情操方面,则有两个方面不得不让人惊叹。第一是情商低。她除了会巴结刘邦,在朝中没有结交任何重臣,没有人脉关系的她显然是很难在后宫立足的,这也是她为什么在太子争夺战中失败的原因之一。第二是智商低。她除了能歌善舞、能诗会画外,对政治可谓是一窍不通。即便是这样,不识趣的她还不知道主动避让,韬光养晦,和吕后化干戈为玉帛,而是继续以宠妃的姿态和吕后进行正面较量,最终落得个惨烈身亡的结果。

总而言之,论情操,显然是有智慧的虞姬比"愣头青"戚姬高出一等。

综合以上四轮 PK,虞姬 4∶2 远胜于戚姬。

连刘邦最宠爱的戚姬都和虞姬相差几个档次,更别说刘邦的其他女人了,曹氏和刘邦是"婚外情""地下恋",她一直被刘邦雪藏着,根本拿不上台面,没有条件和虞姬比。刘邦的正室吕后虽然懂政治、知权术,但因为对爱情不专一,还给刘邦戴了绿帽子,所以她没有底气和虞姬比。刘邦的边缘情人薄姬虽然豁达大度,具有母仪天下的底蕴,但因为得不到刘邦的宠爱,没有充分展示自己才华的机会,自然也没有资格和虞姬比。

点评:虞姬的才貌双全似乎只有刘邦的最爱戚姬可以相提并论,但仔细分析，还是虞姬更胜一筹。虞姬是弱女子，也是女汉子，更是女神，她的淡泊名利、甘于奉献，似乎只有刘邦的第一个女人曹氏可比；她的清心寡欲、心如止水，似乎只有刘邦的另一女人薄姬可比，而她的为爱殉情却是刘邦所有女人都无法相提并论的。因此，单从这一点来看，尽管项羽一生情人不多，但他却是幸福的，情人以生命为代价只是为了他能走出困境，开拓出一片新的天地来。我们可以看到，虽然最后项羽因为不肯过江东，选择了同样的方式自刎，这其中固然包含着许多其他的因素，比如说政治、情感、个性，但不管怎样，项羽以与虞姬同样的方式结束自己的生命，却是不争的事实。人生如梦，岁月如歌，英雄、美人以这种方式谢幕，是凄美的，也是唯美的。

鲁迅先生曾这样说："我一向不相信昭君出塞会安汉，木兰从军就可以保隋；也不相信妲己亡殷、西施亡吴、杨贵妃乱唐的那些古老话。我以为在男权社会里，女人绝不会有这样大的力量，兴亡的责任，应该男人负。但向来的男性作者，大抵将败亡的大罪，推在女性身上，这真是一钱不值的没有出息的男人。"项羽的失败和红颜祸水没有一点儿关联，但他的一生能得虞姬这样一位集才貌于一身的绝代佳人，足矣，亦胜刘邦多矣。

四、智商在左，情商在右

当你感到激励自己的力量推动你去翱翔时，你是不应该爬行的。

——海伦

领导必备两大要素，一是智商，一是情商。

智商最早是由德国心理学家斯特恩提出的。智商是衡量一个人掌握知识、技能程度的量度指标。它是从经验中学习新知识的能力及适应环境的能力。智商是以脑的神经活动为基础的偏重于认知方面的潜在能力，记忆力、思维力、想象力、判断力、创造力、注意力、观察力、研究力、表达力等诸多的力构成了一个智商系统，其中，思维能力是核心。

在领导活动中，智商主要表现为领导者的思维能力，包括理性思维能力和超理性思维能力。理性思维能力就是领导者符合逻辑的判断、推理能力，

第五章　男与女·霸王别姬空余恨

它帮助领导者把领导实践中获得的经验理论化，使之具有普遍的适用性；超理性思维能力是指领导者的直觉、想象、灵感等非逻辑思维能力，它能让领导者在重要关头茅塞顿开。智商有两种，一种是比率智商，另一种是离差智商。用比率智商来衡量智商高低是由斯特恩提出的，某个体的比率智商用公式表示就是：智力商数＝智力年龄÷实际年龄，也就是智力年龄越高，实际年龄越小，智商就越高，人就越聪明；反之，智商越低，人就越愚笨。

离差智商是由美国心理学家韦克斯勒提出的，即把一个人的智力测验分数与同龄组正常人的智力平均数之比作为智商。他的基本思想就是将一个人放到同龄人的群体中，以群体的平均智力为准则，测定这个人距离群体准则的位置，进而确定这个人的智力。

总之，智商让领导活动有所成就，为领导活动增值。

情商也被称为非智力因素，是"心理智商""情绪智慧"。情商就是指人类了解、控制自我情绪，理解、疏导他人情绪，以处理良好的人际关系能力程度的指标。领导者的情商，就是用以衡量一位领导者掌控自己的情绪和掌控别人的情绪，以处理良好的人际关系的商数。情商的构成因子有五个：一是动机，二是兴趣，三是情感，四是性格，五是气质。情商的五种能力：一是了解自己情绪的能力，二是控制自己情绪的能力，三是激励自己的能力，四是了解别人情绪的能力，五是维系融洽人际关系的能力。情绪稳定的人有担当大任的器量。有个故事说，渤海国宰相去世，国王想从两个优秀的大臣中选一个，国王将二人留在宫中，让人告知，明天国王宣布你做宰相，然后领他们到各自房间睡觉。一位内心激动，彻夜难眠；一位鼾声如雷，睡得很香，后者被国王任命为新宰相。国王说，一听说要当宰相就激动得睡不着觉，说明他情绪不稳定，心里放不下事。要知道，拿得起、放得下才是宰相的肚量。

一个情商高的人，懂得如何把握自己：当别人不在乎你的时候，要自信，因为信心可以改变险恶的现状，而自卑自贱，整个生命都要瘫痪；当别人太在乎你的时候，要自敛。春秋时晋国公子重耳使过"韬光养晦"这一招，齐国公子小白也使过这招，后来还有诸葛亮、王安石、曾国藩及现代的领袖人物等，对这一招都至为偏爱，韬晦过后他们得到的回报是建立了一番彪炳千秋的

楚汉解码：左手项羽，右手刘邦

伟大事业。

论智商，项羽在老练的刘邦面前显然属于"愣头青"，差的不止一个等级，这些从两人在楚汉争霸中林林总总的琐碎事情中就可以看出些端倪来。总之，在阴险狡诈、两面三刀、诡计多端的刘邦面前，直来直去、忠厚老实、中规中矩的项羽是无法相比的。智商中的必要因素，如记忆力、想象力、判断力、创造力等，也都是刘邦占据绝对优势。论比率智商和离差智商，项羽都和刘邦有差距，这主要体现在刘邦发现人才时的慧眼识丁，判断事情时的火眼金睛，形势反应时的目光如炬。如若不然，强大如斯的项羽也不会一步一步衰退下去，也不会一点一点被刘邦蚕食。

论情商，谁又会略胜一筹呢？这里不妨从情商的五个构成因子入手对两人进行一番全方位的比较。

一是比动机。

动机就是人内心的冲动。行为科学认为，它是推动人们进行各种活动的愿望，是驱使和诱发人们从事某种行为的直接动因。在情商活动链中，动机是激励人们获取智慧的内在动力。于事情方面来说，项羽的动机就是"彼可取而代之"，也就是说取代大秦王朝是他在事业上的最大动机，也是最远目标；于感情方面来说，项羽的动机就是"将爱情进行到底"，也就是说一生一世呵护好虞姬是他在情感上最大的动机，也是最真诚的愿景。虽然这两个动机都没有做到，但项羽却赢得了世人的尊敬，因为他做到了六个字：专注、专心、专一。对事业专一，对爱情专一，这样的人，理所当然受人喜爱了。而反观刘邦，他在事业上的动机是"大丈夫当如是耳"，也就是说争当秦始皇这样的人物，是他在事业上最大的动机。于情感方面来说，刘邦的动机就是"路边的野花不采白不采"，也就是说只要是美女，他都有揽入怀中的冲动和欲望。总之，比动机，显然是专心致志的项羽胜过老谋深算的刘邦。

二是比兴趣。

兴趣是人的认识倾向和情感状态，是一种无形却强大的心理驱动力。人光靠智商是干不好工作的，光靠别人强迫也是干不好工作的；要干好工作，必须自己爱干。问比尔·盖茨成功的秘诀，回答：做你所爱，爱你所做。因为有兴趣，就有激情；有激情，做事就能全身心地投入，这才能使一个人的品格和长处得到充分发挥。项羽就是这样的人，他的兴趣从本意上来说，应该是喜欢舞刀弄枪、饮酒作乐的，但从广义上来看，他正如比尔·盖茨一样，做他所爱的事，爱他所做的事，革命就是他的所爱，并且在整个过程中，都极富激情，展示他的肌肉美（指作战勇猛刚强）、道德美（指做事光明磊落）、品格美（指做人敢作敢当）、心灵美（指对爱情执着专一）。而刘邦呢？他的兴趣概括起来，大致为两个方面：一是枕醉江山，说得直白点儿就是脚踩西瓜皮走到哪算哪。当流氓时，能混口饭吃、能多泡几个妞就满足了；当泗水亭长时，能以蛮制蛮，管好自己的一亩三分地就行了；斩白蛇起义时，能保全性命，当山大王就行；西征入关时，能当关中王就行。直到封为汉王，他才萌生了争夺天下之心。刘邦的人生目标可谓飘忽不定，一直因势而动地做修正，虽然做到了审时度势，但相对于项羽的豪情万丈、壮志凌云，显然是有所不及的。而整个过程中，还伴随着刘邦的好酒、嗜酒、酗酒于其中，多次以醉酒的姿态接待人才的归顺就是很好的证明，他的江山就是"醉"出来的，虽然有点儿言过其实，但也令人深思。二是爱江山更爱美人，说得再直白点儿就是好色。这个从他一生中拥有不计其数的女人就可见一斑。就连在逃命过程中，他都对泡妞念念不忘。他和戚夫人的一夜情便是很好的证明，牡丹花下死，做鬼也风流。刘邦的滥情是后人所鄙薄、所不齿的，但江山易改，本性难移，刘邦直到死也改不了自己的这些本性。总之，比兴趣，显然是兴趣盎然的项羽胜过趣味低级的刘邦。

三是比情感。

情感是人对客观事物或对象所持态度的体验。情感心理研究表明，人是被情绪激活的动物，情感不仅会激起人的一连串生理反应，更会影响人的想法和决定。情感能转化人的认识，情感能调解人的行为。不同的情感状态，必然会导致不同的学习和工作成效。情感主要包括亲情、友情、爱情。关于项羽和刘邦的爱情，刚刚已经说了，显然是痴情、钟情、专情的项羽完胜薄情、滥情、绝情的刘邦，而亲情和友情呢？在亲情方面，项羽尊老爱幼，谦卑礼让，这从项羽对叔父项梁和项伯的尊重、孝顺就可以看出些许端倪来，特别是对两面三

楚汉解码：左手项羽，右手刘邦

刀、脚踩两只船的项伯也能网开一面，也能言听计从，很大程度上是项羽的孝心使然。而刘邦对待亲情却是冷酷无情的，在逃命过程中，为了自己活命，把自己一对儿女三番五次地推下马车就是很好的证明。更让人侧目的例子可以引用《史记》的原文："彭越数反梁地，绝楚粮食，项王患之，为高俎，置太公其上，告汉王曰：'今不急下，吾烹太公。'汉王曰："吾与项羽俱北面受命怀王，曰'约为兄弟'，吾翁即若翁，必欲烹若翁，则幸分我一杯羹。"刘邦面对杀父的威胁，仍抱着令人吃惊的镇静态度，也从另一个角度将他那种冷酷和铁血进行到底。在友情方面，项羽为朋友讲义气、讲诚信，就算两肋插刀、赴汤蹈火也在所不辞。比如说他和刘邦最开始是结为拜把子兄弟的，尽管两人因为权力和利益你争我夺，但在鸿门宴上，项羽不管出于什么原因不杀刘邦，都是义气的体现，善待被俘虏的刘邦老爹和妻子也是仁义的体现，而广武议和后立马按约定撤军也是诚信的体现。相反，刘邦在友情方面，体现的是狡诈、虚伪、厚黑。他多次从项羽手中脱逃，没有狡诈是做不到的，而虚伪就更多了。革命开始，属下请他当沛公时，他三番五次地作秀推让；韩信逼刘邦封代齐王时，开始大怒的他经张良、陈平提醒，立马改口封韩信为真齐王，从这些方面都可以体现出来。而厚黑，对于刘邦来说更是家常便饭了。对项伯使用美人计（结儿女亲家），对范增使用离间计，对项羽本人使用调虎离山计（这个从整个楚汉争霸中，刘邦派彭越、刘贾等人在后方捅项羽娄子，让项羽顾此失彼就是很好的证明）。总之，比情感，显然是情真意切的项羽胜过薄情寡义的刘邦。

四是比性格。

性格是人对客观现实的稳定态度和行为方式。一个人的性格特点往往通过自身的言谈举止、表情等流露出来。前面已经分析过这个问题，在性格方面，项羽显然属于感情型、急躁型和孤僻型，虽然感情丰富、直率热情，但却喜怒哀乐溢于言表，情绪易冲动，不苟言笑，骄傲自负，不善交往。而刘邦显然属于敏感型、思考型和想象型，表情细腻，眼神稳定，说话慢条斯理，举止注意分寸，逻辑思维发达，善于思考，善于梦想，小心谨慎。这也是刘邦比项羽更具人格魅力的原因所在，也是刘邦能在楚汉争霸中战胜项羽的底气所在。总之，比性格，显然是一根筋的项羽输给路路通的刘邦。

五是比气质。

气质是人的个性心理特征之一,它是指在人的认识、情感、言语、行动中,心理活动发生时力量的强弱、变化的快慢和均衡程度等稳定的动力特征。气质是在人生理素质的基础上,通过生活实践,在后天条件影响下形成的,并受到人的世界观和性格等控制。论气质,项羽拥有自信阳光、从容不迫的气度;拥有指点江山、唯我独尊的霸王气场;拥有平和可亲、温文尔雅的气魄;拥有堂堂正正、视死如归的气节。而刘邦呢?他的气质、他的形象显然要比项羽差多个等级,这个已经在多方位的比较中有所了解,不必赘述。总之,比气质,拥有堂堂正正形象的项羽远胜于形象猥琐低下的刘邦。

综上所述,在情商方面,经过五个因素的比较,项羽4∶1完胜刘邦。

点评:论智商,项羽显然是没法和刘邦比的;而论情商,后人赞成刘邦胜于项羽的显然也更多。但笔者却认为,项羽其实在情商方面还是比刘邦强的,因项羽最终的失败而对他强加上太多的负面因素是不公平的,特别是抹杀掉他的才情也是不道德的,项羽本身还是有许多优点的,他的人格魅力也是无与伦比的。

项羽有哪些人格魅力呢?一是敢作敢当,二是光明磊落,三是重情重义。敢作敢当主要体现在敢于担当、敢于负责;光明磊落主要体现在对于自己的所作所为,不管对与错、是与非,都没有丝毫掩饰,没有刻意回避;重情重义主要体现在情深义重、情有独钟,他对虞姬的一往情深,是多情而又无情的刘邦无法相提并论的。

第六章　战与和·英雄江山一锅煮

一、楚汉争霸之彭城战役解析

战争来临时，真理是第一个牺牲品。

——海·约翰逊

话说汉高祖元年（公元前206年）的二月，项羽在推翻暴秦后，广发英雄帖，举行群英会，大封特封天下英雄，十八路诸侯也顺应而生。项羽自封为西楚霸王，而把灭秦的"二号人物"刘邦进行了冷冻和雪藏——被封到鸟不拉屎的汉中巴蜀之地当汉王。半年后，和项羽保持风平浪静只有短短数月的光景，磨刀霍霍的刘邦在大将军韩信的精心策划下，选择了毅然出关进攻三秦之地，楚汉之争的大幕也就正式开启。

楚汉战争，这场长达四年的争霸战的主要特点是具有无限扩大的空间。战争的主要关键词就是：好汉敌不过人多。说白了就是刘邦带着一大帮人来群殴项羽。项羽虽然是战神，年轻力壮、武艺高强、抗摔打能力强，多次将刘邦打得鼻青脸肿，但项羽在攻击刘邦时，自己也露出了命门，结果刘邦的帮凶乘机往死里打，最终，好汉敌不过人多，项羽死于非命。

这场旷世之战，概括起来分两条战线：主线和支线。其中，主线包含三大战役，分别是彭城之战、成皋战役、垓下战役，而支线包含四大战役，分别是三秦战役、安邑战役、井陉战役、潍上战役。

第六章 战与和·英雄江山一锅煮

考虑到三秦战役、安邑战役、井陉战役、潍上战役都是刘邦、韩信一方和项羽一方的直接部下、间接部下或挂靠部下之间的较量,并不是刘邦和项羽的正面相遇,这里就不详述了。下面,就来看项羽和刘邦之间真刀真枪的主线三场战役。

先来看看楚汉争霸的第一大战役:彭城之战。

一是彭城之战的"前世"。

话说刘邦出关后,采取大将军韩信"明修栈道,暗度陈仓"之计,迅速平定了三秦之地,撕开了项羽在关中设下的警戒线和屏障区。而这个时候的项羽正率大军在安内——征讨东边不安分的齐国。刘邦借此良机,一方面以信笺的方式稳住项羽,说是平定了三秦之地便会收兵;另一方面率军大举东进,目标直指项羽的都城彭城。

首先,来看一下双方的实力对比情况。

1. 大汉集团的情况。

主帅:刘邦。

参谋:张良、陈平。

大将:灌婴、周勃、樊哙、曹参、夏侯婴。

兵力:五十六万。

亲友团:十国联军。

亲友团团长:塞王司马欣、魏王董翳、翟王魏豹、殷王司马卬、河南王申阳、赵王赵歇、代王陈馀、常山王张耳、韩王韩信。

2. 西楚集团的情况。

主帅:项羽。

参谋:范增。

大将:钟离昧、龙且、季布、项声、周蓝。

兵力:三万。

亲友团:楚地老百姓。

亲友团团长:无。

楚汉解码：左手项羽，右手刘邦

其次，来看一下双方的战略部署情况。

1. 刘邦采取了"三管齐下"的战略部署。

第一路军：中路军。

统帅：刘邦。

进军方向：从洛阳直接向东前行。

目标：直取彭城。

概述：这一路军为主力部队，队中包括参谋张良、陈平，大将吕泽、夏侯婴等，以及九大诸侯军之众，阵容不可谓不强大。

第二路军：北路军。

统帅：曹参、灌婴。

进军方向：率领会合陈馀军从梁鲁，与中路军会师。

目标：彭城。

概述：这一路相当于先锋部队，起到突击的作用，协助中路军的主力部队试探楚军虚实，起到遥相呼应的作用。

第三路军：南路军。

统帅：薛欧、王吸。

进军方向：自关中出武关走南阳，攻阳夏（今河南太康），再一路向前。

目标：彭城。

概述：这一路军相当于协助部队，大力制造佯攻假象，吸引楚军的注意力，为中路军和北路军策应。

综合评价：刘邦之所以率先出招，主动对项羽发起进攻的原因有三个。一是拥有天时。这个时候，项羽到齐国征伐田荣等叛徒去了，正陷于齐地的人民武装战斗中不可自拔，中原和大本营都很空虚，正是乘虚而入的绝好时机。二是拥有地利。刘邦拥有十国联军，其中不乏楚地或是了解楚地之人，他们对楚地，特别是彭城的地理位置、沿途设防情况都了如指掌，知道如何以最快的速度直捣项羽的老窝。三是拥有人和。刘邦率军东进，到洛阳的时候，得知项羽诛杀了楚怀王这个噩耗后，便打出了为义帝报仇雪恨的旗号，把自己征伐楚军的队伍成功包装成了正义之师、仁义之师，因此途中得到多国"赞助"，刘邦也成了"联军总司令"。多国部队组合在一起，人员数量猛增，号称"五十六

第六章　战与和·英雄江山一锅煮

万大军",成了名副其实的威武之师。

2. 项羽采取了"兵来将挡、水来土掩"的战略部署。

俗话说：敌不动，我不动；敌若动，我先动。听说刘邦分三路大军东进时，项羽的表情是惊愕交加，他为自己对形势辨判的失误而懊悔和自责。是啊，他认定刘邦此时出关的目的意在关中三地，不会也不敢贸然东进，这才放心在齐国放开手脚收拾齐国，但不料风云突起，刘邦所做的直捣黄龙之举让他惊愕万分。

但项羽毕竟是项羽，很快他就表现出一个领袖所具备的领导风范来。冷静思考后，他知道自己现在班师回朝肯定是来不及了，马上采取了兵来将挡、水来土掩的补救措施，派韩王郑昌和殷王陈平前往韩地，目的是抵挡住刘邦中路大军的推进，同时派"战神"龙且抵挡北路军，派"战仙"钟离眛率兵踞阳夏阻拦南路军。同时，项羽还立即遣使者赴九江，请九江王英布出马支援，于是彭城之战的外围战就这样悄无声息地打响了。

二是彭城之战的"今生"。

首先，来看刘邦的先发制人——猛虎下山。

针尖对麦芒，比的是实力和势力。三管齐下，效果果然是看得见的，北路军首先发威，在定陶（今山东定陶）击破了项羽手下的"战神"龙且，南下砀（今河南永城市芒山镇）和冲破了楚军二王（韩王郑昌和殷王陈平）的阻挡，和刘邦的中路军胜利会师后，一鼓作气拿下了项羽的都城彭城。虽然驻扎在阳夏的"战仙"钟离眛是唯一没有辜负项羽厚望的将领，成功抵挡住了汉军南路军的进军步伐，但随着彭城的告破，他一夜之间成了一支孤军。值得一提的是，九江王英布以"生病"为由，安心在九江坐山观虎斗，为了给项羽一个"交代"，他只派了几千老弱病残的士兵前去支援了事，结果这点儿兵自然塞汉军的牙缝都不够。总之，以迅雷不及掩耳之势夺取彭城，刘邦的先发制人效果显著。

其次，来看项羽的后发制人——灵蛇出洞。

彭城被刘邦攻陷后，楚地成了刘邦的一亩三分地，项羽面临着艰难的选择。齐国是个刺头，屡平不息，此时还处于动荡状态，如果项羽回师救楚，则面临两线作战、腹背受敌、进退维谷的危局；如果不去救，继续征服齐地，坐

楚汉解码：左手项羽，右手刘邦

等刘邦的联军在楚国地盘上扎牢了根，到时候只怕想再来震动他就比登天还要难。

关键时刻，项羽的政治眼光还是体现出来了，他终于看明白，齐国虽然乱，但不足为虑，让他们闹闹也无妨，而刘邦才是心腹大患，不及时拔掉这颗比老虎还毒的牙，留下的是无穷的祸患，对于他来说，可能是毁灭性的后果。莎士比亚有一句这样的名言：生存还是毁灭，这是一个值得考虑的问题。而对于项羽来说，没有过多的时间来考虑，他必须果敢迅速地做出决定。于是乎，他以快刀斩乱麻的方式，立即做出了一个超乎常人想象的军事行动：一是让楚军大部队继续在齐国境内平乱，这是欲盖弥彰，以达到迷惑刘邦的目的。二是亲自带领三万精兵去救彭城，这是绝处逢生，以达到驱逐刘邦的目的。

这个作战部署的风险很快就体现出来了，以三万兵力去对付对方五十六万兵力，这无异于鸡蛋碰石头，自取灭亡啊。但项羽却用事实证明了什么叫出奇制胜。因为他这时率领的三万兵马不是一般的兵马，而是楼烦骑兵。楼烦人能骑善射，战国时就给赵国充当雇佣骑兵。秦朝蒙恬率大军击破匈奴，收复河套，筑长城驻守，也收编了不少楼烦骑兵。在巨鹿之战中，秦将王离率领的楼烦骑兵被项羽击败，项羽便借机收编了这支楼烦骑兵，逐渐培养成了自己的秘密武装。此时临危受命，所启用的正是这支神秘武装。项羽和他的骑兵让人眼前一亮：一是速度惊人。因为是专业骑兵，这支队伍的行军迅速惊人，用日行千里来形容一点儿也不为过，这样的速度是常人无法想象的。二是战斗力强。行军到鲁地的瑕丘（今山东兖州市东北）时，遇到了大汉集团第一悍将樊哙，结果一向天不怕地不怕的樊哙被打得满地找牙，狼狈而逃。楚军随后绕道山东枣庄、曲阜等地，尽量避免和汉军交战，快马加鞭，神速之极。最后穿越胡陵（今山东鱼台东南）后，包围了萧邑（今安徽萧县西北），然后一番攻防战后，汉军大败，残余部队逃往彭城。而项羽没有给他们苟延残喘的机会，一直追到了彭城外，至此迎来了楚汉两大集团第一次正面的大碰撞。

战斗很快就呈一边倒，拥兵三万的楚军，以一敌百，个个生龙活虎、锐不可当。而几十万联军此时还在睡梦中，突遇楚军的大规模偷袭，慌乱一团。结果是造成刘邦联军指挥系统瘫痪，根本无法组织有效的反抗，而宜将剩勇追穷寇也是项羽的拿手好戏，于是在他如潮的攻势下，抵挡不住的汉军只有溃逃的

第六章 战与和·英雄江山一锅煮

份了。兵败如山倒,诚不虚也。

就这样,项羽充分发挥快、准、狠的风格,在"快"字上突出出其不意、攻其不备的策略,将兵贵神速的战术进行到底;在"准"字上突出迂回曲折的方式,将出奇制胜的策略奉行到底;在"狠"字上突出冷酷无情的特点,将千里大追踪的战局运用到底。

以刘邦为首的汉军以不变应万变,只选择了一个字——逃。面对从天而降的楚军,面对无心恋战的己军,或许只有逃才是唯一的生路,然而,彭城三面皆陡山,一面环水(睢水),与其向血山上求死,不如向死水中求生。结果睢水成了汉军心中永远的痛,落水后,被水淹死的大有人在,被自己人踩死的大有人在,被尾随而至的楼烦骑兵砍死的也大有人在,九死一生后成功过河的少之又少,大部分都死在了睢水之中,以至于出现了"睢水为之不流"的凄惨景观。就连统帅刘邦也是充分发挥脚长善于跑步的特长,跑到彭城西,然后又利用三寸不烂之舌让楚将丁公放了自己一马,利用老天爷狂风怒号发威的帮助,最终得以成功逃脱,有惊无险地逃到下邑。

三是彭城之战的"三重谜"。

1. 彭城之战为什么笑到最后的是项羽?

拥兵三万的项羽击败拥兵五十六万的刘邦,为什么完胜的是项羽,而完败的会是刘邦呢?这个得从刘邦和项羽两边分别找原因。

首先,来看刘邦个人的失节和团队的失真。

失节主要体现在刘邦个人的扬短避长。刘邦的长处是谦虚谨慎,为人大气,能说会道,善于攻心术,善于厚黑学,能把天下各类人才拉拢于麾下;短处是喜欢酗酒,贪恋美色,恨不能把天下美女尽收于彀中。攻入咸阳后,刘邦这一嗜好便展露出来了,好在在樊哙、张良等人的轮番劝说下,他及时醒悟,收敛起来,封秦重宝财物府库,还军霸上,接着与关中父老约法三章,为自己迅速赢得了民心。此时攻占彭城后,刘邦比入咸阳还要兴奋万分,还要高兴千倍,他认为天下大势已定,项羽已是强弩之末不足为虑了,他认为是该及时行乐的时候了,于是露出了好酒及色的真实本性,夜夜笙歌,左拥右抱,寻欢作乐,好不快活。俗话说,上梁不正下梁歪,刘邦如此放肆享受,他手下的将士们也都松懈了,大家都沉浸在胜利的喜悦之中。结果,汉军露出命门,让项羽

楚汉解码：左手项羽，右手刘邦

有了可乘之机。

失真主要体现在刘邦团队的似强实弱。刘邦联军虽然号称有五十六万，但因为是"号称"，里面肯定掺杂很多水分，再加上这支部队虽然人多，但却是一支兵源混杂、缺乏配合、纪律松弛、各自为战的杂牌军，很难统一指挥，目标也很难一致，这个和前秦苻坚的"多人种联合"部队如出一辙，被东晋的军队忽悠一下，糊弄一番，很快就土崩瓦解了。因此，一旦碰到真正的恶战，这支联合军队的战斗力几乎和被动挨打画上等号。

其次，来看项羽个人的果断和团队的果敢。

果断主要体现在项羽个人的雷霆万钧。面对老窝被端、腹背受敌的危局，项羽再显英雄豪气，果断做出战术部署，一是毫不犹豫地反击，再启当年巨鹿之战的经典模式——破釜沉舟。他选择了只带三万精兵反击，让大部分军队留在齐国继续收复齐地，这样做很好地迷惑了对手。只有将自己置于死地才能后生，国都被占领，楚军个个义愤填膺，项羽率三万精兵回楚，他这样做等于押上了自己和所有士兵的身家性命，不成功便成仁，这种果断是需要勇气和定力的。二是加速。兵贵神速，项羽在行军路线上大做文章，独具慧眼选择了绕道刘邦防备最松懈的彭城以西的萧县，以迅雷不及掩耳之势发动突然袭击。所以，汉军根本想不到项羽会从这里打来，自然防不胜防，因此节节败退。项羽的个人气质彰显无疑。

果敢主要体现在项羽部队的勇猛刚强。项羽置之死地而后生的策略，让将士们没有退路可言，只有向前才有活路。再加上这三万军队是项羽多年培育出来的超级秘密武器，具有强极的机动作战能力和突击能力。因此，尽管只有三万人马，但个个能以一敌百，在危境中所爆发出来的战斗力巨大。

两强相争勇者胜，也正是因为这样，"弱姿态"的项羽战胜"强势力"的刘邦也不足为奇了。

2. 彭城之战刘邦损失有多少？

彭城之战，刘邦大败，狼狈而逃，其损失归纳起来主要有三点。

一是损兵上。损兵指的是因战死、被俘、逃跑、投降而造成的兵力损失。据史书记载，彭城之战，因为项羽以迅雷不及掩耳之势发动了突然袭击，导致正处于"亚状态"的汉军根本无法组织起有效的抵抗，结果是自相践踏，乱

第六章 战与和·英雄江山一锅煮

作一团,在彭城的正面交锋战中被项羽斩杀十余万人马。随后,汉军大败而逃,项羽紧追不舍,汉军在谷水、泗水被歼十余万人马。刘邦率残兵败将继续南逃,想利用彭城南吕梁山区进行反击,结果又被项羽杀毙几万人马,最后项羽军追击汉军逃兵至灵璧以东的睢水上,再斩杀汉军十余万人马。刘邦仅带十余名骑兵突围而逃。由此可以看出,彭城一战,汉军损失在三十万人以上,也就是五十六万联军,损失近三分之二,而逃散的这三分之一的人马中多半是联合的同盟军,他们充分发挥能战则战、不能战则逃的优良传统作风,眼看形势不妙,早就逃之夭夭了。而因为刘邦和他所率的汉军是项羽重点打击的对象,结果连番追杀,汉军几乎被歼殆尽。彭城兵败后,留守在汉中的"后勤大司令"萧何"发关中老弱未傅悉诣荥阳"来支援刘邦,可见汉军损失之惨重。

二是折将上。折将指的是战死、被俘或者投降的将领。俗语说,"千军易得,一将难求",这就说明了将领的重要,因为将领损失,往往意味着他所率领的军队大部分或者全部覆灭了,成建制的军队覆灭,这样的损失是更难弥补的。而彭城之战,刘邦麾下一百四十多个列侯,其中包括了曹参、周勃、夏侯婴、樊哙等名将,包含了张良、陈平、郦食其、陆贾等名谋,从事后的结果来看,他们都安然无恙,由此可以看出汉军折将根本不大。对比刘备夷陵大败,蜀军损失有名有姓的将领就有几十个,几乎全军覆没,刘邦算是不幸中的万幸了。

三是损物上。物的损失不用说,肯定多,刘邦原本占领彭城所夺得的一切金银珠宝都物归原主,但战争从来都是无情的,一城一池的得失,实际上也是物的主人的转变,但考虑到"千金散尽还复来"这句古训,尽管这次战争中财物的损失很大,但显然无关紧要,无关大局。

总之,彭城之战尽管刘邦损失惨重,但因为没有伤到筋骨,所以给了他卷土重来的机会。

3. 刘邦真的用"无影脚"把他的孩子踢下车了吗?

《史记》中记载,在彭城之战逃跑途中,刘邦为了逃命,接二连三地把自己的一对儿女踢下车。很显然,这是史官司马迁先生在为刘邦抹黑,理由如下:

一是于情不通。人非草木,孰能无情?刘邦再怎么厚黑,再怎么冷酷无

楚汉解码：左手项羽，右手刘邦

情，他毕竟也是人，有七情六欲，有浓浓亲情，鲁元公主和刘盈是自己的亲生儿女，血浓于水，虽说是生死攸关的当头，但真的就愿意舍得孩子？再退一万步来说，就算他舍得孩子也不一定能套住狼啊，要知道楚军的最终目标是他自己，而不是别人。因此，刘邦踢儿女下车于情不通。

二是于理不合。鲁元公主和刘盈被刘邦从马上连扔数次，居然毫发无损，这显然是说不通的。人都是血肉之躯，不是特殊材料制成的，因此，摔了这么多次，一对未成年的孩子不被摔死也要被摔残摔伤吧。再说，就算果真刘邦铁石心肠，狠心踢儿女下车，但他这么踢几次，太仆夏侯婴便停下车来捡几次，而项羽的铁骑居然都没有追上，难道楚军是原地踏步？因此，刘邦踢儿女下车不符合常理。

三是于规不符。史书记载刘邦只率了十余亲信逃走，因此，逃得肯定很狼狈，估计除了马，其他什么东西都没有带。且不说刘邦是怎么在逃跑过程中弄到马车的，明眼人一看便知，逃跑过程中，在马和马车的选择上，肯定都会选择马。毕竟连傻子也知道马要比马车快得多、灵敏得多，刘邦选择马车而不选择马，难道是想自取灭亡？再退一万步说，项羽的追兵是铁骑，刘邦即使是自己一个人坐车上，试想他能够逃脱得了楚军铁骑的追击吗？因此，刘邦踢儿女下车不符合常规。

点评：彭城之战很具戏剧性，原本实力很强的刘邦最终败得不可思议，再次成就了项羽以少胜多的经典之战。刘邦虽然侥幸逃脱，但他的十国联军却弹指一挥间烟消云散了，各大诸侯王要么以识时务的方式投奔到项羽怀抱（如司马欣、董翳、魏豹等人），要么以唯我独尊的方式"独立"（如陈馀等），当然也有誓死追随刘邦的。总之，虽然刘邦失利导致势力大减，但站在大浪淘沙的角度来看，又是一件好事，毕竟剩下的和愿意留下来继续跟他干革命的都是精英中的精英，都是勇士之中的勇士，都是忠臣之中的忠臣。

而对于项羽来说，这一仗尽管把自己的超级才干发挥得淋漓尽致，但也留有遗憾，那就是没有一鼓作气彻底歼杀刘邦，给了刘邦喘息的机会，以致后来，刘邦逃往西边，占据荥阳和成皋之地利，依靠关中汉中之资源，最后依靠优越的地理和物质资源，以及项羽后方的游击战大师彭越，卷土重来，再战江湖。毛泽东在《七律·人民解放军占领南京》中的"宜将剩勇追穷寇，不可沽名学霸王"，便一针见血地指出了项羽在彭城之战中所犯的错误。

二、楚汉争霸之成皋战役解析

犬戎腥四海，回首一茫茫。血战乾坤赤，氛迷日月黄。将军专策略，幕府盛材良。近贺中兴主，神兵动朔方。

——杜甫乱世建功名言

话说彭城之战失利后，刘邦溃不成军，仅带十余亲信狼狈逃脱，自己的父亲和妻子吕雉，也成了项羽的阶下囚。汉高祖二年（公元前205年），刘邦退到荥阳一带收集残部。这时，刘邦的部下萧何在关中征调到大批兵员补充到前线，韩信也带部队赶来与刘邦会合。刘邦的汉军得到休整和补充后，实力复振，将楚军成功地遏阻于荥阳以东地区，暂时稳定了战局。自五月起，汉、楚两军为争夺该地，展开了一场旷日持久的战争——成皋之战。

下面，就让我们彻底融入到这场激战当中去。

一是成皋之战的第一场战役——舆论战。

这个舆论战不单单包括宣传、攻心等心理战，还包括军事部署、战术方案制订等政治战。

首先，来看刘邦的表现。

彭城战败后，为了扭转不利的战局，改变楚强汉弱的态势，刘邦及时主持召开了一次专题会议，分析总结了彭城之战的经验教训，并果断采纳谋士张良等人的正确建议，制定并实行了两步走的战略方针。

第一步：在政治上注重团结。一方面，经历过失败后，刘邦更加注重做好民心工作，积极在争取人心上下功夫，如提高将士们的薪酬待遇、改善他们的伙食、增加各项福利的保障机制、提供安居乐业的承诺机制、完善建功立业的激励机制等。人心齐，泰山移，总之，让全体大汉集团的将士感受到跟着刘邦干有奔头、有盼头、有甜头。另一方面，着力加强内外部的团结，全力以赴重用三个人。这三个人分别是"力战之王"英布、"陆战之王"韩信和"野战之

楚汉解码：左手项羽，右手刘邦

王"彭越。考虑到韩信和彭越已经是大汉集团的人员，刘邦采取的措施是提拔加重用，在充分调动这两个人积极性的同时，也进一步团结了大汉集团的内部力量。对于英布，刘邦采取的办法是挖墙脚。英布虽然最早归属于项羽，但在分封天下后，英布便和项羽产生了矛盾，一是因为项羽给英布的封地过少，二是因为英布对项羽安排自己弑杀义帝不满，因此，他在彭城之战中，才会选择坐山观虎斗。刘邦当然知道这个人才的重要性，他很快派随何当说客去九江对英布劝降，结果随何不辱使命，成功让英布彻底脱离西楚集团，加入了大汉集团。是金子就会发光，事实证明，英布、韩信、彭越这三个人在刘邦的重用下，在成皋之战乃至后面的垓下之战中都发挥了不可替代的作用。

第二步：在军事上注重策略。一方面是强基——改变战略。彭城失利后，楚强汉弱已经成为客观存在的事实，调整最初制定的主动攻击的战略方针，以退为进，转攻为守，打持久战，打消耗战，打僵持战，破坏项羽速战速决的战略意图，加强后方军事基地及后勤保障基础的建设，进一步增强汉军的个人素质和战斗能力，同时增加粮草的供应，为长期抗战做好各项准备工作。另一方面是固本——调整战术。制订灵活多变的"一个中心，两个基本点"的战术方案，一个中心就是在军事上以据守关中为根本，两个基本点就是以正面坚持为主攻点，以南北两翼牵制和敌后袭扰为辅攻点。具体来说就是，既要正面和楚军对抗和僵持，牢牢咬住楚军不放松，又要从南北两翼对楚军进行军事打击，牵制楚军，更要在楚国境内开辟敌后游击新战场，不断袭扰楚军的后防，从各个层面调动对手，让楚军无所适从，疲于奔命，分身乏术，以达到使楚军陷于多点、多线、多面作战不利的局面和顾此失彼的艰难困境。

其次，来看项羽的表现。

彭城大捷后，项羽当然也没有闲着。为了凝心聚力，为了奋发有为，为了彻底打败刘邦，创造一片崭新的局面，他及时设了一个庆功宴。宴会上，在歌功颂德、表彰功臣的同时，他还总结了彭城之战的经验教训，果断采纳谋士范增等人的正确建议，制定了刚柔并济的"双管齐下"战略部署。

第一管：温柔一刀。一方面保护好楚国的两翼，及时与赵、齐签订了共同防御联盟体系条约，企图以"双枕腰"的态势来稳定楚北、东北、西北的局势。另一方面派使臣去九江游说摇摆不定的英布，让其出兵武关、进击关中，

第六章　战与和·英雄江山一锅煮

直捣刘邦在汉中的老窝，让其顾此失彼。这一点似乎是以其人之道还治其人之身，是针对刘邦派彭越等人袭扰楚军后防所做的反击之举。

第二管：刚猛一击。由项羽自己亲统楚军主力军，对汉军实施正面攻击，首先是把进攻的第一站锁定在军事重地荥阳上，占领和掠夺刘邦在这里设立的粮食储藏基地，让汉军陷入挨饿的险境；然后再夺取兵家必争之地成皋，让汉军处于四面挨打的危境；最后西进函谷关，进军汉中，让汉军处于灭亡的惨境。

最后，来看刘邦和项羽的综合表现。

针尖对麦芒，刘邦的两步走和项羽的双管齐下，从战略上讲，可谓相生相克，不相上下。

当然，光有部署不行，关键还要看执行力。首先，来看刘邦的执行力，他的执行力主要体现在三个方面。

一着眼于"快"。刘邦在执行力方面强化时间观念和效率意识，弘扬立即行动、马上就办的工作理念。每项工作都立足一个"早"字，落实一个"快"字，只争朝夕，提高办事效率。他的两步走战略方针出台后，立马让大家各司其职，各就其位，马上付诸行动。在派使者去九江说服九江王英布这件事上，刘邦的雷厉风行、干净利落就发挥得淋漓尽致，他派去的使者因为比项羽派去的使者早一步，结果在攻心战中夺得了先机，最终成功争取到英布这个重量级人物，一举改变了楚汉争霸楚强汉弱的颓势。

二着眼于"新"。刘邦年龄虽然比项羽大了一轮，但思维和心态却不老，他在工作中勇于开拓，果断改革，以创新谋发展。比如他制定"一个中心，两个基本点"的战术方案就是大胆创新，以扬长避短的方式，不和项羽进行正面作战，而是采取"防守反击"的战略，以灵活、机动、多变的外围战和游击战为主，打一枪换一个地方，让项羽及楚军顾此失彼、疲于奔命，最终被汉军拖垮。

三着眼于"实"。天下大事必作于细，古今事业必成于实。事实证明，刘邦定了目标和方针后，便脚踏实地地去执行和落实。这些"实"主要体现在两个方面，一方面是目标实，没有盲目乐观，也没有妄自菲薄，目标既很贴实际，又着眼未来。另一方面是执行实，没有理由，没有借口，对于完成目标任

楚汉解码：左手项羽，右手刘邦

务的将士进行嘉奖，对于功臣功将提拔重用，对于没有完成目标任务的将士追责问责，对于碌碌无为的将领降免职务。

总之，刘邦的执行力在快和新上下功夫，体现在了一个"实"字上，让他的战略方针真正落到了实处，最终历经艰险，达到了自己预期的目的和效果，取得了成皋之战的最终胜利。

再来看项羽的执行力，他的执行力主要体现在三个方面：

一着眼于"严"。严是项羽治军的精髓，一方面项羽对自己严。他具有很强的责任意识和进取精神，他把工作标准调整到最高，精神状态调整到最佳，自我要求调整到最严，认认真真、尽心尽力、不折不扣地履行自己的职责。在整个成皋之战中，项羽贯彻自己的优良传统作风，严于律己（不好色），严以修身（不贪杯），严以用权（不放权），认认真真、扎扎实实地打好每一仗。另一方面项羽对部将严。楚军纪律严明、作风严谨，奉行的是君子犯法与庶民同罪的原则，对于没有按规定落实工作和失职的人员进行严厉问责，这一点从楚军超强的作战能力就可见一斑。

二着眼于"细"。虽然古人云，泰山不择微壤故成其大，江海不拒细流故成其深，但项羽的细不单单体现在工作的细腻和生活的细致上。项羽因为个人能力出众，所以凡事亲历亲为，事无巨细都要包办。这一点主要体现在成皋之战战略部署、战略攻防、战略贯彻等所有环节，尤为突出的是每次大的战争或是面临危险的局面，我们都可以看到项羽一马当先、身先士卒的身影，以至于汉军对项羽忌惮至极，往往项羽一到，便闻风而逃。如此细腻的工作，就算他是一个铁人也会承受不了的。事实上，最后项羽也是这样被刘邦拖垮的。

三着眼于"虚"。项羽一方面好大喜功，热衷于虚名，认为自己的威名不可亵渎，有违他的人非死便逐，顺他意的、阳奉阴违的，便可相安无事。比如说范增的死，便是跟项羽好大喜功有很大的关联，而范增的离去，也是项羽最后败亡的重要原因所在。另一方面，项羽好高骛远，目空一切。项羽总是以一种居高临下的姿态来看刘邦和汉军，总认为他们不足为虑、不堪一击。这种轻敌思想给了敌人可乘之机，比如说刘邦从被项羽重重包围的荥阳逃出，便是利用了项羽的松懈。

总之，项羽的严和细在执行的过程中打了折扣，最后他的战略部署体现在了一个"虚"字上，以致利用赵、齐来保护好楚国的两翼、游说英布来袭击汉军所在关中的后防线等战略意图都没有实现，这也是他最终在成皋失利的根本原因。

二是成皋之战的第二场战役——外围战。

成皋南屏嵩山，北临河水（黄河），氾水纵流其间，为洛阳的门户，是入函谷关的咽喉，战略地位十分重要，有"虎牢"之称。而成皋东面的荥阳又是其天然屏障，成皋战役的外围战就是顺应形势在荥阳展开的。俗话说，知己知彼，百战不殆，双方开打前，先来看一下双方的实力对比情况。

1. 大汉集团的情况。

主帅：汉王刘邦。

参谋：成信侯张良、护军中尉陈平、广野君郦食其、谒者随何。

大将：灌婴、周勃、樊哙、夏侯婴、周苛、郦商、刘贾等。

兵力：十万左右。

亲友团：汉中百姓。

2. 西楚集团的情况。

主帅：西楚霸王项羽。

参谋：历阳侯范增。

大将：大司马曹咎、长史司马欣、钟离眜、龙且、季布、项声、终公。

兵力：二十万左右。

亲友团：楚地老百姓。

3. 外围战的情况。

这次和彭城之战相反，攻防逆转了，率先出招的变成了项羽，他凭借彭城之战的威名，很快把楚军的大部队推进到了荥阳。欲得成皋，必克荥阳。为了攻克荥阳，项羽高举高打，使出了浑身解数，十八般武艺用尽，意在一举拿下。

这个时候，刘邦一方面正面阻击项羽的进攻，拿出了自己的秘密武器——骑兵。原来，经过彭城大败，刘邦深刻地意识到了自己在骑兵建设上的严重不足。亡羊补牢，犹未晚也，于是刘邦做出了"择军中可为骑将者"的举措，并且拜灌婴为中大夫，令李必、骆甲为左右校尉，很快打造了一支威风八面的

楚汉解码：左手项羽，右手刘邦

骑兵队伍来。结果初次交锋便大败楚军。另一方面，刘邦又在荥阳城外大做文章，筑甬道至河水，取敖仓（今河南荥阳东北）积粟食用，以达到扼守荥阳、保卫成皋、雄霸关中、与楚军长期抗衡的目的。

在这场攻防战中，双方斗智斗勇，项羽一边攻城，一边也派钟离眜等将领骚扰汉军的敖仓粮道，极力粉碎刘邦拼死顽守荥阳的战略意图。

尽管刘邦应对得当，防守得力，但项羽毕竟拥有超过他一倍的兵力，并且战斗力强、作战经验丰富，因此，刘邦在荥阳城的外围工程——粮道很快就被楚军破坏得不成样子了。这样一来，荥阳城中的汉军粮草供给出问题了，时间一长，温饱问题便成了重中之重。挨饿就罢了，还要挨打，面对楚军一波又一波的攻势，汉军左支右绌，越来越感吃力，荥阳城门随时都有被打开的危险。

荥阳告急，刘邦自然不能坐视不管，眼看斗勇斗不过项羽，他决定和项羽斗智。

刘邦首先使出了反间计。他打开自己的小金库，拿出了几乎所有的私房钱，也就是五万两黄金让陈平去行贿。千金散尽还复来，刘邦这样的慷慨大气之举，效果也是很明显的，项羽很快被离间，对猛将钟离眜等人疑而不用，剥夺了他们的兵权，对荥阳的进攻因此暂缓；并且对谋臣范增疑而不听，甚至剥夺了他的发言权和建议权。面对项羽的猜忌，钟离眜等武将选择了沉默，而范增却选择了爆发。身为项羽的亚父，他的眼里是容不下沙子的，他不可能坐视项羽失败而不管，他要求项羽抛弃所有包袱，歼灭刘邦，拿下荥阳。但项羽说取别人的性命是第二位的，保住的自己性命才是第一位的。结果一番争议后，幡然醒悟的范增选择了告老还乡。项羽也不挽留，最终悲怒交加的范增病死路中。总之，刘邦利用反间计成功除去了西楚集团的第一谋臣范增，成效显著。

接着，刘邦又使出了美人计。这个美人计是建立在诈降的基础上的。的确，范增死后，惊醒过来的项羽化悲痛为力量，很快消除了和钟离眜等将领的矛盾，团结楚军，再次对荥阳发起了排山倒海般的攻势。这下刘邦已黔驴技穷了，等待他的将是华山一条道——死亡。好在关键时刻，刘邦大汉集团中的中流砥柱、丰沛故人帮的成员纪信挺身而出。他舍生取义，愿意以自己的死来换取刘邦的生，提出了让自己假扮刘邦诈降来迷惑项羽，助刘邦开溜的计策。陈平在他的诈降计上又加了一条美人计，让这个计谋更趋于完美，确保万无一

第六章 战与和·英雄江山一锅煮

失。项羽听说刘邦愿意投降，自然高兴极了。受降那天，汉军首先让精选出来的几千妇女走出城门，上演"模特时装秀"表演，结果吸引了所有楚军的注意力，刘邦乘机带着几个亲信从小门溜出城去。直到假扮刘邦的纪信出场上演压轴戏时，项羽才知道自己被刘邦这个糟老头欺骗了。煮熟的鸭子就这样飞了，项羽如何咽得了这口气，于是导演了水煮纪信的血腥剧目，但已于事无补，徒增恶名。总之，刘邦利用美人计成功渡过了人生当中的一大劫难。

三是成皋之战的第三场战役——攻防战。

围绕成皋的攻防战中，项羽上演了二进二出成皋的好戏。

首先，来看项羽的一进成皋。

话说刘邦利用替死鬼纪信和两千名妇女为诱饵，金蝉脱壳逃出荥阳后，逃到了成皋。项羽一边水煮纪信泄恨，一边调转马头，率楚军大部队追杀逃往成皋的刘邦。刘邦刚逃到成皋，屁股还没坐稳，惊闻项羽追上来了，对被围困在荥阳差点儿毙命而心有余悸的他马上选择了三十六计，走为上，弃成皋，走关中。

就这样，项羽不费吹灰之力便拿下了成皋。

逃回关中，重新征集到了一支军队后，刘邦原本打算再夺成皋。但他手下谋士辕生给他献了两个计谋：一个是围魏救赵之计。他建议刘邦派兵出武关，出宛（今河南南阳）、叶（今河南叶县南），做出直捣楚国都城彭城的态势，目的是吸引楚军的主力。二是声东击西之计。他建议以封赏加重用的方式激励手下韩信、英布、彭越"三虎"放开手脚，逆势而上，大胆作为。

刘邦听从了辕生的建议，没有直接出函谷关，和项羽再战成皋，而是南下武关。项羽果然做出决定，亲率主力南下，继续去单挑刘邦。结果刘邦早就想好了对策，据险而守，坚壁不战。

就在项羽和刘邦僵持之际，刘邦重用的三个人开始发力了，英布率他的游击队往武关一带行军，来支援刘邦，这不但大大提升了汉军的士气，而且还分散了项羽的注意力。韩信在北方战场大展身手，正大刀阔斧地对项羽的附属国展开"剪翼行动"。彭越充分发挥"钻山豹"的风格，趁机渡过睢水，在楚国后方大张旗鼓地捣乱起来，并且迅速攻占了要地下邳，直接威胁到了楚都彭城。

楚汉解码：左手项羽，右手刘邦

项羽只好派部将终公守成皋，派大将钟离昧和刘邦继续玩"躲猫猫"的游戏，自己则率楚军主力部队回师东击彭越。

结果刘邦没有放过这个绝好机会，他一边令英布死死咬住钟离昧，另一边亲率汉军主力强攻成皋。终公虽然拼死抵抗，但毕竟势单力孤，最终成皋被刘邦又夺了回去。

其次，来看项羽二夺成皋。

项羽那是何等人物，他很快击退了"无法无天"的彭越，然后再回师西进。他没有直接对成皋动手，而是转攻成皋的屏障荥阳，结果打了汉军一个措手不及，一举拿下了荥阳。在荥阳，项羽又拿出自己的烹饪绝技，水煮荥阳汉军守将周苛，随后调转马头，再来攻夺成皋。听说荥阳已失，早已吓破胆的刘邦觉得"城池诚可贵，财富价更高。若为生命故，二者皆可抛"。于是再次弃城而逃。

成皋因为统帅刘邦的逃离，其他将领也都跟着学样，纷纷逃离，最后成皋成了一座空城，项羽不费吹灰之力便拿下了。

刘邦仓促逃到小修武（今河南获嘉东）后，上演了一幕经典的"夜夺兵权"，也正是因为征调到了韩信的军队，刘邦才得以支撑危局，卷土重来。

在这里，刘邦再次调整战略方针，做出了双管齐下的战略部署：一是高筑墙，广积粮。汉军大部队高筑壁垒，按兵不动，养精蓄锐，以待天时。同时，征调各地粮草，以用军需，解决汉军士兵行军打仗的生活必需之用。二是步步为营。派少数人迂回到楚军后背去使暗招子，扰乱敌人后方；派韩信继续开辟北方战场，扩大战果，剪除项羽的羽翼；派英布前往淮南，联合他岳父衡山王吴芮一起开辟淮南战场，进一步牵制和分散楚军兵力；派刘贾（刘邦的大表哥）、卢绾两人率两万人马，从白马津（渡口名。在今河南滑县北）渡过黄河，深入楚军后方，与在那里玩游击战术的彭越将军联手，重建敌后战场。

很快，战略效果就彰显出来了，刘邦高挂免战牌，让项羽的一腔锐气和一身霸气无处使；韩信在北方打得风生水起，让项羽心头烦恼；英布在淮南战场也令人头疼；"钻山豹"彭越在刘贾、卢绾的支持下，很快在楚国境内攻占了睢阳（今河南商丘南）、外黄（今河南杞县东北）等十七座城池。

对于汉军三虎的发威，项羽通过形势分析，英布先前已被自己的部将龙且

第六章 战与和·英雄江山一锅煮

打败，元气尚未完全恢复，此时来声援刘邦，只是虚张声势，不足为虑；韩信在北方开辟的是新战场，那里有齐国、赵国和他进行单兵较量，势均力敌，暂时无忧；唯有彭越插入自己的老窝，如果不及时征伐，祸害无穷。最终，项羽做出决定，派曹咎守成皋，他亲自领兵东征彭越。为了保证军事重地成皋不失守，项羽给曹咎下了命令：坚守成皋半个月便是成功。同时，他还给曹咎一个锦囊妙计——坚守不出，神仙难飞；死守不出，固若金汤。

然而，半个月后，当项羽击败彭越凯旋时，成皋已被刘邦拿下，因为曹咎并没有听从项羽的告诫，他忍受不了汉军的百般辱骂愤而出战，结果兵败城破。刘邦拿下成皋后，士气大振，一鼓作气夺回了敖仓粮道，并围楚将终公、钟离眜于荥阳。

项羽的到来自然很快解了荥阳之围，刘邦为了避项羽的锋芒，率汉军退至广武山上。

广武山位于荥阳东北三十余里处，地势险要，左边是一望无际的荥泽，右边是四季河水泛滥成灾的氾水。更绝的是，广武山中间有一个巨大的山涧，像一把刀子一样把整个广武山分为东西两半。山涧宽一百米，长八百米，深二百米，是一条常人无法逾越的天然屏障。

汉军驻扎在涧西，楚军驻扎在涧东，双方隔岸相对，僵持不下，就这样，楚汉相争进入了僵持期。

四是成皋之战的第四场战役——僵持战。

楚军与汉军对峙于广武，汉军的策略很简明，依据险要地形，坚守不战，任凭楚军如何挑战都无动于衷。就这样，双方对峙数月后，项羽着急了，他急着与刘邦一决高低，原因有两个：一是粮草告急。此时的刘邦拥有敖仓之粮，吃上一年半载也不愁；而楚军后方的粮道被彭越已经糟蹋得不成样子了，粮草告急，温饱成了楚军的大问题。二是局势告急。刘邦因为重用了韩信，让他开辟北方战场，结果不负众望的韩信很快便歼灭掉了归附于项羽的赵王歇、魏王豹，而齐地此时成了唯一存在的楚军盟友了。如果齐地再失陷，到那时韩信、英布、彭越联合起来，楚军将会陷入四处挨打的被动局面。

项羽当然没有坐以待毙，而是选择了主动出击，使出看家本领，打出了三张牌。

楚汉解码：左手项羽，右手刘邦

第一张牌：亲情牌——黑虎掏心。

项羽此时把在彭城之战中擒获的刘邦的父亲刘太公和老婆吕雉从幕后推到了前台，将他们绑在大木案上，旁边架起一口大锅，锅下火光熊熊，锅内热气腾腾，然后对刘邦放出狠话，要想你老爹和你老婆活命，投降是唯一的选择。

面对项羽赤裸裸的威逼，刘邦直生生地回了两句话。第一句话：要我投降，做梦。第二句话：我们一起扛过枪（闹革命），一起下过乡（拜把子兄弟），一起同过窗（共侍义帝），一起嫖过娼（这个可以有），一起分过赃（这个不能无）……总之，我爹也就是你爹。如果你真要煮杀你爹，那就分一杯肉汤给我喝吧。

见过流氓的，没见过这么流氓的。项羽一怒之下就要动刑，结果"老好人"项伯在这个关键时刻出现了，在他的劝说下，项羽悬崖勒马，饶刘邦的亲人不死。

总之，项羽的这张亲情牌——黑虎掏心，因为刘邦的无情而没有发挥作用。

第二张牌：爱情牌——一箭穿心。

威逼刘邦不成，项羽索性赤膊上阵，约刘邦进行单挑。他给出的理由是为了让百姓早点儿解脱战乱之苦，双方以这种公平、公开的方式了结此生恩怨，岂不美哉、快哉？

刘邦当然不会跟项羽玩这种毫无技术含量的单挑定输赢的游戏。但面对咄咄逼人的项羽，他也不愿在楚汉两军面前丢脸，于是提出了自己的观点：我只和你斗智，不斗勇。

项羽便大骂刘邦是缩头乌龟，并指出他胆小如鼠、色胆包天、欺世盗名、无耻小人等罪状，意指刘邦是个不折不扣的小人。

刘邦便大骂项羽是乌龟王八蛋，并宣布他杀君弑主、残暴不仁、背信忘义、大逆不道等罪十条，是个不折不扣的伪君子。

刘邦那是什么人，是靠一张利嘴闯天下的，到最后自然说得项羽一无是处，哑口无言。项羽一怒之下，顾不得文明不文明了，搭弓上箭一气呵成，对着刘邦就射了过去。结果刘邦猝不及防，正中他的胸部。

但刘邦毕竟是刘邦，他有着过人的智慧，就在他受伤倒地、众人一片惊呼

第六章　战与和·英雄江山一锅煮

之际，他忍着伤痛，直起身子，对项羽大声说道："项羽无耻小人，暗箭伤人，果然不愧为神箭手，居然射中了我的脚趾头。"

用语言迷惑住项羽和楚军后，当天夜里，刘邦装着若无其事的样子巡营，迷惑了手下的汉兵们，然后，他悄悄转到成皋去养病。一个月后，康复了的刘邦才又回到一线。而整个过程，项羽都不知情，也就错过了在刘邦受重创之际的最后一击，可以说刘邦的"瞒天过海"取得了完美的结果。

总之，随着双方重新进入大对峙阶段，项羽的第二张牌也以失败告终。

第三张牌：友情牌——剑胆琴心。

逼迫人质失败，单打独斗失败，自感时不我待的项羽没有犹豫，果断地再度出招，打出了第三张牌：剑胆琴心，也就是要抗汉援齐。

韩信在北方战场取得了巨大的成功，破魏、破赵、降燕，占领了楚国的东方和北方的大部地区，大有形成对楚国的围攻态势，此时他又把目标对准了齐地，欲彻底平定北方。面对韩信的咄咄逼人，齐王田广一边把说客郦食其扔进油锅油炸以泄其愤，一边向项羽抛去了橄榄枝。唇亡齿寒，目前楚国和齐国就是一根绳上的蚂蚱，项羽自然不能坐视不管，于是决定抗汉援齐，为此他派出了自己最为得力的干将龙且做主帅，外加虎将周蓝、项冠为副帅，并且给了他们二十多万楚军，意在一举击溃韩信，解除两翼压力。

结果轻敌的龙且大败于战神韩信手下，齐地自然也成了汉军的囊中之物。

总之，随着龙且的惨败，项羽的第三张友情牌也宣告失败。而龙且因为损兵折将，更加减弱了项羽正面战场的进攻力量，使项羽的处境更趋艰难。这个时候，韩信彻底平定了北方，完成了对楚国的剪翼行动；英布在淮南也取得重大突破，和刘邦、韩信组成了"犄角"关系链，形成了对楚国三面包围的态势。与此同时，"钻山豹"彭越也很给力，他的游击队不断扰乱楚军后方，攻占了昌邑等二十多座城池，切断了楚军的补给线。很快，楚军粮食告急，陷入了饥饿难忍、进退两难的尴尬境地。

腹背受敌，陷于绝境。项羽见大势已去，危局难撑，只好同意刘邦的和平提议，以鸿沟为界，中分天下，随后引兵东归。至此，成皋之战以汉胜楚败而告终。

楚汉解码：左手项羽，右手刘邦

点评：成皋之战前后历时两年零三个月左右，双方共投入百万以上兵力，可以说是中国历史上著名的战略防御战。刘邦以正面相持、两翼进攻、后方袭扰相结合的军事谋略，分散、调动、疲惫楚军，阻止楚军西进，以争取时间，同时发展力量，最终形成三面夹击楚军之势，变被动为主动，变劣势为优势。而项羽不善于起用人才，团结内部，导致了众叛亲离；不注意战略基地建设，以致无法长期支持战争；缺乏战略头脑，只知道一味死打硬拼，没有主要的打击方向。以上因素决定了他虽然能够赢得不少战役的胜利，但却不能扭转战略上的被动，最终导致了这场旷世大战的失败。

三、楚汉争霸之垓下战役解析

> 不为战争和毁灭效劳，而为和平与谅解服务！
>
> ——海塞

话说汉高祖四年（公元前203年）八月，吃"裸粮"的楚军与吃"皇粮"的汉军签下历史上著名的"鸿沟和议"，以战国时魏国所修建的运河鸿沟为界，划分天下。随后，西楚霸王项羽率十万疲军绕南路，从固陵（今河南太康南）方向的迂回线路向楚地撤军。随后，汉王刘邦准备撤军西返，但刘邦的超级谋士张良、陈平给刘邦上了一堂生动的政治课："汉有天下大半，而诸侯皆附之。楚兵罢食尽，此天亡楚之时也！"这堂课教给了刘邦两个关键词：一是兵不厌诈，二是时不我待。二位谋士提出了一条宝贵的建议：撕毁鸿沟和议，趁楚军疲师东返之机自其背后发动偷袭，彻底击败项羽。

面对坐天下的诱惑，刘邦没有不心动的道理，于是公然违约，向楚军发起了"千里大追踪"行动，垓下战役也就此拉开了序幕。

一是垓下之战的前哨战——固陵之战。

刘邦采取"咬人"战略，紧追项羽大军。为了确保一击即中，他还不忘及时向韩信、英布、彭越发"英雄帖"，让他们共同合围楚军。

一路快马加鞭，汉军心急火燎地赶到固陵时，刘邦发觉不对劲，原来迎接他的不是韩信、英布、彭越所率的汉军，而是调转马头、怒目而视的楚军。

第六章　战与和·英雄江山一锅煮

仇人相见，废话少说，直接开打。结果刘邦被项羽打得大败，只好率败军退入陈下（今河南淮阳），一边玩起了高筑墙、不出战的老战术，另一边及时向身边的智囊张良问计。张良洞若观火地指出：韩信、彭越等人没有按时履约的原因，不是交通不发达，而是动力不够。现在只要大王您愿意和他们分享天下、共享富贵，给他们分地封王，他们肯定会一阵风地赶到。

刘邦是个善于采纳别人意见的人，更何况他对张良很信任，于是很快做出分封决定：将陈以东直到大海的大片领土封给齐王韩信，睢阳以北至谷城封给彭越，将整个淮南地区封给英布，并许诺只要打败了项羽，三人统统封王，一个也不少。

果然，接到了"封赏令"的韩、彭二人扔掉"英雄帖"，快马加鞭，很快挥军南下，英布则联合刘贾，率军自淮地北上。眼看形势不妙，项羽放弃了在固陵对刘邦的围攻，退到了垓下。刘邦、韩信、刘贾、彭越、英布五路大军自然不会让煮熟的鸭子飞了，他们如影随形，共同发动对项羽的最后合围，垓下之战随之开始。

二是垓下之战的正面战——十面埋伏。

群雄荟萃，雄兵云集，群情激扬，雄心万丈，此情此景如同四年前在咸阳的分封大会。

只是四年一个轮回，四年前，项羽还是以霸王的身份，指点江山，激扬文字，分封天下，诸王皆服；四年后，项羽却是以草寇的身份，四处流荡，四面楚歌，拼死一搏。

是英雄还是枭雄，垓下这一战见分晓。这是项羽率领楚军和刘邦率领汉军第一次正儿八经地大规模正面作战，也是最后一次，成王败寇，在此一举；江山美人，在此一役。就在垓下之战进入倒计时之际，先让我们看看双方的实力对比情况。

一是形势对比。

楚国的形势主要体现在两个方面：一是安身难。西楚国位于长江以北的全部土地均已失守，项羽所率的楚军主力已成为一旅孤军，此时所在的垓下距离江东五郡之遥，楚军无依无靠，无路可逃，难寻安身之处；二是立命苦。楚军

楚汉解码：左手项羽，右手刘邦

的粮草被汉军破坏，缺粮已经好几个月了，又没有盟军或友军的支持和赞助，士兵们一直处于饥饿状态，温饱是个大问题，不要说打仗了，就是连活下去也是个严峻的问题。

汉军的形势主要体现在两个方面：一是底气足。汉军人多势众，分五路有秩序推进，已经攻占了大部分楚地，此时步步为营，全力合围，离最终胜利已是咫尺之遥了；二是后台足。汉军因为后防稳固，敖仓粮道贮粮丰富，关中源源不断有粮草、装备等补给送来，士兵们不愁吃，因此精力充沛、士气旺盛，大有以逸待劳之气势。

总之，形势对比，显然是汉军占有绝对的优势，楚军处于绝对的劣势。

二是顶层设计对比。

大汉集团的主帅是刘邦，但执行主帅是韩信。刘邦之所以在楚汉最后大决战之际甘当绿叶，主动退居二线，当"名誉主帅"，原因有两个：一是刘邦有自知之明，他深知自己的军事才能，知道自己没有能力驾驭这种数十万人的大混战，更别说打败强大精悍的项羽了。二是有识人之术，他深知韩信的军事才能，知道他能指挥好这种创世纪的百团大战，一举创造历史。而事实上，韩信自从以大将军的身份出关以来，取三秦、平魏、破代、灭赵，成功开辟北方战场，谋略过人，所向无敌，很好地展示了自己非凡的军事才能，可以说刘邦的临阵易帅，确实是集智慧、勇气、果敢、定力于一身。

西楚集团的主帅是项羽，执行主帅还是他，这个没得选，因为他本身就是战神，楚军统统是围着他转，谁也取代不了。可以说项羽将主帅一位强撑到底，确实是集担当、责任、义务于一身。

总之，顶层设计对比，显然是刚柔相济的刘邦更胜勇猛刚强的项羽。

三是兵力对比。

1. 大汉集团的兵力情况。

大汉集团的总兵力：五十余万。其中具体分布为：刘邦自带军十万余人，韩信拥兵三十余万，彭越拥兵五万余人，英布拥兵五万余人。

大汉集团的主要大将有：灌婴、周勃、樊哙、曹参、夏侯婴、英布、彭越、刘贾、周殷、靳歙、丽商、孔熙、陈贺、栾布、王陵。

大汉集团的主要谋士有：张良、陈平。

2. 西楚集团的兵力情况。

西楚集团的总兵力：十余万人。

西楚集团的主要大将有：钟离眜、季布、项声、项冠、项悍。

西楚集团的主要谋士：空缺。（范增一走，楚营谋士空矣。）

四是战术对比。

1. 大汉集团这边祭出的战术是：十面埋伏。布出的阵是：五军阵。具体安排如下：

第一路：前路军。统帅：韩信。兵力：三十万。

第二路：左路军。统帅：孔熙。兵力：数万。

第三路：右路军。统帅：陈贺。兵力：数万。

第四路军：中路军。统帅：刘邦。兵力：十万。

第五路军：后路军。统帅：周勃。兵力：数万。

2. 西楚集团这边祭出的战术是：直线攻击。布出的阵是：铁骑阵。没有什么具体安排，指哪打哪，静如处子，动如脱兔。

五是双方的综合对比。

通过以上形势、顶层设计、将领、兵力等对比可以看出，大汉集团在各方面绝对占优于西楚集团，按照未战先算来分析，这场旷世大决战，其实项羽所率的楚军胜利的概率不会超过10%。但楚军并没有想象中的那么弱，特别是在战斗力等方面并不逊于汉军，甚至还稍强于汉军，原因主要有三：一是楚军这十多万主力部队由项羽多年来一手打造，是一支经历很多大风大浪的精锐之师，跟着项羽在正面作战中，几乎没有打过败仗。二是楚军有定海神针般的"战神"项羽在，便是最大的底气，他不但个人文武双全、勇冠三军，而且熟知兵法之道，用兵果敢而神速。只要有他在，楚军的战斗力便会大大提升。三是时势造英雄。这支军队还有个特殊性就是思归。叶落归根也好，衣锦还乡也罢，总之，兵法曰：归帅勿遏。这样一支急于回归的军队，所爆发的战斗力显然更强，也是很难阻挡的。汉军毕竟是五路大军临时组合在一起的，在军事训练、将士修养等方面都需要磨合。此消彼长，从这个角度来分析，两军优劣并没有表面上看的那么明显。

事实上，这场垓下决战起决定性作用的不是军队人数的多少，不是战斗力的强弱，而是战术战略的部署。大汉集团的"十面埋伏"显然是针对西楚集团的"直线攻击"而专门设计的战术，能否奏效呢？

六是正面战的情况。

一切安排妥当，该是韩信一展军事才能的时候了。

首先，韩信祭出打草惊蛇的战术。他亲率一部分先锋军主动向楚军发动挑衅性的进攻。项羽那火暴脾气，听说汉军来了，立刻倾巢出动，亲自率领十万楚军发动其标志性的直线攻击战术，目标直指汉军统帅韩信，想以雷霆之势将汉军直接击溃。

其次，韩信祭出的是抛砖引玉的战术。他率领的先锋军只是与楚军稍作简单的近距离接触，便立马后撤。楚军自然不会让他们轻易逃走，于是奋起直追。汉军于是且战且退，优哉游哉，吸引着楚军进入到了他们的埋伏圈。因为汉军准备充分、防御坚实，项羽的锋矢根本不能接触到韩信的指挥系统，非但直线攻击战术无法奏效，还使得自身的阵形出现散乱，造成前后军间的脱节。眼看已经达到诱敌深入的目的，早已磨刀霍霍的孔熙、陈贺率军自楚军左右两侧迂回包抄楚军侧翼。

最后，韩信祭出的是趁火打劫的战术。韩信见时机成熟，率军发起反击，他精心布置的十面埋伏开始发威了。项羽越来越感到不对劲，以往对手就一堵墙，一捅就破，但今天的对手就像一团棉花，柔柔软软，层层叠叠，冲破一层又一层，似乎无穷无尽。眼看情势不妙，项羽充分发挥果敢的作风，调转马头，下令让前军变后军，立即突围。但这时楚军已经深陷汉军的埋伏圈，想要全身而退，不是那么容易的事了。结果可想而知，尽管项羽凭着举世无双的勇猛突围成功，但他手下的楚军却没有那么幸运了，大多数被杀或被俘。

至此，垓下之战的正面战场以项羽的惨败而告终。

三是垓下之战的心理战——四面楚歌。

项羽回过头来，清点人马，十万人出战，三万人生还，这就意味着这一战折了七万人。而这七万人，战死四万，被擒三万。惨败，前所未有的惨败，从来没有打过败仗的项羽这一回可谓输掉了大部分家底。但尽管如此，他率残兵败将退守垓下城后，并没有灰心和气馁，因为他还有三万人马。曾几何时，他

第六章　战与和·英雄江山一锅煮

率三万人马破釜沉舟，一举击败大秦军数十万人马；曾几何时，他率三万人马日行千里、夜行八百，在彭城大败大汉联军五十余万人。三万人马不多，但对项羽来说足矣，足够他作为反扑的资本，足够他上演反败为胜的经典之作。

项羽还在憧憬着，刘邦已经在韩信的策划下率先出招了。这一次不再是做简单的派兵去挑战的事，而是做"攻心战"，因此创造了流传千古的经典案例——"四面楚歌"。

每天晚上，韩信都派从楚军中投降过来的能歌善舞者，在楚军周围高唱楚国民歌。楚歌在深夜格外清脆动人，唱出了楚军的心声，楚军将士的思乡之情不禁涌上心头，这一刻他们仿佛忘了身处何地，忘了身上还肩负着匡复楚国的重任。他们只想早点儿脱离苦海，早点儿回老家。最终，他们开始不约而同地做一件事：逃亡——逃到故乡去，逃到亲人身边去。

项羽也听到了这动人的楚地民歌，正品尝着失利带来的痛苦的他一咕噜便从床上爬起来，惊问道："刘邦已经得到了楚地了吗？为什么他的部队里面楚人这么多呢？"他随即走出军营，遥望城外。星星点点的火光中，布满了密密麻麻汉军的营帐和旌旗，看着看着，一股苍凉感涌上了心头，项羽心里的豪情和斗志丧失了大半。刚回到军帐，就有卫士进来报告说：楚军士兵已经逃走大半了。项羽一听，知道大势已去，瘫倒在座位上。就这样，项羽经过"望闻问切"后，已经彻底绝望了。都说信心比黄金还重要，而失去信心的项羽当真是一只病老虎了。

哀莫大于心死，心死了的项羽做出了两个举动：一是自醉，一向洁身自爱的他主动喝起酒来；二是自娱，他叫自己最宠爱的妃子虞姬唱歌跳舞以助乐。正所谓，今朝有酒今朝醉。

项羽放纵自己，虞姬没有让项羽一直堕落下去，她也出招了。这一次不再是简单地劝说项羽振作精神之类的话，而是以独特的方式，书写了一曲感动后世的"姬别霸王"。

虞姬一曲唱罢，亲自为项羽斟了一杯酒。借酒消愁愁更愁，抽刀断水水更流。项羽定定地看着他心爱的女人，眼中满是怜惜。蓦地，他心底又涌上来一股钻心的痛。良久，他突然拔剑而起，慷慨悲歌：

楚汉解码：左手项羽，右手刘邦

> 力拔山兮气盖世，
> 时不利兮骓不逝。
> 骓不逝兮可奈何，
> 虞兮虞兮奈若何？

诗中的意思是：曾几何时，我的力气能拔山；曾几何时，我的气势能吞天。然而，那都是过往云烟了，现在的形势已经发生了翻天覆地的变化，就算有乌骓宝马也是枉然啊！乌骓宝马，你说我该怎么办呢？虞姬啊虞姬，你说我又该怎么办呢？

男儿有泪不轻弹，面对自己最心爱的女人，何去何从的问题令他苦恼，只流血不流泪的项羽终于脆弱了一回，流下了英雄之泪。两行清泪下，多少悲痛流。左右侍从也都被项羽这首千古悲歌所感染，纷纷痛哭流涕。

虞姬更是柔肠寸断，百转千回，不禁站起身来回歌道：

> 汉军已略地，
> 四面楚歌声；
> 大王意气尽，
> 贱妾何聊生？

歌中的意思是：汉兵已经完全平定了楚地，现在我们的楚军大本营四面八方都是令人断魂的楚歌之声，大王您的意志和斗志都已经消磨殆尽了，我又有什么脸面再苟活于世呢？

为了心爱的人能重新站起来，为了让自己不成为项羽的累赘，虞姬知道怎么做了。她一曲吟罢，突然拿起项羽放在桌上的剑，刺进了自己的胸膛。一代美人就此香消玉殒，留下的是叹息、伤感，还是哀怨呢？

四是垓下之战的突围战——喋血乌江。

虞姬死了，项羽活了，他要为虞姬而彻彻底底地活一回。在垓下之战中，一直处于被动、一直处于挨打、一直处于防守的项羽决定先发制人，于是上演了一出绝世的百里大逃亡——乌江突围。

第六章　战与和·英雄江山一锅煮

是夜,项羽骑着自己最心爱的乌骓马,带领身边最精锐的八百铁骑趁着夜色出发了。他们像幽灵一样,兔起鹘落,悄无声息地穿过汉军布下的重重关卡。直到天亮,从睡梦中惊醒过来的刘邦才知道项羽弃军而逃的消息。他当机立断,派灌婴带五千精壮铁骑追击项羽。

项羽突围之后,选择了一路狂奔,很快跑到了淮水边。当他停下马来细看,这一惊非同小可,因为他发现自己所带的八百铁骑,此时竟然只剩下了一百多人。原来他的乌骓马快如闪电,很多人都没能跟得上他的节奏。形势逼人,项羽又立即带领这百余铁骑继续逃命,并且很快逃到了阴陵(今安徽省定远县西北)。就在这时,他很悲哀地发现自己只顾埋头赶路,忘了看路,现在迷路了。正在这时,一个正在田间劳作的老农左右了西楚霸王项羽的命运。

"哪边是回江东的路?"项羽向老人问路。那老人抬起头,看了看这个没有礼貌的壮汉,见他问话连称呼都没有,而且语气这么强硬,心中已然猜到了几分,便随手一指,说道:"向左走。"

而正道却是向右。结果项羽向左没走多远就陷入了大泽中,最后没办法,又只好重走回头路。

也就是这么一耽搁,汉军已经追来了。项羽只得带领剩下的骑兵从大泽转向东城(今安徽定远县东南)。此时,他的随从只剩下了二十八骑,而汉军穷追不舍的居然有数千人之多。

项羽勒马转身看着身边这二十八个虽然身处绝境但神色依然平静的忠实跟随者,心里百感交集,大声说道:"我起兵至今八年,身经七十余战,所向披靡,还不知道失败是什么滋味,终于我称霸天下。不料现在却被困于此,我想让你们知道,这是天亡我,并非我不会打仗啊!"随后,他开始展示自己的军事才华和个人能力,他把二十八骑分成四队,每队七人,命令他们向四个方向冲杀,但无奈敌人太多,他们不可能冲出重围。项羽对他们说:"我先斩一个汉将给你们看看。"说着就冲进敌军中斩杀了一员汉将。

这时,汉王的郎中杨喜立功心切,也来蹚这浑水。他向项羽围逼而来,项羽大喝一声,他被吓得魂飞魄散,赶紧掉转马头逃命去了。

随后,项羽率这二十八骑和汉军进行了一场大混战,大战的结果是,汉军倒下一大片,而楚军只损失了两名铁骑。剩下的二十六名骑兵对项羽竖起了大

楚汉解码：左手项羽，右手刘邦

拇指，齐声道："大王说到做到，乃真英雄。"

项羽欣慰地笑了，他所做的一切，等的就是这句肯定的话。

汉军毕竟人多势众，依旧重重包围楚军。项羽在逞强之后，选择了再次突围。他一马当先，势不可当，汉军纷纷溃退。项羽成功率领二十六铁骑再次扬长而去。

一路狂奔，项羽突然勒马而止，一种前所未有的绝望袭上心头，因为他被一条一望无垠的大河拦住了去路。

这条河的名字叫乌江。何处是家乡？举目两茫茫。正在项羽黯然神伤时，乌江亭长出现了。他指着河边唯一的一艘小船道："请大王上船。"项羽以"败军之将"为理由拒绝了。乌江亭长引用了两句话想说服项羽。第一句话：胜败乃兵家常事。第二句话：留得青山在，不怕没柴烧。

但是好面子的项羽觉得自己此时无颜面对江东父老乡亲，便拒绝了乌江亭长的好意，最后让亭长把他的乌骓宝马运走了。

乌骓宝马被亭长运走后，项羽心中再无牵挂了。他命令所有骑士都下马，进行步战。这是一场没有悬念的拼杀，从马背上下来的骑兵如同手无寸铁的裸兵，于是二十多人很快成了汉军的刀下鬼。

杀人者，人恒杀。此时，唯独项羽继续进行着自己的个人表演。只见他冲进汉军当中，手起刀落，转眼间便斩杀了数百人。

但是，人毕竟是血肉筑成的，不是钢铁打造的，一番厮杀，项羽身受十余处伤，鲜血已染红了身上厚重的铠甲。血一点一滴从项羽身上流下来，他的生命也正一点一滴地走向尽头。项羽知道自己就要坚持不住了。这时，他看见背楚归汉的熟人吕马童，就对他说："你不是我的老部下吗？什么时候到刘邦那儿去了？"吕马童定定地看着项羽，大声叫道："他就是项羽，汉王悬赏千金缉拿的项羽。"

汉将王翳一听，勒马上前看真伪。项羽见状，凄然一笑，说道："你很勇敢，比吕马童那缩头乌龟强多了。我就成全你，把人头送给你吧。"

说完，三十一岁的项羽拔剑自刎而亡。随后，汉军士兵为了争功，上演了一场血腥的屠斗，可怜一代英雄最终落得个四分五裂的悲惨下场。

而随着项羽的身亡，楚军一夜之间土崩瓦解了，刘邦很快就统一全国，建立了中国历史上一个崭新的时代——大汉王朝。

点评："生当作人杰，死亦为鬼雄。至今思项羽，不肯过江东。"垓下之战，不仅仅是项羽不肯过江东留下千古遗憾这么简单的事情，他给后人留下更多的思考，如："不败战神"项羽为什么会大败于韩信的十面埋伏之下？四面楚歌为什么能瓦解楚军将士的心？一代绝世佳人为什么要上演姬别霸王？……历史的迷雾总是让人眼花缭乱，欲罢不能。其实，如果明白了这些迷雾的前因，自然就能理解整个战争的结果。得道多助，失道寡助，刘邦的胜利，归根结底是因为多助。而项羽的失败，归根结底是因为寡助。做事先做人，诚不虚也。

总之，垓下之战，是楚汉相争中决定性的战役，它既是楚汉相争的终结点，又是大汉王朝繁荣强盛的起点，更是中国历史上具有里程碑意义的转折点——它结束了秦末混战的局面，统一了中国，奠定了汉王朝四百年基业。

四、项羽的军事才能是怎样炼成的

古徐州形胜，消磨尽，几英雄。想铁甲重瞳，乌骓汗血，玉帐连空。楚歌八千兵散，料梦魂，应不到江东。空有黄河如带，乱山回合云龙。

汉家陵阙起秋风，禾黍满关中。更戏马台荒，画眉人远，燕子楼空。人生百年如寄，应开怀，一饮尽千盅。回首荒城斜日，倚栏目送飞鸿。

——元代·萨都剌《徐州怀古》

在司马迁的《史记》里，没有称帝的项羽却被放置在本纪里，排在前面的是一统六国、功传万世的秦始皇，后面则是白手起家、安定天下的汉高祖。不同于秦始皇的雄浑祖业、气吞八荒，也不同于刘邦的驭人有术、屈伸有度，项羽的气质，就是热血战斗与不断征服，是以一个标准军人的姿态屹立在史书之中。

实际上，仔细考察司马迁对于项羽的态度，总会有很多疑惑。作为汉朝史官，司马迁不可能对汉王朝曾经的敌对者大加赞美，这是对本朝的不敬与亵渎，是要掉脑袋的。但《项羽本纪》这篇读下来，有很多地方都能体现出司马迁对项羽的推崇之处。在司马迁生活的年代，军人建功立业者甚多，时代的背景也许影响着他的史观，因此对一位军人赞美推崇也是可以理解的。

尽管我们不能否定刘邦的军事才华，但相对于"战神"项羽来说，还是显得星光黯淡。项羽是个十分优秀的将领，从几次著名的战役之中就可以看出。"巨鹿之战""彭城之战""东城快战"等无不体现了项羽优秀的作战能力和军事才能。特别是在楚汉之争前的巨鹿之战，无疑代表着项羽最高的军事成就。一是得到了同时代人的尊重与认可。巨鹿之战结束后，反秦联军见项羽的时候皆"膝行而前，莫敢仰视"，对他佩服得五体投地。二是巨鹿之战以"破釜沉舟"诠释了孙子兵法中的"投入亡地然后存，陷入死地而后生"，成为军事历史上以少胜多的经典战例而被写入了史册。项羽起事时二十四岁，指挥巨鹿之战时二十七岁，初出茅庐就建立了人生伟业。而彭城之战，则让项羽的这种经典战术发挥得淋漓尽致、完美无瑕。那么，项羽是怎样用短短的数年时间炼就军事才能的呢？这里不妨对项羽军事成就的内因外果进行一番浅析。

一是拥有天时让项羽在军事之路上如虎添翼。

什么是天才？天才是先天的禀赋与后天的努力结合后出现的结果。爱迪生说，天才是百分之一的灵感加上百分之九十九的汗水。

名人名言都强调了先天因素在后天努力中的作用。项羽的军事天赋主要体现在以下几个方面。

首先，项羽出身军事世家。

《项羽本纪》中称：项羽"季父项梁，梁父即楚将项燕，为秦将王翦所戮者也。项氏世世为楚将。"可见项羽身上有军事基因。

其次，项羽对学习有极强的领悟力。

《项羽本纪》写少时项羽时说道："学书不成，去，学剑，又不成。项梁怒之。籍曰：'书足以记名姓而已。剑一人敌，不足学，学万人敌。'于是项梁乃教籍兵法，籍大喜，略知其意，又不肯竟学。"项羽学完书，又学剑，学完剑又学兵法，学得怎么样呢？他有《拔山诗》传世，说明文化课学得不错；他是带头作战的将领，说明武艺学得不错；创立"破釜沉舟"这一经典战例，说明兵法学得也不错。另外，这显然是一位长者与一位有一定悟性的、具有个

第六章　战与和·英雄江山一锅煮

人主见的少年之间的对话。二十岁左右的项羽已经有了一定的文化基础与剑术基础,对读书写字与剑道有了一定的悟性,因此才会有"书足以记名姓而已。剑一人敌,不足学,学万人敌"的认识。"略知其意,又不肯竟学"反映出项羽的宏观把握能力很强。

然后,项羽具有军事指挥员的超级素质。

秦二世胡亥六年(公元前209年),项梁与项羽在吴中起事时,项梁对会稽太守殷通实施斩首行动。紧急情况下,项梁没有时间对项羽布置,完全靠项羽对项梁意图的理解、意会来完成。项梁设计了一个殷通接见项羽的机会,项羽马上明白了项梁的用意,毫不迟疑、毫不手软,斩下殷通的人头。当会稽太守门下看到项梁拎着殷通的人头,佩着太守的印绶,慌乱一团,不知该怎样应对这突发事件时,项羽马上"斩杀数百人",让会稽府中的人面对这突发事件知道该怎样表态了。这说明项羽能随机应变,对局面迅速做出正确反应,智慧与勇气超过常人。

最后,项羽具有一定的思维高度,是天生当军事指挥员的材料。

起事之初,项梁与项羽为什么要采取斩首行动?不用这种手段能不能得到快速发展呢?答案肯定是不能。建立武装的基本条件是要有粮饷与人力,还要有旗帜、有正义性。用现在的话说,一是经营项目吸引人;二是符合社会发展潮流;三是有充足的资本,能给大家支付军饷,大家才跟着你干。而借助于政府的名义、利用政府现有的资源是快速建立自己武装部队的最佳选择。项梁与项羽果断地对殷太守实施斩首,项羽由此迅速确立了"勇武"为自己的个性形象定位。

他是个只有二十四岁的年轻小伙子,要想在社会中迅速获得大家的认可并拥戴,要靠什么呢?首先就是勇武,借此塑造出"猛男"形象。当项梁拿着殷通的印绶与头颅走到太守"办公厅"时,门下大乱。这个乱,不一定是出现反抗的人,大家不知所措,而是发生出人意料的事件,大家不知道是跑,还是马上向项梁叩头?项羽击杀近百人,使这些人马上明白了:该选择的是叩头。实际上,这些人是不该杀的,"大惊,扰乱"是正常的现象,是可以通过解说,完成稳定人心的工作的。但项羽没这样做,为什么?因为此时必须用武力震慑大家,树立自己的权威,告诉大家应该怎样表态,然后才会有更多的人

楚汉解码：左手项羽，右手刘邦

站在项梁和项羽的旗帜下。项羽没有迟疑，这说明他的思维反应是非常快的。

也许，项羽的"以力征经营天下"战略就是在太守府"公务员"跪地称臣的这一刻确立的。将个性形象定位于"勇武"并迅速使其获得社会认可就是缘于这一起"击杀数百人"事件。这让项羽找到了获得广泛影响力和号召力的最佳途径。

二是拥有地利让项羽在军事之路上平步青云。

项羽最终成为独立的军事首领，要经历若干军事实践。

首先，脚踏实地，项羽经历了宏观局势把握的实践。

建立一个革命组织，组建自己的武装队伍，都需要做哪些具体工作呢？一是招兵；二是发武器；三是安排集中住宿与训练的地方；四是筹集粮草；五是安定民心与做好舆论宣传；六是与其他反政府武装建立联系。

这些工作应该是同时展开的。在这些工作中，项羽应担负哪些角色？他和项梁有什么分工？二人如何分工又合作？其实，这一系列的工作开展对项羽的大局观的建立就是一个帮助。项羽承担的是招兵、发放武器、训练队伍、安营扎寨、粮草筹集这些具体工作。项梁呢？他承担的应该是接收太守府的财政，下发通令稳定民心，与有钱和有势力的大户座谈寻求支持，派人与陈胜武装联络。

项梁与项羽这样的分工，在史书上有没有记载？没有。是我们的合理推测。合理推测的依据之一是，《项羽本纪》中说："梁乃召故所知豪吏，谕以所为起大事，遂举吴中兵。使人收下县，得精兵八千人。梁部署吴中豪杰为校尉、候、司马。"这句话透露的信息是项梁做的是接手政府武装、晓谕地方豪吏这些工作。派人到所辖县得精兵八千，那么一定是由项羽负责管理了。合理推测依据之二是，这支队伍人数众多，项梁把他原来发现的人才都安排进来成为大小不同的负责人。这样大的队伍组织起来，项梁不可能亲自管理，那么肯定是统一由项羽管理了。

从这当中也可以看出项梁具有战略家的眼光。为什么"每吴中有大徭役及丧，项梁常为主办"？因为这些活动能与官方打交道，能结交许多有钱的朋友和有地位的官员，能发现与培养将来为自己所用的人才。"有一人不得用，自言于梁。梁曰：'前时某丧使公主某事，不能办，以此不任用公。'众乃皆

第六章 战与和·英雄江山一锅煮

伏。"这说明他还能做到知人善任。

项梁会对结交的这些在当地有一定影响力的、能起到稳定民心作用的豪吏说些什么呢？需要说出起事的原因，申明举动的正义性：亡秦一方面符合楚国贵族的利益，一方面符合老百姓的利益。他也可能说出他的出身，是项燕之后，亡秦是项家的责任，他应顺应民心，担负起领导责任来。项梁作为政治家、军事家、战略家，在这个时候应该明白"太子党"的招牌对号令大家、征得赞助是有用处的。

会稽豪吏、有钱的大户在正义旗帜下，在正宗抗秦将领之后的大旗下，该怎样表现？自然是资助，提供粮饷。这一幕幕，对项羽的战略思维建立、对他的运作方法提高、对他的宏观局势把握都有着重大影响。项梁有了一支队伍，有了行政机构与财政的支持，下面要做的事就是整合力量，壮大实力。

机会来了，陈胜的特使召平来了。陈胜打响了天下灭秦的第一枪，并不等于天下就是姓陈的了，他还要一个地方一个地方地拼，建立自己的地方政权；他还需要将全国各地的反秦武装联合起来，形成一股力量。因为秦政府的武装力量是强大的，"政府是块铁，谁碰谁流血"。召平就是带着陈胜的特殊指示，去到广陵（今江苏扬州）游说当地武装归顺陈胜。虽然全国掀起了反秦的浪潮，一些官吏率先倒戈选择了新的主子，但不是所有的官员都坚信秦朝一定灭亡。一些官员会对义军持怀疑态度："反旗究竟能打多久？""他们能抵挡住秦政府强大的军事力量吗？"召平还没有完成陈胜交办的任务，就得到陈胜失败的消息，召平自然无法马上回去复命。召平是个聪明人，没完成陈胜的使命，而且，秦军很快就打来了，怎么办？不如假借陈胜的旨意，拉拢联合项梁吧？于是，召平假传张楚王陈胜的旨意，拜项梁为张楚的上柱国。这可是很大的官衔，给你这个官衔，就得干活儿，江东已是你的天下，现在要紧的是过江到安徽境内灭秦。

项梁是情愿听陈胜摆布的人吗？不是。他是什么出身？出身军事世家。陈胜是什么？是一个农民，只是因为选择了造反道路才当上了头领。所以，可以猜想，项梁未必情愿接受陈胜。陈胜要办的事是在灭秦中壮大实力，这也是项梁要做的。当然，陈胜的旗帜现在比项梁大，有陈胜的旗帜，项梁就

楚汉解码：左手项羽，右手刘邦

有号令其他小股武装力量的借口，有利于实现整合其他武装力量的目的，所以，从《项羽本纪》中看，项梁没有犹豫，是欣然接受这个封号的，随后他率队过江而西。

所有这一切，表面看来是项梁的思考与决策，但作为项梁的裨将与学生，侄子项羽对此是无动于衷吗？不是，以他的悟性，会很快想明白这其中的缘故。所以，在这个时候，我们应该判断出项羽已经有大局观了，已经接受了一次军事战略选择的洗礼。

其次，凝心聚力，项羽经历了调动部队的领导能力的锻炼。

项梁从湖州渡江而西，这个西是先湖州、丹徒（今江苏镇江）、广陵、盱眙（今浙江东阳），然后渡淮，韩信就是在这里等到了项梁的部队。

《项羽本纪》记述的是历史过程，一句话："渡江而西。"但战争是一刀一枪打出来的，是靠粮草调动、部队移动等具体环节的落实完成的。项梁的部队从湖州过长江，不是如史书那样，一句话就到了指定的战场。作为一个成熟的军事首领，应该具备指挥运兵、运粮草的经验与能力。那个时代，渡长江需要多少条船？每条船最多能承载多少人、多少马匹、多少粮草？船需不需要征集？总共征集多少？部队需几天渡过？会不会遇到堵截的秦政府武装或其他别的部队？沿途士兵是步行还是骑马？沿途是阳关大道还是羊肠小路？沿途有没有河流？需不需要临时搭桥？近万人的部队驻扎需要多大的营盘？扎营都有哪些说道？收编了其他武装后，是集中扎营还是分散扎营？粮草问题如何解决？如何得到补充？所有这些问题，历史著作都省去了，但实际是不能省去的。项羽虽然是项梁的裨将，但可以想象，所有这一切对他都是调动部队的一次全面锻炼，为他走向成熟打下了实践基础。

人们在创业的初期，都是以自己的亲属、同乡、同学、朋友为班底的，他们构成了团队的核心。但沿途还要不断招兵，壮大队伍。渡淮后，项梁又整合了英布、蒲将军的反政府武装。沿西北到达彭城附近的下邳，部队停留了下来。为什么停留在下邳？因为要在彭城建立根据地。彭城，"五省通衢"，中国版图"腋下"位置，兵家要地，当时是大城市，有一定经济实力。这个地方应该也是项羽在下相生活期间经常来的地方。西进北上的过程是征兵与收容小股反政府武装，以壮大实力同时建立自己根据地的过程。但以项梁的六七万

第六章 战与和·英雄江山一锅煮

人,达到直接对抗秦朝政府武装的水平还有很大距离。所以,项梁必须找一个地方站稳脚跟。

最后,勇往直前,项羽还经历了亲自作战的锻炼。

革命之初,机会便给了项羽。当时广陵人秦嘉继陈胜、吴广之后在彭城东称王了,但自己没有威信,怎么办?于是他找了个楚国贵族景驹做傀儡,立他为王。这是与亡秦的主要头领陈胜分裂的举动,是为亡秦队伍所不齿的,为项梁攻打他提供了由头。此时,项梁有了名正言顺的身份:张楚王陈胜的上柱国。他可以对自己的部队做战前动员:陈王功在第一枪,现在虽然经历过失败,不知道他的部队转移到什么地方,但现在秦嘉敢于与陈王做对,自立山头,我们有理由替陈王收拾他。

带队完成收拾秦嘉的是谁呢?是项羽。项梁的追兵打到山东境内。秦嘉死在山东境内的胡陵,景驹死在山东境内的梁地。这个时候,秦政府武装章邯部队到达沛县要东剿反政府武装了,"项梁使别将硃鸡石、馀樊君与战。馀樊君死。硃鸡石、馀樊君军败,亡走胡陵。项梁乃引兵入薛"。第一次与秦军正面作战,为什么不派项羽?表面看来项梁指挥有错误,用人不当。实际上不是,他是有意识地试探秦军实力,并借秦军消灭异己将领。因为硃鸡石、馀樊君是秦嘉部队投降过来的,项梁对他们并不信任。

与此同时,项梁也派项羽攻打襄城(今河南许昌南部)。"襄城坚守不下。已拔,皆阬之。"这多方面作战是为了打出一个宽松的环境使部队得以休整,也使项羽有一个独立作战的经历。硃鸡石兵败,被项梁正法,项羽也要建立军功获得领导威信。此时,项羽需要干净利落的战绩震慑全国,赢得全军拥戴,继续塑造"猛男"形象。

三是失去人和让项羽在军事之路上马失前蹄。

首先,坐井观天,缺乏战略眼光。

项羽不是个完人,他的军事才能,只能叫作个人的军事才能,他从全局考虑问题的能力是很弱的,他的眼光只停留在当下,只想着面前的这一场仗如何打赢,所以,在彭城之战后的战役他越打越被动。笔者认为项羽的战略眼光不长远表现在以下几个方面。

1. 漠视了分封十八路诸侯王的平稳问题。秦末是个裂土封王思潮十分盛

楚汉解码：左手项羽，右手刘邦

行的时期，项羽在封诸侯王的问题上有诸多的问题，这体现了他战略上的失误。他把刘邦分到巴蜀之地做汉王是没有错的，但是，他后来追加给刘邦汉中一块地，则是个很大的失误。刘邦领土的扩张就意味着人口、兵源、粮草的增加，这无疑是在壮大汉军的力量。给敌人力量其实相当于是在削弱自己。我们知道，在彭城之战中，是因为项羽在齐地平反，刘邦才敢来偷袭的，而齐地造反的人，就是田荣。田荣是在项羽分封十八路诸侯王后第一个起来造反的人，而且他不仅自己造反，还煽动巴蜀的刘邦、赵地的陈馀一起造反，可以说是牵一发而动全身。彭越就更不用说，在后来的荥阳会战，彭越领兵多次切断项羽的粮草线，给项羽带来十分大的麻烦，导致他作战的诸多不顺。

2. 没看到彭城之战胜利背后的不稳定问题。彭城之战虽然项羽打了胜仗，但是那只能算是一场局部的胜利。彭城之战后，英布叛变，归于刘邦旗下。英布叛变就意味着淮南的失守，而淮南处在彭城的南边，这对将来刘邦开辟南方战线进而攻打彭城是十分有利的。彭城之战的战线被项羽一直拉到了荥阳，打到了荥阳，项羽就再也打不过去了。荥阳这时已是刘邦的地盘，项羽因此失去了本土作战的优势，且战线的拉长对于补给是十分不利的，这为后来荥阳之战作战受阻埋下了不稳定的因素。

3. 忽略了北方战场的重要性。在荥阳会战中，刘邦的手下韩信，从巴蜀开始先后灭了魏、赵、代、齐，开辟了大片的北方战场，致使汉军的领土不断扩张，军事力量不断壮大。特别是齐国的灭亡，对楚军的大本营彭城构成了巨大的威胁。以项羽的军事才能，却没有考虑到北方战场的巨大利益，而让汉军抢得先机，不得不说这的确是一个巨大的失误。

其次，高傲自满，缺乏自身涵养。

项羽的性格特点十分鲜明：自信、自负、自尊。自信给项羽带来的是超人的胆识以及雷厉风行的做派，喜欢出奇制胜，作战起来十分勇猛，在行军打仗中势如破竹。自信过了头，就会演变成自负，这也成为项羽的弱点，对其在军事指挥与战略制定上影响巨大。说它是弱点，主要体现在以下四个方面。

1. 独断专行，不听谋士之言。项羽在做决定的时候，通常都是一人决断，不商讨，不召集会议，谋士和军师等形同虚设。那时，刘邦趁楚军与秦军交战之际，先入函谷关。项羽大怒之下决定要攻打刘邦，后来刘邦的一番说辞又让

第六章 战与和·英雄江山一锅煮

他撤销这个计划。决定攻打的是他，放弃这个计划的也是他，没有询问过任何人的意见，这是相当悲哀的。在鸿门宴上，范增曾多次示意项羽杀掉刘邦，项羽却因为听信刘邦的谎言，对范增的示意熟视无睹，就这样放走了刘邦。如果项羽听了范增的建议，那何来楚汉争霸？

2. 不听良言，留不住人才。前面已经说过，项羽这个人自负，就必定有一个毛病，就是自以为是、主意太大。所以，人才对他来说基本没什么用处，任何事都是他自己决定。跟刘邦相比，项羽底下的谋士我们知道除了范增就没别人了，而刘邦不一样，谋士众多。更何况从项羽部下跳槽的人员也很多，就我们知道的就有韩信、英布和吕马童。其实彭越也可以算一个。这样看来，项羽的人才缺乏及流失问题十分严重，这也就造成了他战略上的失误，因为客观上没有人来替他出谋划策；主观上他自己也不愿意听。

3. 心胸狭窄，偏听偏信偏疑。当时刘邦为了离间项羽与范增，就让陈平使了一出反间计。利用对使者的态度，让项羽误以为范增与汉军勾结，于是在荥阳会战的关键时刻辞用范增，让他告老还乡。对于一个自己曾经称为"亚父"的人都如此多疑，而轻信一个使者所报告的表面现象，可以说项羽真的是没有看清事情的本质。项羽自身有优越的军事才能，使得他少年得志、仕途顺利，又因无自知之明而最终形成自负的性格。可以说他的自负，影响了他行军作战天赋的发挥，让他在楚汉争霸中到最后成了失败者。

4. 残暴不仁，嗜好武力征服。项羽喜欢屠城。就连对项羽充满感情的司马迁也不得不记录下项羽的六次屠城。而屠城，杀的都是手无寸铁的平民百姓。项羽还喜欢挟持人质。一次是挟持王陵的母亲，逼迫王陵投降。王陵的母亲大义凛然，让人捎话给王陵，说汉王仁者，要王陵忠于汉王。为了解除项羽的胁迫，这位年过半百的母亲竟然刎颈而亡。可能还没有解气吧，恼羞成怒的项羽竟然残忍地将这位妇女进行烹杀。这件事记录在司马迁《史记》的《王陵列传》中。另一次是拿刘邦的父亲作为人质，要挟刘邦投降。当代史学家竟无一人抨击项羽的这种无耻卑鄙的行为，反而集体抨击刘邦的无情无义，连自己的父亲都不顾。试想，刘邦在那种情况下，稍微表现出真情，就只能增加项羽胁迫的筹码，而他只有表现出满不在乎，才能救他的父亲于万一。笔者认为，在这件事情上恰恰表现出项羽的无耻与不择手段。另外,项羽喜欢杀降。他除了坑杀秦降卒二十万,还杀了已降的子婴。最后,项羽几次以下犯上,例如,杀宋义、杀楚怀王熊心,还残忍地杀害曾经救助过项梁与他的秦郡守。

点评:关于楚汉相争项羽为何会被刘邦打败,除了上述原因,项羽还犯了一个大错误,就是将大司马曹咎派到成皋守城。要知道项羽已经在后方打败赶跑了彭越等"捣蛋鬼",如果曹咎能稍微坚持一下或者刘邦胆子稍微小一点儿,等项羽回师对付刘邦,或许历史就会因此而改变。

五、对比分析项羽和刘邦的军事才华

"汉屈群策,群策屈群力。楚憨群策而自屈其力。屈人者克,自屈者负,天曷故焉。"

——《扬子法言·重黎》

一个将领的军事才能由哪几方面组成?大致可分为:

治军能力(可细分为:带兵、治将,具体为训练、安抚士兵,选拔、任用、笼络将领);

战略头脑(战略情报的搜集、战略形势的分析、战略计划的制订);

战术能力(也就是战场指挥的能力,首先是判断力,涉及天文地理、敌情我情的判断等很多因素;其次是作战计划的制订和执行能力,也就是作战能力。在冷兵器时代,将领个人的勇武、临战激励士兵的能力,都是执行力的重要组成部分)。

作为一个普通的武将,只需要有作战计划的执行力就够了(大部分以勇武著称的将领,不需要做太多的思考,只要统帅一声令下,拼命冲杀就是了)。但是,要作为一个大军的统帅,则必须兼有上述三方面的能力。否则,必然会被对手抓住弱点,导致败亡。以下,我们试着从三方面对比分析项羽和刘邦的军事才能。

第六章　战与和·英雄江山一锅煮

一是双方在治军方面的比较。

在治军方面，项羽对士兵关爱有加，士兵因此效死追随，但是对于将领，项羽不能选贤用人。项羽手下很多有能力的部下，因为得不到重用，而离心离德。结果是，真正信任的部下，大多是和他差不多类型的头脑简单的猛将。

在治军方面，刘邦的才能主要体现在选将有道。分封大会后，刘邦被分到了独处一隅的汉中，但他没有自暴自弃，而是听从萧何的建议，封治军能力出众的韩信为大将军，结果在韩信的从严治军下，很快打造出一支特别能吃苦、特别能战斗的队伍。在彭城大败后，刘邦重用韩信、英布和彭越这三员既能运筹帷幄又能冲锋陷阵的大将。刘邦充分授权，让他们独立带兵在项羽的后方和侧后活动，剪除项羽的羽翼，动摇其后方，与刘邦的正面对峙相互呼应，使项羽疲于奔命，最终兵败。刘邦手下的良将众多与项羽的独自一人带兵征战形成明显的对照。

二是双方在战略方面的比较。

刘邦的战略主要体现在：重庙算，运筹于帷幄之中。我国古代以孙子为代表的兵家非常注意战前的分析，他们强调在每次大规模的战役前，一定要召开高层军事会议，分析、比较敌我双方在政治、经济、军事、外交、士气、人的能动性等关系战争诸要素的优劣，以判断双方胜负的可能性，预知己方有没有必胜的把握。如没有必胜的把握，那么胜算有几成，以此决定战争策略。所谓"夫未战而庙算胜者，得算多也；未战而庙算不胜者，得算少也。多算胜少算，而况于无算乎！吾以此观之，胜负见矣"。（《孙子兵法·始计第一》）与张良相识后，刘邦开始重视庙算的作用。在很多时候，重庙算表现为善于听取部属的意见。在楚汉战争和汉帝国消灭叛乱的战斗中，刘邦均重视庙算，每次大战前，都召集将领和谋士开会，对比双方的势力，找出优劣，计算成功的把握，并制定相应的对策。暗度陈仓前，刘邦多次和手下将领商讨还定三秦的可行性。韩信将刘邦与关中三王章邯、董翳、司马欣做了详细的对比，指出刘邦在用人、封赏、军队战斗力、人心向背等方面都有着绝对的优势，东出陈仓可一举而定三秦，使刘邦对还定三秦充满了信心。接着，刘邦果断地将军队的指挥权授给韩信，由他全权负责训练和制订具体的作战计划。后来事情的发展确实像韩信分析的那样，刘邦军队得到了关中百姓的支持，仅用了一个月稍多的

楚汉解码：左手项羽，右手刘邦

时间就平定了三秦。

刘邦有明确的战略部署，即刘邦在正面坚守，派韩信攻取魏、赵、燕、齐，派彭越在项羽后方骚扰，在项羽的腹地策反英布、周殷，使项羽前后不能相顾。

刘邦有战后措施，《汉书》中数次提到刘邦要求给复员的军人分田地，并免六到十二年的赋税。项羽有没有安置复员军人的办法史书中没有提到，不过项羽一方的人逃散甚至跑到刘邦一方是很多的。有名的如陈平、英布等，那个追杀项羽于垓下的吕马童也是项羽旧部。

刘邦因为自身原因，在对敌上都没有形成绝对优势，很多时候甚至处于劣势，但刘邦却最终能够弱中求存，以弱胜强，打败强大的项羽。这关键在于，他会审时度势，正确地分析天下形势，随时而起，顺势而动，抓住了庙算和谋略这些在战争中起到决定作用的因素，制定了正确的攻防战略。紧接着，他抢占战略要地，派出奇兵分化敌军阵营，争取盟友，最大限度地削弱敌方，加强自己的力量，从而很快地扭转了双方的形势，形成了自己的优势。以强凌弱、以多胜少，才是兵家正道。如果实力不济，就应该避战。兵法有云："能战则战，不能战则守，不能守则走。"所以，刘邦的总战略就是：项羽军队勇悍绝伦，但是我可以用全天下的人力和物力耗死你。就算打九十九次败仗也没关系，只要我能打赢最后一次战役就够了！在正面战场上打不过项羽也没关系，用彭越骚扰你的南方，用韩信去打掉你全部的盟友、占领北方的全部地盘，最后你项羽成为被四面包围的孤岛，无粮饷、无兵源、无援兵、无盟友，这场战争你还不是输定了？而项羽对此根本拿不出应对之策，只是被动地四处救火。所以，将军决胜未必要在战场，可以说，在垓下决战之前，项羽已经大势去矣。

前面已经说了，项羽虽然勇猛刚强，但战略眼光缺乏。他的眼光，能敏锐地察觉一个战场中稍纵即逝的战机，但却看不穿整个天下的局势。因为这些原因，项羽虽打了胜仗，但却越打越弱。反观刘邦，虽常常打败仗，但却只是局部战斗上失利，全局战略上则是胜利的，所以越打地盘越大、军队越多、实力越强。所以，可以说项羽是个将才，而刘邦是个统揽全局的战略家。如果下棋的话，刘邦看的是全局，项羽盯的是局部。刘邦是个全国一局

第六章 战与和·英雄江山一锅煮

棋的棋手，项羽只是一只横冲猛打的车。军事讲究综合考虑，需要大眼光，所以刘邦和项羽谁懂军事，一看便知了。刘邦以五千老弱从南线进攻秦国，也是以少胜多，而且是不战而屈人之兵。按兵法来说，不战而屈人之兵才是用兵的最高境界。因为即使是百战百胜也会有人员死伤，俗话说杀敌一万，自损三千，要取得胜利，何必血流成河！

总之，从战略上看，刘邦明显棋高一着：一是以自己和主力部队做诱饵，牢牢牵制住项羽及其主力；二是派韩信转战外围，收复西魏，征伐燕、赵、齐，占据了中原以东大片领地；三是派出强盗出身的彭越深入楚军后方，大搞游击战，袭扰后方，断其粮草，有时甚至攻城略地，令项羽不胜其烦，攻打吧，不但疲于奔命，而且如大炮打蚊子，于事无补，但不打又实在咽不下这口气，称之为嗡嗡飞舞的苍蝇，实在恰如其分，结果是犹豫之间，彭越也逐渐壮大，在最后一战中也起到了很大作用。

三是双方在作战能力方面的比较。

项羽的战术能力（战场指挥能力）是非常高的，他不但行事决绝、言行一致，而且作战勇猛，再加上作战方案巧妙，常能出奇制胜。巨鹿之战、攻齐之战、彭城之战、反击彭越之战、固陵之战，项羽也多次以少胜多。他的战术是快速用兵，迅速击破敌军的指挥系统，然后追击敌军，但是围歼战不多，击杀敌军主要将领次数也不多。所以，他能多次打败敌人，却不能彻底消灭敌人，给了敌人可乘之机，这实在是项羽战术的不足之处。

而刘邦的战术能力呢？主要体现在三个方面：一是兵不厌诈，以计谋取胜。古人认为用兵时，可以使用各种各样的计谋迷惑敌军，造成对自己有利的态势，趁机取胜。明修栈道，暗度陈仓，就是典型的例子，结果刘邦打了章邯一个措手不及，最终拿下了三秦之地。二是巧使反间计，使敌军自乱阵脚。反间计是古今中外战争史中常用的计谋，即利用一定的方法离间敌对方将领之间的关系，引导敌军内部相互猜疑、疏远，削弱敌军的力量。刘邦利用陈平离间项羽与其主要将领钟离眜、主要谋士范增的关系，是古今中外使用反间计的杰出案例。结果，刘邦用反间计除去了项羽最重要的谋士和助手，为楚汉之争胜利之路扫清最大的拦路虎。三是粮草优先，确保后勤保障。刘邦在多年的征战中充分认识到了粮草供应的重要性，并最终依靠充足

楚汉解码：左手项羽，右手刘邦

的粮草供给笑到了最后。

点评：同样是天才也有高下之分，这高的当然非项羽莫属。对秦作战取得全胜的刘邦，在项羽面前几乎全处下风。

现在很多人为项羽抱屈，但讲到点子上的不多。尤其是项羽的军事天才就很少有人提及。多少人为韩信、白起的才能谁大谁小吵得面红耳赤，实在是一叶障目，不见泰山。还有更大的天才项羽没看出来呢，殊为可叹。须知，项羽死时才三十一岁，已是百战百胜之身，这是他的前辈白起、赵奢、李牧、项燕等无法望其项背之处。

六、被夭折的楚汉版"三国演义"

> 早岁哪知世事艰，中原北望气如山。楼舟夜雪瓜舟渡，铁马秋风大散关。塞上长城空自许，镜中衰鬓已先斑。出师一表真名世，千载谁堪伯仲间。
>
> ——陆游《书愤》其一

中国古代历史上，在争夺天下的大的战争中，双方往往要打几十年。神机妙算的诸葛亮，六出祁山，也没能灭掉魏国，而楚汉相争的历史，仅仅用了四年时间，汉军就全面胜利，统一了全国，建立了汉朝，其中最主要的因素就是因为刘邦有韩信这样的军事家。萧何当初月下追韩信，一而再、再而三地把韩信推荐给刘邦。他说："如果大王要在汉中一辈子做王，那就用不着韩信；如果大王要打天下，那就非用韩信不可。"

韩信所打的第一仗就是最著名的"明修栈道，暗度陈仓"之战，这一仗汉军从四面环山、出入极其困难的汉中盆地出发，一下就占领了陕西省的关中平原。关中平原是当时中国的中心，也是生产力最发达的地区，这里的粮食产量比其他靠天吃饭的地区高得多，这就使得刘邦的汉军拥有了与西楚霸王项羽的楚军争夺天下的根据地。第二仗，是伐魏之战。韩信率军灭掉了魏国，活捉了魏王。第三仗，是灭掉赵国。这一仗，就是韩信应用他的"背水之战"的

第六章　战与和·英雄江山一锅煮

策略，结果燕国也投降了，归顺了汉王刘邦。第四仗，是灭掉齐国。韩信带兵先是在齐国没有防备的情况下，攻下了齐国的七十多座城池，然后采取"半渡而击"的战术消灭了楚将龙且带领的二十万援军，最终活捉了齐王，消灭了齐国。第五仗，就是垓下之战。这一仗，消灭了西楚霸王及其楚军的主力部队，楚汉相争彻底结束，刘邦建立了汉王朝。

孙武被后人称作"兵圣"，而韩信被称作"兵仙"。韩信的确是一位值得后人好好研究的天才军事家，他一生只打了五次重要的战役，这五次战役都取得了彻底的胜利；韩信的确是一位常胜将军，他与其他军事家的不同之处就在于：他只打一次战役，就可以致敌方于死地，彻底打败敌人！

对于韩信来说，他的人生转折点在汉高祖四年（公元前203年）。那一年，他平定了齐国后，求封代齐王。此刻的韩信不经意之间已经来到了一个前无古人的高峰，短短两年的时间，他横扫了黄河以北的所有诸侯，战无不胜，攻无不取，威震天下。

出发时才两万新兵，此刻已发展成接近三十万大军，当时中华大地上最富庶和重要的黄河以北广大土地都已是汉的势力范围，天下之地，汉已十据其七。

韩信剪除项羽各个羽翼诸侯，扩大实力，最后战略包围项羽的战略已经实现，决战的时机已经到来。此刻不管是刘邦、项羽，还是天下的明眼人都看清楚了韩信对局势发展所起的举足轻重的作用。

诚如武涉所言："今楚汉二王之争，权在足下，投楚则楚胜，投汉则汉胜。项王如灭亡，汉王接着就要对付您。您和项王有旧交，何不反汉与楚联合，三分天下？"武涉劝韩信联楚抗汉固然是不当言论，但是对形势的分析确实是非常精准，而且提出三分天下的建议。

事后来看，这恐怕也是韩信最好的选择，就如同之后名辩蒯通对韩信做了同样的建议一样。可惜韩信和项羽一样，纵然有横行天下的才华和气魄，却没有统领天下的意图和胆识。

韩信说："臣得事项王数年，官不过郎中，位不过执戟，言不听，画策不用，故背楚归汉。汉王授我上将军印，数万之众，解衣衣我，推食食我，言听计用，吾得至于此。夫人深亲信我，背之不祥。幸为信谢项王。"

楚汉解码：左手项羽，右手刘邦

这段话很充分地表现出了韩信的道德观和价值取向。他就是这样一个才华横溢却又很单纯的人，在政治斗争中，他只信奉基本的理和义，虽深谙兵家之战略，但是却不懂得权谋。这也许就是韩信最可爱的地方，他是一个有情有义、才华横溢、不懂权术的人。

历史虽然没有如果，但如果韩信选择了"三分天下"，他的胜算又有多大呢？

笔者认为百分之九十以上，也就是说基本上是可以成功的。

为何？理由非常简单，看一看韩信手中的兵你就知道了，刘邦惨败于项羽后，闯韩信军营夺韩信帅印，留下多少汉兵给韩信？两千人，仅仅只有两千人，而之后韩信手中有多少人，三十多万人，也就是说除两千人是原来的汉军，其余的人都是新募来的新兵或者其他六国的降兵，这些新人对刘邦不可能有感情，也不可能听刘邦的，韩信要培植自己的势力易如反掌。其实就是那原来两千人，由于长期战争也留下不多了，可能实际数也就几百人了。

从这件事情就可以看出，韩信若反，是件多么容易的事。韩信拿下韩国之后，韩信向刘邦要代齐王，刘邦知道后非常生气，不想给，但把旁边的陈平与张良给急坏了，张良当时就说："韩信如反，无人能制。"这是说着玩的吗？笔者看这是一句大实话，韩信如果反了，刘邦绝对是没有任何办法制服的，这也是后来韩信必死的一个重要原因。张良为何会说这样的话，这是因为，韩信军中除了几个汉军故将，已经没有什么汉军的势力了。韩信军中以灌婴、曹参的军职最高，骑兵军团总司令是灌婴，步兵军团总司令是曹参，韩信若反，灌婴、曹参只有跟着反，为何？因为不跟着反只有被杀一途，不可能有其他的选择，因为他们的手下已经不是旧汉军，而都是新人，只可能听韩信的，不可能听灌婴、曹参的。

曹参、灌婴对刘邦一定会很忠心吗？未必。事实是，曹参、灌婴对韩信佩服得不得了。当年，刘邦与项羽在鸿沟对峙时，刘邦不知发出多少要韩信发兵夹攻项羽的命令，但韩信就是不动，这两人还不是老老实实地观望，并没有听刘邦的命令。项羽当时还派武涉来当说客，希望韩信反，韩信如果没有反的力量，项羽怎么可能这么做？刘邦本意并不想分封异姓王，为何还要封韩信为齐

第六章　战与和·英雄江山一锅煮

王,那是怕韩信反而不得已为之,是无奈之举。如果韩信无反的能力,刘邦绝对不会这样委曲求全的。

韩信做了齐王,蒯通劝韩信反,如果韩信听了此人之言,真反了,成功率在99%以上。这是因为,刘邦这时候并不是皇帝,也不过只是一个王——汉王而已,反刘邦,大家不可能有心理负担。韩信当了齐王后也是王,刘、韩两人的地位从法理上来看是平等的,你说曹参、灌婴会听谁的?如果你不听韩信的,后果又会如何?不听刘邦的,后果又会如何?大家心中都是有数的,这些人必会听韩信的。如果不听,他们势必会被手下所杀,然后地位会被手下取而代之。

众人要跟从的人,必定认为是最终能得天下的人,因为这样就可得分封而享富贵。当时,刘邦有二十万军队,项羽有十万人,而韩信一人就有三十多万人,你说以韩信的军事能力,谁能笑到最后?如果让你选择,你会选择谁?

你必定会选择那个最终能当皇帝的人,你必定会选择最后的胜利者,而韩信有如此大的军事优势,韩信又有如此了得的军事才能,得到天下的可能性比刘、项二人大多了。因此,韩信如果反了,不但不只是天下三分有其一了,而且是注定要做皇帝的。为何?理由也很简单,项羽派武涉来游说韩信反,项羽必定会与韩信联手的。二人一联手,天下形势就完全变了,刘邦基本很快就会完蛋了。韩信必须先灭刘邦再来对付项羽,为何?主要原因是,项羽没有称帝之野心,项羽只想当个王,而刘邦有当皇帝的野心,所以必须先灭刘邦。刘邦即使一时灭不了,也不可怕,因为刘邦已经非常老了,拖上十来年,刘邦死了,刘肥为帝,灭起来就容易了,而此时韩信还很年轻。韩信临死前最后说的那句话是什么,是"悔不听蒯通之言",为何会这么说?那就是后来他想明白了,蒯通说的是对的。如果蒯通说得不对,反起来困难,成功率低,风险大,他临死之前绝不会说这句话,因为如果根本上就没有谋反的机会,那还后悔什么啊?

点评:就军事才能而言,韩信一生从未打过败仗,连"战神"项羽也难望其项背,不愧为中国几千年封建史册上最辉煌的一代名将。但就政治手腕

楚汉解码：左手项羽，右手刘邦

而言，他表现得不成熟、不老练，被刘邦玩弄于股掌之间，根本不是刘邦的对手。诚然，一条高明的谋略，能力挽狂澜于既倒；一个出奇的点子，能救三军于危途。在历史的长河中，军事才能和处世智慧相辅相成，相得益彰，缺一不可。在风云变幻中，良臣名将如同一朵朵浪花，点缀着历史，让历史不苍白，让历史更有味道。

第七章　成与败·不可沽名学霸王

一、逃跑启示录

　　滚滚长江东逝水，浪花淘尽英雄。是非成败转头空。青山依旧在，几度夕阳红。

　　白发渔樵江渚上，惯看秋月春风。一壶浊酒喜相逢。古今多少事，都付笑谈中。

——题记

　　明朝杨慎《廿一史弹词》第三段《说秦汉》的开场词《临江仙》后来被引用到了《三国演义》里。此词甚为豪迈、悲壮，其中有大英雄功成名就后的失落和孤独感，又含高山隐士对名利的淡泊和轻视。英雄伟业的消逝，像滚滚长江一样，汹涌东逝，不可抗拒。

　　历史给人的感受是浓厚、深沉的，不似单刀直入的快意，而似历尽荣辱后的沧桑。"青山依旧在"既像是对英雄伟业的印证，又像是对其的否定，但这些都不必深究；"几度夕阳红"，意指面对似血的残阳，历史仿佛也凝固了。

　　在这凝固的历史画面上，白发的渔夫、悠然的樵汉，意趣盎然于秋月春风。但"惯"字又表现出了莫名的孤独与苍凉。"一壶浊酒喜相逢"使这份孤独与苍凉有了一份安慰，有朋自远方来的喜悦，给这首词的宁静气氛增加了几分动感。"浊酒"显现出了主人与来客友谊的高淡平和，其意本不在酒。在这

楚汉解码：左手项羽，右手刘邦

些高山隐士心中，那些名垂千古的丰功伟绩只不过是人们茶余饭后的谈资，何足道哉！

该词豪放中有含蓄，高亢中有深沉。在感受苍凉悲壮的同时，又创造了一种淡泊宁静的气氛，词中的高远意境就在这宁静的气氛中折射出来。

刘邦因何而成功？得益于身处乱世。"乱世出英雄"，刘邦有项羽这样一个对手，这个对手的失败也成就了他的成功，但这不是他成功的根本原因。历史是公平的，它给了那个动乱年代中的所有人一个机会，但并不是所有人都能成为英雄。

下面就来看项羽的英雄末路。

项羽与刘邦订立和约后，立即率军东归。刘邦本也打算西撤，但张良、陈平一致反对，于是刘邦决定毁约追击楚军，并约韩信、彭越南下会师，合力击楚。

汉高祖五年（公元前202年）十月，刘邦引军追击楚军至固陵，韩信、彭越均未赶来。楚军返身发动突然进攻，汉军不支，退入壁垒固守。但项羽未能乘胜扩大战果，进一步围歼汉军，而是与之对峙于固陵，这样就使刘邦得以喘息待援。为使韩信、彭越安心助汉击楚，打败项羽，刘邦采纳张良的建议，封彭越为梁王，明确并加封了两人的封地。韩信、彭越两人果然率部前来会师。十月下旬，灌婴引兵进占彭城，同时攻下楚地许多地区。被刘邦封为淮南王的英布也遣将进入九江地区，诱降了守将、楚大司马周殷，随后合军北上进攻城父。此时，刘邦也由固陵东进，形势对楚极为不利，项羽被迫向东南撤退。十一月，项羽退至垓下，筑垒安营，整顿部队，恢复军力，此时楚军尚有约十万人。十二月，刘邦、韩信、彭越、英布四路大军共四十余万人会师垓下，楚汉两军在垓下进行了一场战略决战。

韩信率军分三路首先与楚军决战，韩信居中路，进攻失利，向后退却，同时命左右两翼投入战斗，楚军受挫，韩信又返身冲杀，三路合击，楚军大败，项羽被迫入壁而守。韩信遂指挥各路大军将楚军重重包围，楚军屡战不胜，但汉军一时也难以彻底打败楚军。

僵持中，汉军夜间高唱楚歌，项羽以为楚地已尽为汉军所得，见大势已

第七章 成与败·不可沽名学霸王

去，便乘夜率领八百精锐骑兵突围南逃。天明以后，刘邦得知项羽突围，于是派遣五千骑兵追击。项羽渡过淮水后，仅剩百余骑相随，跑到阴陵因迷路耽误了时间，被汉军追上，项羽突围到东城，手下仅剩二十八骑。

项羽指挥这二十八骑，将汉军骑兵杀得人仰马翻，再次杀开一条血路，向南跑到乌江边，自觉无颜见江东父老，拒绝渡江。在击杀数百汉军后，项羽身负重伤，自杀身亡，历时四年之久的楚汉战争最终以刘邦的胜利而告终。

纵观整个楚汉之争，我们可以看到这样一个现象，游侠兼流氓出身的刘邦几乎一直在逃跑的路上，他一直奉行的一句名言可能就是"我是流氓我怕谁"。黑白两道通吃的他，从来不走寻常路，只要是需要，哪怕刀山火海都能跳过去。在起义之初就是这样。最开始闹革命时，陈胜、吴广势如破竹，所向披靡，而刘邦呢？势单力孤，连自己老家沛县附近的几座小城也久攻不下，如果不是从项梁那里借到了几千兵马，可能全军覆没也有可能。在随后的西征中，项羽是一路战到关中的，而刘邦则是一路跑到关中去的，他绕开了几乎所有的坚城强敌，神不知鬼不觉地到了咸阳。整个过程，虽然很顺利，但也可以说很狼狈。历史总是很具戏剧性，他最终第一个到达关中，成了名副其实的关中王。在后来和项羽的争霸中，他逃得更有劲头，完全不顾形象，最终第一个到达终点，实现鲤鱼跳龙门的大转变，成为大汉的开国之君。

其实，在战争年代，"逃"也是一项技术活，讲究的是策略、方法，必要时需要置之死地而后生。

一是逃跑时机和路线很重要。

刘邦深谙逃跑之道。经过社会的洗礼，刘邦具备了敏锐的观察力和判断力。在危险时刻，他都能在最短的时间内选择好最佳的逃跑时机和最好的逃跑路线，从而最终逃出一个未来。最典型的例子就是他主演的彭城大逃亡。

刘邦拿下项羽的老巢彭城后，愤怒的项羽带领三万精兵，悄悄从齐地出发，向着自己的老巢进发。事实证明，"弱者一回头就变强"这句话一点儿都没有错，项羽本身就是强者，这一回头自然是强上加强。他三万精兵竟然势如破竹，以摧枯拉朽之力，很快就杀到彭城之下。面对神兵突降，汉军五十万联军顿时慌了，战斗还没有打响就开始跑了，等项羽真正发起进攻时，汉军便成

楚汉解码：左手项羽，右手刘邦

了任人宰割的羔羊了。

这个时候，刘邦终于醒了，但由于军心涣散，已经组织不起有效的抵抗了，此时逃命才是唯一出路。刘邦彭城大败后，逃跑过程可谓一波三折，但他却最终九死一生，成为幸存者。

刘邦之所以能最终逃出，原因是他选择了正确的逃跑路线。他选择的是往下邑方向逃跑，下邑是什么地方，下邑是刘邦在彭城享受时给自己安排的后路。在这里，他派了重兵驻守，一旦彭城有变，这里便是他安身立命之地。而且为了做到万无一失，刘邦派遣的是自己的妻弟吕泽担任守将，所以不管彭城那里如何一败涂地，下邑绝对安全。因此，在五十万联军兵败如山倒之时，刘邦带着嫡系部队逃往下邑，应该说在路线选择上是正确的，而结果也验证了他的选择。

再来看项羽主演的乌江大逃亡。

项羽在兵败垓下而四面楚歌时，轻易选择逃跑就很值得商榷。首先，他选择的逃跑时机让人看不懂。当时楚军虽然处于不利形势，又因四面楚歌而军心动摇，但剩下的四万精兵还是有超强战斗力的，加上还有钟离眜、季布等狼虎之将，项羽完全可以和汉军进行一次大决战。再者，虽然被汉军团团包围，多留一天就多一天危险，但项羽也完全没有必要选择在一个伸手不见五指的夜里，把军队的指挥权交给钟离眜，而自己只带领八百敢死队突围。项羽本以为能够出奇制胜，但事实恰恰相反，他断送了楚军仅有的精锐力量。要知道，离开了项羽，仅凭钟离眜一人是挑不起大梁的。作为楚军的精神领袖，只要项羽在，哪怕战至最后一个人，他们也会力战到底，而一旦失去了这样的精神支柱，他们可能在一瞬间就灰飞烟灭。退一步说，项羽就算成功出逃了，靠着区区几百跟随者，以后除了东奔西逃打游击外，已经很难再对刘邦进行反击了。

项羽选择的逃跑方向是一路向东，打算渡过长江回到自己的江东老家去。但他的老家这时又怎么样呢？他的老家这时已经被刘贾、英布等人占领了，差不多都成了汉军的地盘了。他即使逃到那里，也是头号通缉犯，显然是自投罗网之举，十分不明智。而且从垓下到江东的路线图他心中有数吗？显然他没有路线图。在整个逃跑过程中，我们可以看到，他都是跟着感觉走，致使走上歧途，走到乌江边时再也走不动了，最终走上了不归路。

虽然说三十六计走为上计，但弃大军于不顾，选择一厢情愿的单飞和穷途末路的流窜，项羽的逃跑时机和路线的选择显然是错误的。

二是问路技巧很重要。

刘邦在彭城之败的逃亡之路上，面临多次劫难。在过河时，就被楚军全部包围，这时靠老天帮忙，他才侥幸逃脱。随后，季布手下的丁公又带兵追近，这时刘邦手下只有稀稀拉拉几十号人马，根本就无法和丁公对抗。在这个关键时刻，他选择了"投石问路"，主动和丁公拉关系套近乎，把丁公大肆夸赞了一番。丁公果然被刘邦的甜言蜜语所打动，和刘邦达成了和平条约，放任刘邦扬长而去。当然丁公并不傻，他这么做无非是想在必要的时候给自己留一条后路。放刘邦一马，日后有个难处，自己也就多了个靠山。当然，丁公不会料到，他这是搬起石头砸自己的脚。日后，项羽战败，当他兴冲冲去投奔刘邦，梦想刘邦念在昔日恩情上能给自己高官厚禄时，刘邦非但没有满足他，反而直接砍了他的人头。刘邦给出的原因是丁公不忠不孝，其实他这么做的目的是杀鸡儆猴。

但是，不管怎么样，刘邦的投石问路还是取得了良好的效果，保全了自己的身家性命。而接下来，逃到深山老林，已是夜幕降临。当他看到树林深处有一处人家时，他决定借宿。当然，借宿是存在很大风险的，因为这里毕竟是楚国的地盘，彭城一败之后已经是全民皆兵，到处都在通缉追捕刘邦。因此，刘邦借宿一旦遇到"叛徒"那后果就不堪设想。但刘邦之所以敢这么做，这与他的经历有关。他见过无数世面，阅人无数，因此，心态很好。他在逃亡的过程中，没有把自己当大王看待，而是当成普通百姓，因此无所顾忌。于是，他没有犹豫，果断地敲开了那道门板搭建的门。不一会儿，屋里走出一个老头，一边开门，一边用眼睛打量着这群衣冠不整的官兵。刘邦以随和的态度，直接说明他们是路过此地，想借宿一晚。老者仔细端详着刘邦，半响说了这样一句话："你就是汉王吧。"刘邦的随从们闻言大惊失色，都高度警惕起来，但唯独刘邦面不改色心不跳，他直言相告。老者一听，微微一笑，没有说要告官之类的话，而是热情地把他们请进了屋。从老者的言谈举止来看，他似乎早就料到了刘邦会来。其后，老人好酒好菜招待他们，还把自己的女儿许配给了刘

楚汉解码：左手项羽，右手刘邦

邦。可以说，在战败的过程中，在几乎失去了所有颜面的过程中，刘邦找回了面子，并且还间接打击到了项羽，这不得不让我们对刘邦高超的人格魅力及绝世的应变能力叹为观止。

而项羽呢？

项羽的一生几乎都是在追着别人打。革命之初，秦朝的第一悍将章邯自从剿灭陈胜、吴广的起义后，几乎无人能掠其缨，但结果呢？第一次吃败仗就是项梁和项羽给的，随后在巨鹿大战，章邯彻底被征服，以后便服服帖帖跟着项羽走。连这样一个杀人狂魔都服项羽，可见项羽的人格魅力。随后，在长达四年的楚汉争霸中，我们可以看到，刘邦一直在逃，项羽一直在追。然而，历史总是有着惊人的相似，项羽的祖父英雄一世，但最终还是落得个兵败自刎的下场，而项羽呢？他显然延续了祖父的悲剧。

刘邦唯一一次追项羽便是在垓下，只一次，就要了项羽的命，可谓夺命一追。那么，为什么项羽在垓下兵败时，没能像刘邦在彭城大败时一样上演胜利大逃亡呢？

原因是，项羽除了逃跑时机和路线选择错误外，还有个致命的失误就是不懂得逃跑的技巧。这个技巧包括问路技巧、沟通技巧。项羽带着八百敢死队，以出其不意的方式成功突围，结果因为他骑的是宝马，跑得太快，跟上他的人只有百来号人。而这个时候消息灵通的刘邦已经获知项羽逃跑了，他马上派灌婴率五千铁骑进行追击。然而，就在这个关键时刻，项羽走到了一个岔路口前，他不知道往哪边走，才能通往他所向往的江东之地。这时，项羽看见一个老农在田里干农活。平常项羽可能对这样的老农熟视无睹，但此时却不得不另眼相看，于是他主动上前问路。他向来大大咧咧惯了，问路时自然也就不会在意什么礼数了，什么您好、请问之类的客气词全免了，而是直接问"喏，往哪是通往江东的路啊"。面对这样无礼的问候，老农自然很生气，他头也不抬，用手往左指了指，项羽就带着他的敢死队往东而去了，结果这不是一条通往江东的路，而是一条通往死亡之路——前面是沼泽地，不能前行。没办法，项羽只好选择退路回来，但这样一折腾，所花费的时间和精力可想而知了，结果这给灌婴赢得了追赶的时间，很快就要跟上项羽了。

第七章 成与败·不可沽名学霸王

这位农夫为什么要欺骗项羽，致使他错失逃跑的时机？关于这一点，史书上没有记载。

翻开地图，可以清楚看出，阴陵属楚国故地，也是项羽最早占有的根据地。依照常理，此处百姓应拥护支持楚军，最起码不能坑害项羽。出人意料的是，这位农夫恰恰成了陷害项羽的"凶手"。农夫为什么要这样做？分析可能有三个原因：其一，农夫对被项羽杀害的义帝怀有赤子般的忠诚，伺机为义帝报仇；其二，农夫的亲人无辜死于项羽的屠刀之下，对项羽耿耿于怀；其三，农夫对项羽的残暴行为，早有耳闻，心怀不满。不论哪一种原因，都说明项羽已丧失民心，陷入人民战争的汪洋大海之中。

所以，清人张恕感慨道："汉屡败附之者众，楚屡胜无一人附者，垓下一溃，田父亦绐而陷之。人心怒楚，尤怒秦也，羽焉能不死？"

明人陈吾有曾精辟地指出："烽火三月，何如约法三章；所过残灭，何如秋毫无犯；放逐义帝，天下称其逆；杀卿子冠军，天下称其矫；弃范增而不用，天下称其悍；坑秦降卒二十万，天下称其忍；杀秦降王子婴，天下称其暴。羽之亡道，盖不萌于固陵之追，垓下之败而已，酿于平日所为之不道矣！"

唐人汪遵作诗《项亭》，认为项羽不施仁政，该当败亡："不修仁德舍文明，天道如何拟力争？隔岸故乡归不得，十年空负拔山名。"

点评：中国有一句俗语，叫作"人在屋檐下，不得不低头"，意思是说人在权势、机会不如别人的时候，不得不低头退让，也只有装聋作哑才能让自己走出困难，达到自己的最终目的。忍耐是弱者的人生哲学。俗话说："小不忍则乱大谋。"这句话说的就是：小事情面前不能忍让，便会败坏大事业。这是一种极其宝贵的政治品格。权力斗争，变幻莫测，今朝雄踞高位、号令天下，明日屈处陋室、听命于人，这样的事情，在权力场上是屡见不鲜的。那种达则意气凌人、穷则灰心绝望的人，几乎都会在权力斗争的风波中被淘汰；只有那种处变不惊、善于忍耐的人，才有可能获得最后的胜利。刘邦和项羽就是很好的例子。

二、身退·善终·美名

> 功遂，身退，天之道。
>
> ——题记

一个成功的领导者，应该既能功遂，又能身退，二者缺一不可。

首先说功遂。功遂所指的就是实现一个领导的社会职能。当领导要当好，要完成预定的业绩指标，还要让员工给我们肯定的评语，这叫功遂。但是，光实现领导的社会职能，就是一个成功的领导吗？当然不是。道家认为这远远不够，功遂只意味着成功了一半，剩下一半叫身退。

那什么叫身退呢？作为一个成功的领导人，在实现社会职能的同时或者之后，还要去实现自己个人的自然属性。因为人是社会动物与自然动物的结合体，如果一个人单纯地追求社会属性，在社会上很成功，把企业治理得非常好，但这个人最后却跳楼自杀了，那他就不能算是一个真正成功的人，这样的领导也不是真正成功的领导，因为他只成功了一半，并没有很好地完成一个人的自然属性。

项羽是一个领导，但却不是一个成功的领导，尽管他极力想做到功遂，但结果却功亏一篑，因为他最终兵败垓下，喋血乌江。退而求其次，尽管项羽是一根筋的人，但在功亏一篑时，他唯一能做到的便是身退了。他的身退如愿了吗？下面就来看他的身退之最后的挣扎。

面对汉军的疯狂追赶，项羽的决心和信心依然没有动摇，他继续逃跑，期间和汉军进行了多次贴身肉搏，在他的带领下，每次都能杀出重围。到达东城时，他手下只剩下二十八骑了。这个时候，他依然威猛，还和汉军展开了一次大较量。他布下了特有的项氏阵后，一连斩杀多名汉军，边打他边跟自己身边的人说："你们现在看到我的勇猛了吧，我之所以会落得现在这个地步，不是我打仗的水平不行，而是老天不帮我呀。"

项羽这句话的确很令人感慨，刘邦在逃跑时老天至少眷顾了他两回，而项

第七章　成与败·不可沽名学霸王

羽在这次出逃中呢？一次也没有。再回看以前，天时总是在刘邦这边，而项羽却只能占据地利的优势。面对绝境，他说老天不帮他，把自己所有的责任和过失都推得一干二净了。

这段话展现了项羽的另一面，这便是他的豪爽之外的人性弱点——不敢正视问题，这也是他为什么最终落得兵败的原因。可惜的是，项羽直到死时，还是不明白这一点。

但是，项羽的骨气却值得赞赏。不肯过江东，这是千古绝唱。也不知道是不是他那句话起到了作用，总之，老天还是比较眷顾他的，在乌江边安排了一个老者（亭长）为他准备好了过河的船。

在问路时，是一个老者（老农）害了他，这时又出现一位老者想救他，应该说老天虽然没有对项羽格外垂恩，但还是公平的。然而，项羽却用实际行动扭曲了这种原本可以画上等号的公平。因为他没有选择过河，而是选择了自杀。

项羽为什么不肯过河？推测原因有四个：

第一个原因：自尊心使然。

要知道项羽出生名将世家，虽然到他这一代时，已经富贵不在，但他与生俱来的性格与秉性还在。他落寞不落后，自强不自卑，对自己的尊严看得很重。说得再直白点儿，他奉行的是为尊严而活着。杀太守干革命，推翻暴秦，楚汉争霸，都是在为尊严而战，都是为名利而战，都是为自己而战。要不，项羽当初一边火烧咸阳宫，一边决定定都老家彭城时，对于他的举动，没有人敢阻拦，毕竟项羽有自己的理由，这是在消除一切腐败的根源，是个善举。但定都关系到新的江山社稷，关系到部下的前程利益，因此，有人站出来反对，其中一个书生直接说出了定都关中比定都彭城要好的多条理由。项羽虽然点赞，但不点头，因为他有他的理由，四个字：衣锦还乡。的确，他的观点就是富贵人穿着华丽的衣服在夜间行走，这跟发达不发达都不靠边啊。如果是这样，我们辛辛苦苦、累死累活干这么久，岂不是没有一点意义？

衣锦还乡，就是为了展示给家乡人看，就是为了显示自己的体面，就是为了自尊的需要。由此可见，项羽对自尊的要求之高了。然而，就是这样不可一世、桀骜不驯的人，不管在什么时候都是仰起头，流血不流泪，坚强之极。但乌江亭长的一句话却如同一记耳光，狠狠地抽在他的脸上。

"江东虽小，也有良田千亩，人马虽少，也有成千上万，只要大王渡过江东了，定然能东山再起。"应该说亭长的话其实是中肯的、善意的，他没有刻意地贬低项羽之意，而是鼓劲、加油，希望他能东山再起、卷土重来。普通人听到他这样掏心窝的话肯定会感动得一塌糊涂。然而，项羽不是普通人，因此，他非但没有感动，而是感喟。

感喟什么呢？一是曾经风光无限的西楚霸王怎么一夜之间就一败如斯，败得这么狼狈、这么彻底？二是自己一个人孤零零地渡过江东，肯定会让父老乡亲嘲笑，去的时候带了八千子弟兵，回来时就只有一个人，怎么向江东父老交代？因此，乌江亭长的话在无意中伤到了项羽的自尊心。一句看似鼓励的话成了伤心话，对于项羽这样视自尊比生命还重要的人来说显然是无法承受的，所以他临时改变主意不肯过江东。

第二个原因：疑心在作怪。

项羽性子里还有一个特点，那就是多疑。他平日里对自己手下的士兵很是爱护，士兵没衣服穿，拿自己的给他穿；士兵没吃的，宁可自己不吃也给他吃；士兵生老病死时，他不但亲自去探望，有时候甚至痛哭流涕。对于项羽这样的人来说，他能对手下体恤到令其热泪盈眶，这是相当不容易的，这说明他骨子里还是很温情的，还是很有人性的。但正如《三字经》所说的"人之初，性本善。性相近，习相远"一样。他的人性是本分的、善良的，但习性、脾气却是与生俱来的，他最大的特点就是能同甘共苦，但却不能同享共乐。手下的士兵们一旦立了战功，项羽不是马上进行嘉奖或是封赏，而是只进行口头的赞扬和奖赏，并无实际表示。有时候手里明明拿着封赏的牌令，但就是舍不得交给立功的将士，这个牌令就这样拿在手里，揉捏搓磨，结果牌令的棱角都磨掉了，他还没有奖赏下去。也正是他有功不赏，让将士寒了心。有难能同当，有福不能同享，这说明什么呢？说明项羽与生俱来的多疑和提防之心。他在封赏部下时，会想，这个人现在效忠我，以后会不会背叛我呢？我给了他权力，他会不会恩将仇报呢？正是因为有这样前后矛盾、左右摇摆的思想在作怪，使得项羽在人和上一直做得不到位，和刘邦有很大的差距。他连自己的部下都时

第七章 成与败·不可沽名学霸王

刻提防着、警惕着,对陌生人自然会关上心门,更加封闭自己。

拿这次逃跑来说,如果不是情况万分紧急,依项羽的性格是不会主动向陌生人问话的,但这个时候的他是人在屋檐下,不得不低头。向老农问路,是明智之举,因为老农在田里耕地,显然是本地人,自然对这一带相当熟悉,但项羽的态度却不甚礼貌,或许这激怒了老农,或许还有其他原因,反正老农那么随意一指,项羽的命运就从此改变了。正是因为迷路风波一闹,耽误了时间,使项羽无法摆脱汉军的追击。连一个老实巴交的老农都敢欺骗他,这是天真而纯情的项羽始料不及的,也是令他极为震撼的,对他的打击之大可想而知,对他的心灵冲击堪比地震。也正是因为这样,此时面对乌江亭长的恭敬、谦卑,项羽没有丝毫的感动,相反,他思考着这样的问题:亭长这样是不是别有用心?他是一个可靠的人吗?他的想法很简单,就是怀疑乌江亭长是个笑里藏刀之人。

当然,从客观上来分析,乌江亭长的举措确实有可疑之处。

首先,乌江亭长怎么知道项羽一定会跑到这里来?当然,这可能是因为亭长对局势很了解,知道垓下之战项羽必败,而且他很熟悉这里的地形,算准了项羽只有从这里才逃得出去。

其次,乌江亭长为什么只弄了一条船,而且是小得不能再小的船,只能容下两个人?多弄几条船或是搞个船队就不行吗?当然,这可能跟时间有关,亭长可能是听到项羽战败的消息马上赶到这里守候,匆忙之中无法做更多的准备工作。另外,船多了目标大,容易让人怀疑,特别是刘邦的势力已经在全国各地开花,甚至江东都被韩信的大军步步蚕食这样的危险时刻。

因为项羽的心扉一直不曾为外人打开,因此他为人做事除了鲁莽,便是警惕,除了身边几个最熟悉的人,其他人他都是不相信的,特别是陌生人,你给他一百个理由也不能让他对对方信任。而这次逃亡,项羽在问路时就被一个老农给骗了,因此,此时面对一脸善意、一脸真诚的亭长,他是犹豫的,是怀疑的,自然不会完全相信亭长是一心一意来救他的。这很好理解,这就叫一朝被蛇咬,十年怕井绳。

第三个原因:悲悯心作祟。

抛开乌江亭长这个人物不提,有一种说法认为项羽自杀是想结束战争,消

楚汉解码：左手项羽，右手刘邦

除百姓因战乱带来的痛苦。据《史记》记载，楚汉战争中刘邦和项羽僵持不下，"丁壮苦军旅，老弱罢鞍漕"，于是项羽对刘邦说："天下匈奴长岁者，徒以吾两人耳，愿与汉王挑战决雌雄，毋徒苦天下之民父子为也。"意思是想通过两个人一决雌雄，不要再让天下百姓跟着受苦，这说明项羽的确有可怜天下苍生的情怀。当项羽率残兵败将突出重围来到乌江时，想到渡江以后还要卷土重来，再进行一次楚汉战争，那将会给百姓带来更大的灾难，于是选择牺牲性命来结束连绵数年的战争，还天下一个太平世界。

但这种说法带有太多的猜测成分，也与项羽好战残暴的性格不符。项羽当年曾经坑杀二十万秦兵，火烧咸阳宫三个月，是一个非常暴虐的人，他不大可能为了免除百姓疾苦而至自杀身亡。他之所以要约刘邦单打独斗、一决胜负，很可能是出于一种计谋，因为以项羽的个人能力，打败刘邦简直就是易如反掌。不过，刘邦也没有上当。当项羽失败逃至乌江时，狼狈不堪，心中不免感慨万千，此情此景下重新唤起他可怜天下苍生，愿意以一己之死来结束战争的念头也有可能，但这顶多是项羽走投无路又放不下脸面时的一种自我安慰，将它视为项羽自杀的主要原因显然是不妥的。

第四个原因：心有余而力不足。

还有一种说法，认为项羽不是不想过江，而是根本没有机会过江。我国著名学者冯其庸在其文章《项羽不死于乌江考》中，详细论证了《史记》《汉书》《楚汉春秋》关于项羽之死的描述，指出《史记》有关项羽之死的全部文字，除《项羽本纪》中有"于是项王乃欲东渡乌江""乌江亭长船待"两处涉及乌江外，其余无一处写到项羽乌江自刎，反倒是明确提到项羽"身死东城""使骑将灌婴追杀项羽东城"等。他还通过《括地志》和《江表传》等资料作了地理位置方面的考察。经过实地查勘考证，项羽确实死于东城，即今天的安徽定远县，此地离乌江有一百二十千米。至于《项羽本纪》中两处涉及乌江的记述，冯先生认为是司马迁记叙上的错误，并导致了以后的以讹传讹。

这种观点得到了很多人的支持，计正山先生依据《史记》《汉书·灌婴传》，认为项羽并非在乌江自刎而死，而是在定远东城就被搏杀而死。垓下之围中项羽仓皇失措，带领八百骑兵突出重围，往江东方向逃跑。长江以南是项

第七章 成与败·不可沽名学霸王

羽的势力范围,是他发迹崛起的地方,即使在楚汉战争后期,衡山王吴芮、临江王共尉等依然服从项羽,听从项羽调遣,尤其是南楚临江王共氏,直到项羽死后仍忠于项王,抗拒刘邦。如果项羽顺利渡江,完全可以重整旗鼓、卷土重来,再一次击败刘邦。所以,项羽的目标非常明确,就是渡过乌江,但逃至东城时被汉军包围,混战中即被灌婴杀死,而乌江离东城还有一百二十千米,所以项羽根本没有渡江的机会,当然也不可能是自刎而死。

但这种说法同样充满了推测和猜想,遭到许多学者的反对。根据《太平寰宇记》等资料记载,两汉时期的东城县,是江淮之间一个辖境广阔的大县,从现在定远东南的池河上中游地区,越过江淮分水岭,今滁县西南境、肥东东境、全椒西南境,直到今和县乌江的沿江一带,都包括在内。城县界设置单独的乌江县。章学诚在《和州志补沿革》中曾指出:"秦为九江郡之历阳及东城乌江亭地……晋太康元年属淮郡,其历阳及东城乌江亭地如故。"也就是说,在楚汉战争时期,东城是一个范围广阔的行政区域,乌江是包括在东城县内的,因此司马迁所说的"身死东城"与"乌江自刎"并不矛盾,而是为避免同义反复而使用的描写方法。要知道司马迁所处的年代距离楚汉战争只有七十年左右,司马迁掌握了许多第一手资料,而且他治学严谨,在项羽之死这样的大问题上应该不会妄自猜测。

点评:进,为了功成名遂;退,为了明哲保身。在进进退退之间充溢着智与慧。刘邦懂得进退之道,特别是在逆境时,他没有选择死撑硬扛,而是选择忍辱负重,千方百计地渡过难关,最终凭着坚韧成功渡过劫难,为自己卷土重来赢得了新的希望。而项羽则一根筋走到底,缺乏在险境中的磨练,缺乏坚强的毅力,最终陷入万劫不复的深渊而不可自拔,特别是到最后明明知道上了乌江亭长的船还有一半生还的机会……但是所有的假设,都在项羽的决定中化为乌有,留下这样一连串的感叹号。项羽的死虽然慷慨壮烈,并为后人反复吟唱,但一代霸王就此了却一生却也让人扼腕叹息,有李清照的诗为证:"生当作人杰,死亦为鬼雄。至今思项羽,不肯过江东。"

当然,不管怎样,项羽没有做到功遂,没有做到身退,更没有做到善终,但还是留下了美名,这凄美的美名,或许是项羽唯一的收获了。有毛泽东的七律《人民解放军占领南京》为感悟:"钟山风雨起苍黄,百万雄师过大江。虎踞龙盘今胜昔,天翻地覆慨而慷。宜将剩勇追穷寇,不可沽名学霸王。天若有情天亦老,人间正道是沧桑。"

三、解开刘邦成功之谜

> 想仕途平步青云,就要跟对人、带对人、做对事、心够狠;
> 想职场一路凯歌,就要擅领会、能服人、愿分享、懂博弈。
> ——刘邦和西汉开国元勋的职场启示录

长期以来,领导力的概念在国人心目中模糊不清。权力、领导、职位、提拔等经常与领导力的概念混为一谈。在政府机关和国有企业,对权力的敏感和追逐成为一种时尚,厚黑学由此成为领导学的同义词。企业行为全方位政治化已经成为令人十分担忧的社会疾病,某些民营企业家的战略重点和时间安排,用一个总裁形象的描述来表达,变成"从经营市场到经营市长"。在跨国公司,高层领导的工作效率被企业内部权力之争大大削弱,争权夺力成为众多在京大型跨国公司的亚文化。领导不等于领导力,权力更不意味着领导力。刘邦和项羽比,没有将军世家的威望和家底,人脉也没有,军事素养也没有。项羽是真正的贵族之后,刘邦是真正的草根,泗水亭长属于最低级官员,这看来是先天的优劣。像刘邦团队这么弱的先天条件,能逐步发展壮大到最后战胜项羽这个天下公认的强者(项羽军事集团),这说明成功不需要个人完美。

首先说成功的标准。财富、地位、权力都是表面的,成功可以用李开复说的办法来衡量:两个世界,一个世界有我,一个没有,其他的在开始时都一样,最后看两个世界有多大的差异,哪个世界更好,这样就知道我有多成功。所以,刘邦军队进入秦地后虽然一路胜利但战争双方死的人少(一路招降),项羽进入秦地后虽然一路胜利但战争双方死的人多(一路屠城)。

再来看成功的条件。项羽和刘邦都有一批忠心耿耿的班底,战将和谋士都是人杰。项羽用亲友和故乡子弟兵做核心,刘邦也是,因此班底都是比较坚实

第七章　成与败·不可沽名学霸王

的，但结果为什么不一样？刘邦的成功是多数人的成功，而项羽是少数人在战斗。刘邦最大的才能是能领导不同人士齐心合作，并让他们发挥出最强水平。刘邦最大的个人优势是判断力和洞察力惊人，无论是身边人还是天下人，他们的所思所想他都能敏锐地捕捉到，这是刘邦的先天优势和人生阅历的结合。相比较，项羽集团中，虽然项羽很会打仗，但却无法驾驭更大的集团、更多的人马。因为项羽反抗秦朝首先是恢复家族荣誉，其次是恢复楚国一地，最后是向秦国报仇，他与天下人心只有一点重合——灭秦。他的内心局限让他给自己画了一个圈，无法突破出去。所以，当功臣希望能分享荣誉时项羽不高兴，新兴地主们希望国家统一时项羽也不高兴，面对投降的秦人项羽也不高兴。怒与杀是项羽经常做的事情，推翻秦帝国时其他人尚且能容忍，但需要建立新帝国时还这么做，是不得人心的。最后，项羽江边自杀而不是过江继续对抗，可能也是意识到家乡人也不再认可他了。

所以，成功的条件里必须具备领导力，而领导力又具体体现在三种能力上。

一是要有执行力。

执行力是指有效利用资源、贯彻战略意图、保质保量达成目标的能力，是把企业战略、规划转化成为效益、成果的关键。执行力包含完成任务的意愿、完成任务的能力和完成任务的程度。对个人而言，执行力就是办事能力；对团队而言，执行力就是战斗力；对企业而言，执行力就是经营能力。简单来说，执行力就是行动力和凝聚力。这里从三个方面来谈刘邦和项羽在执行力上的差异。

首先，要有良好的定力。

项羽的勇气和刘邦的百折不挠，也是二人领导力方面一个很重要的差别。从项羽来看，他极具个人英雄主义，破釜沉舟成为其经典战例。最后垓下被围，项羽率二十八骑冲突敌营，斩将夺旗，是个典型的英雄。但是，其人过于简单粗暴，经常出现屠城、坑杀的事情，这样就造成了很大的被动。曾经他还想简单地和刘邦单挑定胜负，而被刘邦耻笑。当有机会过江东时，如果能够忍一时之辱，未必不会有东山再起的机会。所以说，过刚易折。而刘邦，可以说

楚汉解码：左手项羽，右手刘邦

屡战屡败，父母和妻子落入敌手他都不放弃；约法三章收关中人心，明修栈道、暗度陈仓以击楚，最终成就了霸业。所以，作为一个领导者，不能有太大的个人英雄主义情结，要依靠团队的力量做事，要有良好的定力，要有敢于解剖自己的勇气，能直面困难和内心的软弱，不怕失败，百折不挠，努力去实现最终的目标。

其次，要有坚韧的隐忍力。

刘邦知进退，懂伸缩，能屈能伸，在与项羽的角逐中，一步步脱颖而出，从而也留下了很多弱中求生的智慧。如"还军霸上"——礼仪为先；"鸿门谢罪"——稳其军心；"垓下之围"——斩草除根；"火烧栈道"——迷惑对手；等等，无不体现着刘邦的隐忍力和智慧。特别是项羽将刘邦的父亲抓住，威胁刘邦如果不服从就要将其父杀了熬成羹。这实际上是刘邦、项羽之间一场心理上的较量。要事业还是要家人，这对于刘邦是一个艰难的抉择。最后，刘邦顶住压力，抓住项羽性格上的弱点，说："我们俩是兄弟，我的父亲就是你的父亲，你要是杀了你的父亲而熬成羹，那请分我一杯羹吧。"项羽果然中计，放了刘邦的父亲。如此隐而不发，岂是项羽能做到的？

最后，要有对人才的驾驭力。

统领百万军刘邦不如韩信和项羽，但驾驭各种人物刘邦却有办法。刘邦首先有自知之明，其次有识人之明，更重要的是，他能够放权，发挥人才的最大作用，从而使之辅佐自己取得成功。因此，在他身边聚集了像张良、萧何、韩信这样一大批杰出的人才为其服务，这是刘邦成功的保证。在刘邦攻打英布被箭射中受伤后，对曹参、王陵、陈平、周勃谁可以为相的判断，更证明了刘邦的高明。反观项羽，对范增的才能见识不能善加利用，最终导致范增愤而辞职，这是其失败的重要原因之一。从中也可以看出，项羽比较刘邦，他身边真是没有什么像样的人才。另外，项羽原来的盟友、下属，如英布、彭越、田荣等，到最后全部反叛他，可见他在用人、控制人上与刘邦存在着极大的差距。刘邦不但树立了大旗，还搭好了班子，不但抓住大趋势还确立了路线，这些不全是刘邦一个人的功劳，但这些跟他的正确选择和一流的驾驭力有关。作为领导，很重要的一项工作就是带队伍，如果不能识人用人，就不能成为一个好的领导者。要不，刘邦怎会在《大风歌》中留下如此豪言和感言：大风起兮云飞扬,威加海内兮归故乡,安得猛士兮守四方!

二是要有决策力。

一个领导的决策主要体现在以下三个方面。

首先,作为一个领导者,决策时要当机立断。

比较刘邦、项羽两个人,在这方面也存在很大的不同。对于项羽,可以称之为好名而无断,面临决策大都瞻前顾后,考虑了太多因素,致使犹豫不决,有时候就会丧失一个较好的决策时机,在最关键的时刻掉链子。如果项羽能够听从范增的金玉良言,历史就会改写。再看刘邦,在逃跑时能将自己的子女三次推下车,老父在敌人手里竟能说出"则幸分我一杯羹"。我们都会鄙视刘邦的人品,但从另一方面也可以说,刘邦这人目标明确,决策果断,为了目标不怕牺牲。项伯的一句话很能说明问题,即"且为天下者不顾家",这可以解释为何刘邦能够做出如此绝情的决策。

其次,作为一个领导者,决策时有舍才有得。

从项羽攻破关中后对于定都关中的态度和刘邦截然不同,也可以看出两人的成败是必然的。项羽对于关中这个"可都以霸"的形胜之地的态度是:"见秦宫室皆以烧残破,又心怀思欲东归,曰:'富贵不归故乡,如衣绣夜行,谁知之者!'"而刘邦在过沛县做《大风歌》时真情流露:"乃起舞,慷慨伤怀,泣数行下。谓沛父兄曰:'游子悲故乡。吾虽都关中,万岁后吾魂魄犹乐思沛。'"由此可见,二人都有严重的故乡情结,但是二者的高下立分。刘邦为了江山社稷,可以放弃对故乡的思念,而项羽只顾追求舒适和显要,放弃了称霸的机会。所以,做出决策的时候,需要仔细权衡,分析利弊,目标明确,有舍有得,这样才能做出正确的决策。

最后,作为一个领导者,决策时要合理有序。

从二人称霸后面临诸侯的反叛时所做的应对比较来看,也是存在较大差距的。项羽面对反叛,经常是忽左忽右,按下葫芦起来瓢,这边刚镇压,那边又起事。再看刘邦,首先是稳固后院,然后稳扎稳打,把对方灭掉才算完事,决不允许死灰复燃的事情发生。从这方面来看,刘邦的组织和决策能力都超过了项羽。所以说,作为一个领导者,要每临大事有静气,这样才能做出合理的决策,而不是激情决策。

三是要有影响力。

大家都观看过魔术。魔术师无所不能，无奇不有，能变掉一头庞然大象；将一个人装入铁箱，锁上层层锁链，然后沉入水底，再将铁箱拉起来，箱里的人早就在别的地方出现；只用简单的几张扑克牌和几枚硬币，就会变得你眼花缭乱。魔术规模的大小并不重要，最重要的是能骗倒我们。大多数的魔术看起来都有种魔力，因为我们无法了解他们是怎么变出来的，这使他们充满了神秘感。魔术师绝不会告诉你变魔术的技巧，因为这样会有损他们神秘的形象。但这并没有关系，因为魔术师知道如何做我们不会做的事，而且是带着神秘和魅力的气氛做。而这种魅力概括起来就是影响力。领导力的核心是影响力。唯一可以让下属心甘情愿追随的领导者身上透出的独特魅力就是影响力。具体来说，体现在以下三个方面。

首先，要有对未知未来的洞察力。

刘邦不是一个故步自封的人，也不是只考虑自身名利的人，刘邦内心有天下，所以能把握天下大势。刘邦早早就洞察到了项羽是自己争夺天下的最大对手，因此步步为营，比如改封汉中、明修栈道、暗度陈仓，还定三秦等，摆开与项羽决战天下的态势。反观项羽，他的洞察力甚弱。当年在鸿门宴上，范增多次示意杀掉刘邦，但项羽都没有行动，因为他从心底里就认为刘邦干不成什么大事。对未来的洞察力是在竞争中取得胜利的关键。领导的洞察力强弱，决定企业在与竞争对手的较量中能走多远。

其次，要有对芸芸大众的亲和力。

刘邦没有政治世家的底蕴，却有高过同时期很多政治家的见识，以致张良这种大战略家最后都倾心相助。这是因为刘邦比一个民选领导更像一个民选领导，这就是他亲和力的真实体现。刘邦过去的经历给予他特殊的体验。刘邦过去作为帝国最最底层的官员，同时能了解秦政治系统的问题和社会民生问题，而且刘邦通过与不同的人交往，也不断增进自身的见识，使得他对社会各个阶层的人的内心有深刻的认识。刘邦的班底有故乡人，有旧贵族，有新兴地主，也有小人物。刘邦的"如之奈何"，就像一份调查问卷。刘邦开放的心胸，使他能听到各种建议、各种声音，这种亲和力是孤傲的项羽无法拥有的。

第七章 成与败·不可沽名学霸王

最后,要有对复杂形势的判断力。

刘邦做判断时,相当于各个阶层的人去思考、去判断,最后做出的决策和判断相当于各个阶层的共识。刘邦能做到这点而其他竞争者做不到,也说明在争霸时刘邦是真想建立一个天下人都认可的国家,而不是割据一方的诸侯或是暴秦那种高压统治的国家。这从刘邦当上皇帝后仍然执行秦朝大一统和官出中央的政体,但却轻徭薄役、休养生息的国策来看,刘邦内心真有着一个和缓统一的政治理想。而这个政治理想,也是当时新兴地主(豪强门阀)和平头百姓的共同愿望,而这些人反抗的是暴秦苛政,而不是反抗国家统一和合理法治。而项羽所代表的旧贵族、旧势力,想的是自家割据一方。史书说刘邦贪财好色,但从史实看,当上皇上后他不是穷奢极欲,而是生活很简朴,让民众休养生息。如果真是贪财好色,怎么当上皇上后反而转性了?所以,太平世界里,刘邦一辈子就是村里的混混儿头,但乱世却使他成长为王者。乱世出英雄,可能乱世在英雄眼里就是一个刺激的、值得玩一把的游戏,反而在太平年里,英雄都去追寻内心的自由了。

反观项羽,反秦只是为了恢复楚国和家族荣耀,甚至在后期维护自身的荣耀超过恢复楚国这个目标(楚义帝都杀了、范增都逐了)。所以,项羽是对士兵好,但对功臣贤士不好,因为这些人会遮蔽项羽的荣耀;项羽会为家乡子弟兵流泪,但却会很安心地对其他国家的人坑杀屠城。项羽这样一个人,没有贤人帮助,没有其他国家的百姓归附,却能成为风云人物,也是因为项羽的本领大。但可惜,秦灭后,他成为天下人的公敌。俗语说,好汉敌不过人多,以一家对抗天下,焉有不败之理?

点评:历史是现实的一面镜子,应时常温故而知新。作为一个领导者,所谓的执行力、决策力、影响力,归根结底是个人的价值观、世界观到底有多符合社会深层共识。有什么水平的价值观,就有什么水平的执行力;有什么样的世界观,就有什么样的决策力;有什么样的世界观,就有什么样的影响力;有什么样的世界观,就有什么样的人生。

沧海横流,方显英雄本色;千秋功罪,自有后人评说。